Rainer Zilly | Michael Stahl

MÄNNERPOWER

Rainer Zilly | Michael Stahl

MÄNNER POWER

48 Geschichten
mitten aus dem Leben

GloryWorld-Medien

1. Auflage 2024

Bibelzitate sind, falls nicht anders gekennzeichnet, der Lutherbibel, Revidierte Fassung von 2017, entnommen.
Weitere Bibelübersetzungen:

ELB: Elberfelder Bibel, Revidierte Fassung von 2006
GNB: Gute Nachricht Bibel, 2002
HFA: Hoffnung für alle, Basel und Gießen, 1983
NeÜ: Neue evangelistische Übersetzung © 2013 Karl-Heinz Vanheiden
NGÜ: Neue Genfer Übersetzung, 2009
NLB: Neues Leben. Die Bibelübersetzung", Holzgerlingen, 2002

Das Buch folgt den Regeln der Deutschen Rechtschreibreform.
Die Bibelzitate wurden diesen Rechtschreibregeln angepasst.

Lektorat: Klaudia Wagner

Satz: Rainer Zilly, www.kreativ-agentur-zilly.de

Fotos: Titel achraf10m/freepik.com (bearbeitet von Rainer Zilly), Rest privat

Printed in Germany

ISBN: 978-3-95578-633-5

Bestellnummer: 356633

Erhältlich beim Verlag:

GloryWorld-Medien
Beit-Sahour-Str. 4
D-46509 Xanten
Tel.: 02801-9854003
Fax: 02801-9854004
info@gloryworld.de
www.gloryworld.de

oder in jeder Buchhandlung

Inhalt

Hallo du!

Männerpower! Das hört sich echt stark und energiegeladen an – und ist es auch. Männer erzählen begeistert von ihren Erfolgen. **Doch „mein Haus, mein Auto, meine Familie" ist nur die glänzende Seite der Medaille.** Was, wenn ein Mann in Krisen kommt und das Leben nicht so läuft wie gewünscht? Krankheiten, zerbrochene Beziehungen, Not, Unfälle, ... Was, wenn die eigene Kraft ausgeht?

„Den Erschöpften gibt er neue Kraft und die Schwachen macht er stark. Selbst junge Menschen ermüden und werden kraftlos, starke Männer stolpern und brechen zusammen. Aber alle, die ihre Hoffnung auf den HERRN setzen, bekommen neue Kraft. Sie sind wie Adler, denen mächtige Schwingen wachsen. Sie gehen und werden nicht müde, sie laufen und sind nicht erschöpft" (Jesaja 40,29-31 HFA).

Männerpower – die Kraft, die hinter den Männern steht, ist die Kraft, die Himmel und Erde erschaffen hat. Kraft ohne Ende.

Mich begeistert, dass Männer von ihren Schwächen und Verletzungen aus ihrem Herzen erzählen, es sind ihre persönlichen Erlebnisse. Beim Lesen sind bei mir viele Tränen geflossen, was Mann so erlebt und wie wunderbar Gott wirkt. Das stärkt meinen Glauben und bewegt mich.

Seine staubige, beschmutzte Seite der Medaille zu zeigen und sie der Kraft Gottes auszusetzen, um sie verwandeln und erneuern zu lassen, das ist wahre Stärke, das ist Männerpower.

Alle Ehre gebührt Jesus allein.

Sei reich gesegnet!

Dein Rainer

Danke, danke, danke an alle, die ihr in diesem Buch mit dabei seid. Ihr seid der Hammer!

„All in“

Ich bin schon seit meiner Kindheit gläubig. Ich wurde von meinen Eltern christlich erzogen und genoss es, die Sonntage im Gottesdienst mit den anderen Jungs zu verbringen. Selten blieben wir bis zur Predigt. Wir schlichen uns schon nach wenigen Minuten leise nach draußen. Dort alberten wir herum, lachten und quatschten. Auch wenn ich mehr Zeit vor als in der Kirche verbrachte, blieb schlussendlich doch etwas hängen. Ich ließ diesen Gott teilweise in mein Leben, ging auf tolle Freizeiten und war sogar über mehrere Jahre bei den christlichen Pfadfindern. Aber es gab viele andere Dinge, die mir wichtiger waren als Gott.

Dann kam ich in das Alter, das viele Menschen als „das schwierige“ bezeichnen. Alles, was mit dem Glauben zu tun hatte, wurde mir zu langweilig. Es war immer das Gleiche, und ich hatte doch Besseres zu tun, als am Sonntagmorgen in die Kirche zu gehen und einem so altmodischen Gott zu dienen! Da draußen gab es so viel zu entdecken und zu erleben. Ich wollte kein frommer, langweiliger Christ sein. Es dauerte nicht lange, und ich schloss Freundschaft mit Alkohol, Partys, Frauen und dem Zocken. Ich genoss das Leben in vollen Zügen und nahm so viel mit, wie nur möglich.

Ob es mir passte oder nicht: Gottes leise, liebevolle Stimme sprach in dieser wilden Zeit ständig zu mir. Es waren liebevolle, kraftvolle Gedanken, die immer wieder in mir hochkamen. Sie unterschieden sich massiv von meinen eigenen Gedanken in dieser Zeit. Immer wieder bot die leise Stimme mir an, mein Leben neu auszurichten. Und immer wieder lehnte ich ab. Gott war mir zu langweilig. Zu gesetzlich.

Beruflich trieben mich in dieser Zeit, wie schon erwähnt, mein Erfolgsgötze und der Geldgötze an. Ich war bei allem, was irgendwie Erfolg und Geld versprach, dabei. Nach Versicherungs- und Aktiengeschäften schuftete ich als Fenster-, Messe- und Zeltbauer. Einige Zeit war ich Biologielaborant oder fuhr mit Blut für Labore durch die Straßen. Ich war Fahrer für einen Pizzalieferanten, verkaufte alles Mögliche über eBay und eröffnete einen Online-Fitnessshop. Ich schrieb sogar meine ersten Bücher – aber nichts war wirklich mit Erfolg gekrönt!

Mit fast vierundzwanzig kam dann der große Knall. Mein selbst erbautes Kartenhaus, das randvoll gefüllt war mit sinnlosem Zeug, fiel in sich zusammen. Alles, was ich versucht hatte, mir mit harter Arbeit aufzubauen, brach auseinander. Meine langjährige Freundin verließ mich völlig überraschend. Ich machte Jobs, die mir keinen Spaß machten. Und mein damaliger Arbeitgeber bezahlte mich nicht, da er kurz vor der Insolvenz stand. **Das Geld wurde von Woche zu Woche immer knapper.**

Eines Abends sprach wieder diese leise Stimme zu mir. Sie wollte, dass ich Zeit mit ihr verbrachte. Aber mir war langweilig und ich wollte ausbrechen. So fuhr ich kurz vor Mitternacht mit meinem Auto um die Häuser – bis an einer Ampel ein anderes Auto mit zwei jungen Kerlen neben mir vorfuhr. Wir schauten uns kurz an und jeder wusste Bescheid: Bei Grün gaben wir Gas!

Nach wenigen hundert Metern hatte ich bereits 160 km/h drauf. Die Kurve bemerkte ich zu spät. Ich bremste, doch mein Fronttriebler übersteuerte und ich konnte mein Auto nicht mehr kontrollieren. **Mit 65 km/h fuhr ich frontal gegen einen Baum ...**

Als Freunde zufällig vorbeifuhren, erkannten sie mein Nummernschild und dachten, ich sei tot. Aber ich überlebte, ohne einen Kratzer davonzutragen. Mit meinen letzten 500 Euro musste ich den Abschleppwagen bezahlen. Mit knapp 24 Jahren war ich pleite! Die Jobs, meine Freundin und mein Geld waren trotz größtem Bemühen plötzlich aus meinem Leben verschwunden. Alles weg. Aus und vorbei. Fast noch wäre auch ich selbst aus dem Leben verschwunden. Es war ein großes Wunder, dass ich noch lebte.

Ich kapitulierte, fühlte mich wie ein Versager und sah keinen Ausweg mehr. Ich war verwirrt, verärgert und lag am Boden. Doch in meiner dunkelsten Stunde und am absoluten Nullpunkt angelangt, war sie wieder da, die leise Stimme Gottes. Er begegnete mir noch einmal ganz neu. Genau im schwersten Moment meines Lebens, als alles zerbrochen vor mir lag, entschied ich mich, nur noch Gott zuzuhören.

Ich erwartete zu diesem Zeitpunkt nichts. Ich wollte einfach nur Ordnung und Ruhe in meinem Leben haben. Wie Gott dann in dieser Situation wirkte, hat mich ziemlich überrascht. Er brachte mir nicht meine Freundin zurück, sorgte nicht für ein volles Bankkonto und machte mich auch nicht von jetzt auf gleich zu einem berühmten Business-Aufsteiger. Nein: Er machte es mir möglich, mich mit ihm zu unterhalten. Ich hatte plötzlich Spaß am Beten und begann, ihm Fragen zu stellen. Ich las in der Bibel und war danach erfüllt. Das kannte ich bisher nicht.

Gott segnete mich vollkommen unverdient. Über sechs Jahre meines Lebens hatte ich versucht, mit aller Kraft selbst Erfolg zu generieren. Aber jede Geschäftsidee und jede neue Möglichkeit war gescheitert. Als ich anfing, Gott in meinem Leben an erste Stelle zu setzen, lernte ich einen besseren Weg kennen.

Er fing bei mir an: **Ich wusste all die Jahre nicht, was ich eigentlich wirklich konnte, was mich ausmachte und wo mein Weg war.** Ich versuchte, jede Idee, die sich mir in den Weg stellte, zu barer Münze zu machen. Nun schenkte mir Gott all das, was ich so lange selbst zu bekommen versucht hatte – nur diesmal ohne Stress.

Ich entschied mich, der leisen Stimme zu folgen. Ich wollte Gottes Erfolgsspur eine Chance geben. Und es klappte: Ich bekam einen klaren Impuls, dass ich über meine „Fitnesslaufbahn" ein Buch schreiben sollte. Es war wie ein Geistesblitz, ein klarer Gedanke, den ich so die Jahre zuvor nie gehabt hatte. Mir war sofort klar: Das war seine Stimme! Also schrieb ich in einem E-Book auf, wie ich von einer dünnen Körperstatur zum durchtrainierten Kerl geworden war.

Mit der Veröffentlichung dieses E-Books traf ich einen Nerv. Viele Leute kauften mein Buch und ich konnte meine Leidenschaft, den Kraftsport, zum Beruf machen. Ich lernte einen wirklichen Unterschied zu meinen eigenen Erfolgsversuchen kennen: Ich erlebte Erfolg und half dabei noch anderen Menschen.

Kurze Zeit später wurde ich von Marcus Schneider, dem „breitesten Pastor Deutschlands", zu einer Freizeit eingeladen. Ich hatte zwar meinen ersten Erfolg, aber noch nicht genug Mittel, um bei der Freizeit dabei zu sein. So sagte ich ihm schweren Herzens ab. Marcus blieb jedoch hartnäckig und bot mir an, für die Hälfte des Preises mitfahren zu können, wenn ich in der Küche für die anderen Freizeitteilnehmer kochen würde. Tja, die einen mögen es Zufall nennen, die anderen Gottes Fügung. Ich glaube an das Zweite. Denn in der Küche lernte ich meine jetzige Frau kennen, mit der ich mittlerweile drei Kinder habe. Sie war nicht die erste Frau, die ich kennenlernte, aber als ich Gott mein Leben anvertraute, schenkte er mir innerhalb weniger Monate die Richtige. Gott kann ein zerbrochenes Leben erneuern, wenn wir es zulassen. Er kann es vollkommen auf den Kopf stellen.

Aus all dem wurde ein großartiger Erfolg. Über 100 Millionen Menschen schauten meine Videos an; ich durfte als Spiegelbestseller-Autor Bücher schreiben, DVDs, einen Videokurs und Apps entwickeln, aber auch Fitnessbekleidung auf den Markt bringen. Gott hat sich zu mir gestellt, als ich mit ihm „all in" gegangen bin. Auch mit dir hat er viel vor, wenn du den Mut hast „all in" zu gehen. Es war die beste Entscheidung meines Lebens.

Habe Mut. Es lohnt sich.

Flavio Simonetti | Jg. 1984 | verheiratet, 3 Kinder | Würzburg | Christlicher Vollblut-Unternehmer und Berater | www.flaviosimonetti.de, www.familybootcamp.de, www.instagram.com/flavio.simonetti, Buch: „All in"

Eine Reise, die mein Leben veränderte

Im Jahre 2018 hatte ich ziemliche Probleme mit meinem Sohn. Die örtliche Erziehungsberatungsstelle erzählte uns von einem Trainer für Kinder und Jugendliche in Bopfingen. So lernte ich Michael Stahl kennen.

Die aus dem Herzen motivierte Arbeit dieses Teams hat mir so gut gefallen, dass ich selbst die Trainerausbildung absolvierte, nicht wirklich um später lizensierter Trainer zu werden, sondern vielmehr, um mich und den Umgang mit Menschen besser kennenzulernen. Meine Veränderung begann.

Eines Tages standen wir nach dem Training in der Cafeteria, als Micha mir mit seiner typisch lockeren Art auf die Schulter klopfte und mich auf Schwäbisch fragte: *„Volker, fährschd nägschds Johr mit noach Israel?"* Dazu drückte er mir einen Flyer in die Hand: „Männerreise Israel 2019". Ich überflog das „Blättle" und sagte spontan *„Okay, bin dabei."* **Damals wusste ich noch nicht, dass diese Reise mein Leben komplett auf den Kopf stellen würde.**

Ich muss an dieser Stelle sagen, dass mein Leben bereits auf dem Kopf stand, aber negativ. Schwere Zeiten lagen hinter mir, nein, ich war noch mittendrin – in den Schwierigkeiten als alleinerziehender Vater nach dem Wegzug erst im vorigen Jahr von der Nordseeküste ins Ländle, und das als waschechter Jung vom Deich. Hier, im mir unbekannten Süden, war ich nun verantwortlich für knapp 400 Mitarbeiter in einem veralteten Filialunternehmen mit sehr steifen Strukturen. Viele Jahre der Streitigkeiten mit meiner ersten Frau lagen hinter mir bzw. waren noch im Gange. Mit meinen Eltern hatte ich mich überworfen und zu meiner Schwester hatte ich überhaupt keinen Kontakt. Im Blick nach vorne sah ich große Herausforderungen und im Rückspiegel nur Trümmer. Dazu das immerwährende schlechte Gewissen, dass das eigene Kind zu kurz käme.

Mit dem Glauben hatte ich zu dieser Zeit nichts am Hut. In meinem Leben hatte ich zwar schon einiges versucht, um die sogenannte „Wahrheit" zu finden, hatte mich mit Esoterik beschäftigt und Schamanen kennengelernt sowie den 1. Reiki-Grad gemacht. Ich hatte fernöstliche Kampfkunst erlernt, zu Hause Buddha-Figuren aufgestellt, bei Stäbchenrauch meditiert und Yoga gemacht. Und ich hatte in der Schwitzhütte mit Indianern getrommelt, im Wald meditiert und war zu guter Letzt sogar bei den Freimaurern gewesen.

Rückblickend hatte ich fast alles ausprobiert. Von Gott – also dem Gott – wusste ich nicht wirklich etwas, und Jesus Christus kannte ich lediglich als Witzfigur aus Monty Phytons Filmkomödie „Life of Brian". Und seit einigen Jahren herrschte spirituelle Funkstille. Innerlich befand ich mich im Krieg gegen alle, vor allem gegen mich selbst.

Ich meldete mich also offiziell für die Israel-Männerreise bei dem Reiseveranstalter mit dem unverdächtigen Namen „Kreativ Reisen" an und im April 2019 ging es los. Wir trafen uns am Flughafen München unter dem Schild „Kreativ Reisen", welches der Reiseleiter Helmut an einem langen Stab befestigt in die Luft streckte. Vorsichtig, uns gegenseitig beäugend standen wir da. Manche schienen sich zu kennen, fielen sich freudig in die Arme. Ich fühlte mich fremd, irgendwie außen vor. Äußerlich locker und entspannt, hatte ich innerlich ein mulmiges Gefühl. Wie würde es werden? Käme ich mit diesen Leuten zurecht? Eine Busreise – oh je! Mit so vielen Fremden auf engstem Raum. Warum hatte ich das bloß gemacht? Flucht? – Zwecklos.

Nach knapp vier Stunden Flug kamen wir in Israel an. In der Unterkunft in Bethlehem gab es noch einen Imbiss. Am Tisch links neben mir saß ein Schweizer, auf der Seite meines schwachen Ohrs (ein Hörsturz vor einigen Jahren hatte mich gut 30 Prozent meines Hörvermögens gekostet). Er meinte es gut mit mir und redete und redete mit starkem Akzent. Ich hatte damals noch kein Ohr für das Schweizerische und verstand daher kein Wort (verzeih mir Roland!). Ich fühlte mich elend, falsch am Platze und wollte nur noch auf mein Zimmer. Die Nacht war unruhig, arabische Musik und Autolärm ließen mich nicht schlafen. Worauf hatte ich mich da nur eingelassen? Noch sechs ganze Tage musste ich das aushalten.

7.00 Uhr Frühstück. 7.30 Uhr Abfahrt; im Bus ganz hinten sitzend (wo schon in Schulzeiten immer die coolen Leute saßen), um mich he-

rum nur Fremde, außer Michael. Links neben mir ein Peter, Vater eines berühmten Torhüters, dann weiter links ein Fußballstar aus den 90er Jahren, mir unbekannt. Autogramm? Ich verzichte. Fußball interessiert mich nicht. Rechts neben mir Eugen aus Konstanz. Ich fühlte mich unwohl und allein.

Dann geschah etwas Sonderbares. Der Reiseleiter Helmut stimmte ein Lied an. Ich war überrascht. Der Text einfach, leicht mitzusingen *„Dies ist der Tag, den der Herr gemacht"*. Singen macht mir Spaß. Also sang ich mit. Offensichtlich kannten fast alle dieses Lied. Als es zu Ende war, stieß ich meinen Platznachbarn Eugen leicht an und fragte ihn leise. *„Was ist das für Musik?"* Er daraufhin: *„Das ist Worship."* Ich nochmals: *„Was ist Worship?"*, er: *„Das ist Lobpreis."* Ich hakte nach: *„Warum singen wir das?"* Daraufhin sah er mich verblüfft an und fragte mich: *„Weißt du nicht, dass dies eine christliche Reise ist?"* Ich war sprachlos. Nein, ich wusste nicht, dass dies eine christliche Reise war. Auf dem Flyer stand zwar, dass man biblische Orte besuchen wolle, wie Jerusalem usw., aber Gott anbeten und singen? Davon hatte ich nichts gewusst.

Hier saß ich also, in einem vollgestopften Bus in Israel mit fast 60 singenden Männern, als einziger Tourist unter lauter Christen gefangen. Da ich Gott noch nicht kannte, konnte ich IHN auch nicht fragen, was das zu bedeuten hatte. Also fügte ich mich meinem „Schicksal".

In den nächsten Tagen lernte ich die Männer näher kennen. Sie waren nett und zuvorkommend. Das übliche Männergehabe fehlte weitgehend. Das war sympathisch, ich musste nicht die typisch coole Rolle spielen. Hinten im Bus ging es gut zur Sache, ich hatte lange nicht mehr so gelacht. Der ehemalige Fußballstar, ein super Typ, riss einen Witz nach dem anderen. Später erfuhr ich, dass es ihm lange Zeit ganz schlecht gegangen war, Burn-out inmitten der Karriere. Er hatte dann zu Jesus gefunden, das habe ihn gerettet. Jesus, aha.

So gingen die Tage dahin und ich freundete mich immer mehr mit den Christen an. Sogar den Schweizer verstand ich besser (verzeih mir nochmal, Roland). Überhaupt, die Offenheit in dieser Männergruppe empfand ich als wohltuend. Alle waren sehr entspannt. Kein Gemecker, keine blöden Sprüche, keine Angeberei. Im Gegenteil, sie strahlten Dankbarkeit aus, umarmten einander oft und nannten sich Brüder, obwohl sie nicht miteinander verwandt waren. An biblischen Orten wurden sie oft sehr still und nachdenklich, schien mir. Sie zogen sich zurück und beteten „zur Ehre Gottes", manche weinten auch still, was ich keineswegs albern fand.

Das hatte ich so noch nie erlebt. Diese Christen, ein sonderliches Volk. Aber ich war Tourist. Mit meiner blauen Kappe hob ich mich schön ab von den anderen – sie trugen die Kappen des Veranstalters. Ich machte viele Fotos und Selfies (nur der Ex-Fußballstar machte mehr), sang mit, so gut es ging und konzentrierte mich darauf, das Land kennenzulernen. Dennoch bemerkte ich eine Veränderung in mir. Ich wurde sehr nachdenklich. Wie war ich in diese Situation gekommen? Warum war ich hier?

Einige Nächte später geschah dann das Wunder. Eigentlich schlafe ich sehr schlecht, aber auf dieser Reise war das anders. Ich ging sogar freiwillig nach dem Abendessen ins Bett, um den Tag zu verarbeiten, um das Erlebte in mein kleines Reisetagebuch zu schreiben. Hier schlief ich plötzlich gut. Ich fühlte mich irgendwie geborgen, im positiven Sinne „zu Hause". **In 49 Jahren hatte ich das so noch nicht erlebt.**

In der besagten Nacht passierte es dann. Ich schreckte hoch, weil eine Stimme mich rief. Zuerst konnte ich es nicht verstehen, aber dann kam eine Wiederholung. Diese Stimme sagte deutlich zu mir: *„Folge mir!"* Der Wecker zeigte 4.32 Uhr. War das jetzt wirklich passiert? Früher hatte ich oft krasse und sehr real wirkende Albträume gehabt. Ich blieb wach, saß auf meinem Bett und dachte nach. Ich fühlte nochmals hinein. Was war das gewesen? Diese Stimme hatte sehr beruhigend auf mich gewirkt – gar nicht wie ein Albtraum.

Durch die Zeitumstellung war es nun noch eine Stunde früher, und ich beschloss aufzustehen und rauszugehen. Tief in Gedanken spazierte ich durch das frühmorgendliche Bethlehem, und mir wurde nach und nach klar, wem ich nachfolgen sollte. Es war Jesus Christus. Jesus? Der, den ich nicht kannte, kannte offensichtlich mich. Als hätte er gemeint: *„Das, wonach du immer gesucht hast, bin ich."* Ich hatte so eine Klarheit in mir. Ein Gefühl des Vertrauens.

Aber, wie kann man jemandem vertrauen, den man nicht kennt? Dennoch, es fühlte sich irgendwie sicher an. Ich hatte auch eine große Freude in mir. Ein Gefühl, als hätte ich das verlorene letzte Puzzleteil wiedergefunden, das alles vollkommen macht. Mir wurde klar, dass ich arrogant gewesen war, hatte ich doch von mir selbst behauptet: *„Ich trug schon immer die Sehnsucht nach der Wahrheit in mir."* Aber nun erkannte ich, dass Gott es war, der die Liebe für die Wahrheit durch seinen Heiligen Geist in mich hineingelegt hatte. Sonst wäre ich nie dorthin gekommen.

Als es hell wurde und Zeit für das Frühstück war, begab ich mich zum großen Saal, wo die meisten Männer bereits an langen Tischen saßen und sich lebhaft unterhielten. Ich bat um Gehör und teilte ihnen mit, was sich in dieser Nacht ereignet hatte. Sie hörten gespannt zu, was „der Touri" zu sagen hatte. Ich sagte, dass ich in dieser Nacht von Jesus Christus direkt aufgefordert worden war, ihm zu folgen, und dass ich bereit sei, dies zu tun. Um die Sache festzumachen, würde ich mich in zwei Tagen im Jordan taufen lassen. Ich konnte es selbst kaum glauben. Hatte ich das wirklich gerade gesagt? Ja, es gab dafür über 50 Zeugen.

Seit dieser Entscheidung habe ich ein Gefühl des Angenommenseins. Menschen um mich herum bemerkten, dass ich mich veränderte. Im Umgang wurde ich freundlicher, mein Blick auf die Menschen wurde liebevoller. Äußerlichkeiten und gesellschaftlicher Status verloren mehr und mehr an Bedeutung. Ich lernte, in die Herzen der Menschen zu sehen und was sie im Inneren bewegte. Dies galt nicht nur für mein privates, sondern auch für mein berufliches Leben.

Ich bekam ein großes innerliches Verlangen, meine Baustellen abzuschließen, die Trümmer zu beseitigen. Ich beschloss, mit meinen Eltern Frieden zu schließen, um Vergebung zu bitten. Ebenso mit meiner Schwester. Und sogar mit meiner Exfrau. Dies waren ganz bestimmt keine einfachen Gänge, aber ich wusste, ich musste dies nicht allein tun, denn ich hatte die Kraft und die Liebe Gottes an meiner Seite. Ich tat einen Gang nach dem anderen und erlebte Wunder der Erneuerung in meinem Leben. Ich durfte feststellen, dass nur die Liebe

Jesu Christi in der Lage ist, Wunden zu heilen, wozu kein Geld und auch keine Zeit der Welt in der Lage wäre.

Beruflich stellte ich die Menschen noch mehr in den Vordergrund. Auch im Unternehmen erlebten wir Wunder und so konnten wir sogar die großen Herausforderungen der Corona-Zeit deutlich besser meistern als viele andere. Unser Personalleiter und ich beteten nun vor wichtigen Terminen und Personalgesprächen miteinander um die Führung Gottes. Wie oft waren wir – wie auch unsere Gesprächspartner – überrascht vom positiven Verlauf und dem guten Ergebnis dieser meist sehr schwierigen Gespräche. Gott wirkte und löste manches scheinbar „unlösbare" Problem.

Die Veränderung durch die Übergabe meines Lebens an Jesus Christus hat mein Leben neu geordnet. In den letzten Jahren wurden die Herausforderungen nicht weniger, sondern eher mehr. Dennoch schlafe ich heute besser, bin viel ausgeglichener. Mittlerweile gebe ich alle meine Probleme, Ängste und Sorgen an IHN ab. Ich weiß, er wird mir auch in Zukunft Schutz geben und mich versorgen, auch in schwierigen Zeiten. Das gibt mir Sicherheit und Zuversicht. Das macht mich unendlich dankbar. Danke Jesus!

Volker Plambeck | Jg. 1969 | verheiratet, 1 Sohn | Adelmannsfelden/Ostalbkreis | Freiberuflich tätig | Interview auf Youtube in „CBN Deutschland" und „Stunde des Höchsten"

45 Jahre Migräne – an einem Abend geheilt

Wenn man mich Anfang August 2023 gefragt hätte: *„Thomas, wie viele Monate hat dein Jahr?"*, hätte ich gesagt: *„Neun Monate."* Warum?

Ich erinnere mich wage an 45 Jahre Migräne. Im Rückblick bedeutet das mindestens drei Monate Liegezeit pro Jahr. Dabei übt man jedes Mal drei Tage „das Sterben im dunklen Zimmer".

In den 1970er Jahren hatte ich als Kind eben „Kopfweh", das kommt und geht wieder – nach dem Motto: „Kind geh an die frische Luft", und gut. Später, in den 1980er Jahren, war der Begriff „Migräne" dann schon eher präsent, jedoch passende Mittel gegen diesen Schmerz kamen erst um 1993 auf den Markt und zögerlich nach Deutschland. Ich kann also sagen, dass ich mit der Migräne großgeworden bin.

Man lernt die guten Tage mehr zu schätzen und freut sich, wenn man keine Migräne hat. Es gab immer mal wieder Phasen, wo der Takt der Migränezyklen höher war. Stetiges Dokumentieren und die Versuche, das Kommen der Migräne zu fassen, gestalteten sich schwierig. Wetterfühligkeit (Hoch- und Tiefdruck) war vielleicht am ehesten greifbar.

Trotz allem galt es das Leben zu gestalten. Mit 15 Jahren habe ich mein Leben Jesus übergeben. Auf die Migräne hatte dies keine Auswirkung – sie blieb mir erhalten. Was sich geändert hat, war die innere Haltung, das Loslassen und Abgebenkönnen dieser unangenehmen und lästigen Sache.

Anfang August 2023, eine Woche vor unserer Gemeindefreizeit, wachte ich morgens auf und war bewegt. Ich hatte seltsam geträumt: Man verhandelte über meine Migräne. Ich dachte: *„Was für ein Traum! Das wäre doch ganz einfach: Wenn Gott nur ein Wort spräche, wäre die Migräne von mir weggenommen."*

Zweiter Tag der Gemeindefreizeit, 4 Uhr früh. Ich werde wach und merke: Die Migräne sagt dir guten Morgen. In Gedanken zähle ich schonmal die drei Tage nach vorn – also Freitag + Samstag + Sonntag – und sage den Tagen *„Tschüss!"*. Man weiß ja schon was kommt, nur nicht, wie schwer der Verlauf diesmal sein wird. In so vielen Jahren lernt man, die Last zu tragen. Aber ich war gewiss, dass die Leidensschale – im Bild gesprochen – flach ist, und der große, volle Becher mit den Zusagen und der Liebe Gottes, der immer danebensteht, alles überwiegt.

Ein Vorteil, auf der Gemeindefreizeit Migräne zu bekommen, ist, dass viel für einen gebetet wird. Allerdings gehört ein Tag auf dem Zimmer über dem Speisesaal – bei dieser Hitze und dem Lärm – nicht gerade zu den Idealbedingungen für einen guten Verlauf. Für alle, die keine Migräne kennen, sage ich es mal so: Schon das Schlucken von Wasser empfindet man in diesem Moment als Lärm.

Gegen Abend verspürte ich den Zug, in die Abendveranstaltung zu gehen, wo 200 Personen Gottesdienst feierten und lebendige Gemeinschaft hatten – das war schon ein wenig verrückt in meinem Zustand.

Nach der Veranstaltung kam Carola aus der Gemeinde auf mich zu und sagte, sie habe heute Abend den Auftrag, zu mir zu kommen und im Namen Jesu meine Migräne wegzunehmen, mit Gebet und unter Händeauflegen; ob das für mich OK wäre. Ich habe mich da nicht Nein sagen hören und stimmte im Glauben und von Herzen zu.

Der Traum kam mir wieder wage in Erinnerung. Ich dachte auch an den Jünger Thomas, der konkret spüren und fühlen wollte. Und ich verstand während des Gebets: Es wäre keine Schmach, sondern ein sichtbares Zeichen, wenn der HERR hier und heute gnädig handelte.

Und nun stehe ich hier und schreibe dir: *„Meine Migräne ist weg! Halleluja!"*

Ich freue mich nun auf Jahre mit zwölf Monaten. Meine Heilung habe ich anderen Migräne-Leidenden und auch innerhalb der Familie bezeugt. Warum? Weil der HERR ein äußeres Zeichen gesetzt hat! Wenn die Migräne einfach so verschwunden wäre (selbst wenn der HERR sie weggenommen hätte), wüsste ich es nicht und könnte von dem Wunder nicht Zeugnis geben. **So aber weiß ich, dass er Gebet erhört und kann es weitererzählen.**

Thomas Hansal | Jg. 1966 | verheiratet, 3 Kinder | Karlsbad | Management

MOSES

„Das ist jetzt aber der Gipfel!" Fast jeder von uns hat diesen Aufschrei der Empörung schon gehört oder gar selbst ausgerufen. Der Gipfel, über den wir Männer hier berichten, ist der Liebesgipfel Gottes zu uns Menschen.

Als ich ein kleiner Junge war, haben sie mir oft ein uraltes Lied vorgesungen:

„Auf jedem Bergl, da steht ein Kreuz,
es ist nicht schwarz und auch nicht weiß,
es ist kein Marmor und keines Meisters Stolz,
es ist ein Kreuzelein aus schlichtem Holz."

Meine geliebte Oma hat es mir oft vorgesungen, oder manchmal auch mein Papa, wenn er gerade nicht betrunken war und seine liebevolle Seite zeigen konnte. Es ist dieser Mann am Kreuz, der mir ein neues Herz geschenkt hat. In der Bibel bittet uns Gott nur um unser Herz, egal wie es darin aussieht:

Gib mir, mein Sohn, dein Herz (Sprüche 23,26 ELB).

Gerne lassen wir uns oben, nach dem Erklimmen eines Berges, fotografieren und feiern. Was aber ist mit unseren Abstürzen, mit all unserem Versagen, wohin gehen wir damit? Weil auch ich dem Mann am Kreuz mein Herz gegeben habe, habe ich nun keine Angst mehr, über meine Ängste zu sprechen, und habe die Freiheit, über alle meine Gefängnisse zu reden.

Gefängnis! Darum geht es um meinen Herzensbeitrag zu diesem wunderbaren Männerbuch.

Ich wurde wieder einmal in ein Gefängnis eingeladen, sollte dort über mein Leben sprechen, den Männern Mut machen. Und wieder einmal meldete sich einer meiner „treuesten Weggefährten" bei mir: der Zweifel. Den Großteil meines Lebens hatte ich von meinem Vater gehört, dass ich es nie zu etwas bringen und aus mir nie etwas werden würde. 2007 versöhnten wir uns und die Worte von einst verlieren ihre Kraft, sind aber leider immer mal wieder präsent in meinem Leben. So auch an diesem heißen Sommertag, als ich der Einladung der Justizvollzugsanstalt folgte.

Ca. 40 Männer warteten auf mich. Ich hatte etwa zwei Stunden Fahrt vor mir. Der Zweifel machte mir sehr zu schaffen und ich musste an

Moses denken, der einst von Gott einen großen Auftrag bekam, sich selber aber nicht für würdig empfand, der richtige Mann am richtigen Ort zu sein.

So fuhr ich meinem Ziel entgegen und fühlte mich wie Moses. Immer und immer wieder betete ich im Auto, ich sprach laut vor mich hin (seit es Freisprecheinrichtungen gibt, fällt das gar nicht mehr so auf):

„Jesus ich fühle mich wie Moses, ich fühle mich der Aufgabe nicht gewachsen. Was, wenn die Gefangenen gegen mich rebellieren? Wenn ihr Herz nicht erreicht wird? Wenn einer nach dem anderen den Saal verlässt?“ Meine Gedanken malten sich die schrecklichsten Dinge aus. Je näher ich dem Gefängnis kam, desto mehr hielten mich meine Gedanken gefangen.

Hochkonzentriert steuerte ich mein Fahrzeug durch die ländliche, kurvenreiche Strecke, als mir plötzlich eine Dame auf meiner Spur entgegenkam. **Ich hatte keine Chance, ihr auszuweichen, denn neben mir war ein Abgrund.** In letzter Sekunde schaute die Dame nach oben und riss das Steuer in die richtige Richtung – sie hatte wohl in ihr Handy geschaut. Nur äußerst knapp entkamen wir beide einem sehr schweren Unfall. Mein Herz pochte und mein Körper zitterte.

Keine paar Minuten später stand ich vor einer Straßensperrung und einer mir unbekannten Umleitung. Alles kam hier zusammen, meine Zweifel, der Beinahe-Unfall, die Sperrung, und das alles in einer schier unerträglichen Hitze. Aber irgendwie spürte ich, dass mein Besuch geistlich umkämpft war, also war es wichtig und gut, dort hinzugehen. Ich fragte mich durch und kam schließlich pünktlich im Gefängnis an.

Noch ein kleines Gebet auf dem Parkplatz der JVA: *„Gott, danke dass du mich trotz aller Gefahren, Umwege und Zweifel behütet ans Ziel geführt hast. Nun stärke mich, wie du Moses gestärkt hast. Sei an meiner Seite, so wie du Moses beiseite gestanden hast und führe meine Worte. Ich lege mich und meinen Dienst in deine wunderbaren Hände.“*

Ich ging zur Pforte, um mich anzumelden. Nachdem alle Formalitäten erledigt waren, fragte mich der freundliche Beamte, was ich genau mit den Insassen machen würde? In diesem Augenblick wusste ich, dass ich nicht nur zu den Gefangenen sprechen sollte, sondern auch hier und jetzt zu diesem Beamten. Und ich erzählte ihm von meinem alkoholkranken Papa, von der Gewalt, die ich erfahren hatte, und von meinem verzweifelten Streben nach Anerkennung – und von Gottes Liebe, die letztendlich in der Versöhnung mit meinem Papa gipfelte. Sichtlich berührt zeigte mir der Beamte ein Stück seines Herzens und flüsterte mir fast unter Tränen zu, dass seine Geschichte ähnlich sei, nur dass er nie Versöhnung hatte erfahren dürfen. Ich ließ ihm mein Buch da (obwohl ich wusste, dass er eigentlich keine Geschenke annehmen durfte; ich „vergaß" es einfach auf seinem Tisch). Sein Herz wurde berührt. Wer weiß, wer dieses Buch noch alles gelesen hat und was aus diesem Beamten noch wurde und wie es heute in seinem Herzen aussieht. Es war eine herzliche Begegnung, die Gott uns beiden schenkte, dessen bin ich mir sicher, trotz aller Zweifel.

Dann ging es weiter ins Innere des Gefängnisses. Die Spannung stieg. Wie viele werden es tatsächlich sein? Wie wird die Stimmung sein? Und wieder diese Zweifel, und wieder fühlte ich mich ein bisschen wie Moses.

Meine Kontaktperson nahm mich in Empfang und wir liefen zum Saal. Ich kam mir vor wie ein Gladiator beim Gang in die Arena. Wie Moses auf dem Weg zum Pharao. Da kam der erste Gefangene. Ich schätzte ihn auf Anfang zwanzig. Ein starker Typ!

„Servus, ich bin der Michael", begrüßte ich ihn freundlich. Ein Lächeln huschte über sein Gesicht und er stellte sich ebenfalls vor: *„Hallo, ich bin Moses!"*

Was? Hatte ich richtig gehört? Oder spielte die Hitze meinen paar Gehirnzellen einen Streich?

„Wie heißt du?", hakte ich nach. *„Moses"*, antwortet er noch einmal, fast schon genervt. *Nein, das gibt's doch nicht ..., ich konnte es kaum glauben.*

Hier im Knast waren Hunderte von Insassen, und der Erste, der sich mir vorgestellt hatte, hieß ausgerechnet Moses. War das zu fassen? Gott hat Humor. Den ganzen Tag über hatte ich mich irgendwie wie Moses gefühlt und das auch Gott gegenüber zum Ausdruck gebracht. Und hier wischte er meine Zweifel mit einem Lächeln weg. Nun hatte ich die hundertprozentige Bestätigung: Gott war mit mir. Und ich bestätige euch allen, dass er auch mit euch ist – mit dir, selbst wenn du daran zweifelst.

So erzählte ich, frei von allen Ängsten, den Männern aus meinem Leben. Mitten aus meinem Herzen berichtete ich, und meine Worte trafen ihre Herzen. Es wurde geweint, obwohl es ein ungeschriebenes Gesetz im Knast gibt, dass man dort nicht weint. Im Anschluss an meinen Vortrag lagen manche von ihnen in meinen Armen und flüsterten mir Tiefes aus ihrem Herzen in mein Ohr. Sie erzählten mir von ihren Verletzungen, ihren Sehnsüchten und von ihrer Schuld. Einer weinte in meinen Armen und erzählte mir, wie er zum Mörder geworden war.

Dies war der Gipfel des Vertrauens, der Liebe, der Zusage Gottes, dass er in unserer Schwachheit seine Stärke zeigen möchte. Selbst die Angestellten der JVA zeigten sich berührt und bedankten sich bei mir. Doch den Dank gebe ich an Jesus weiter, an wen sonst? Alles, was ich bin, habe oder kann, ist von ihm. Das Kreuz ist der Gipfel seiner Liebe.

Ach ja, Moses erzählte mir im Anschluss, dass er seine Schuld sehr bereute und zu Hause seine Frau und sein Kind auf ihn warteten, und dass er ein neues Leben anfangen wolle.

Dies war die Geschichte von meiner Begegnung mit Moses, meinen Zweifeln, einem Beinahe-Unfall, von vielen Tränen und Umarmungen und von Gottes unfassbarer Liebe sowie seinem Humor an einem heißen Sommertag, an dem ich erfüllt, dankbar und überreichlich beschenkt das Gefängnis wieder verlassen durfte.

Manchmal sind wir gefangen, obwohl wir frei sind, und manche sind frei obwohl sie gefangen sind. Jesus spricht: *„Wen ich frei mache, der ist wahrhaft frei.“*

Michael Stahl | Jg. 1970 | verheiratet | 2 Kinder | Bopfingen | Redner, Motivationstrainer, Gewaltpräventionsberater, Buchautor, Trainer für Selbstverteidigung | www.protactics-stahl.de

Wenn Gott uns formt

In unserer hoffnungslos verweichlichten Gesellschaft hält man verzweifelt Ausschau nach „Männern mit Rückgrat", sie scheinen vom Aussterben bedroht zu sein. Wann sind denn Männer noch Männer? Sind sie es, wenn sie einen jungen Löwen in Stücke reißen, wie Simson? Wenn sie todesmutig auf dem Wasser laufen, wie Petrus? Oder wenn sie dem Staatsoberhaupt das Gericht Gottes ankündigen, wie Elia?

Meist wird bei den heroischen Geschichten vergessen, dass ihnen eine Zeit der „Formung" vorausging. Das klingt lustig. Ist es aber nicht.

Wenn Gott mit uns Pläne hat, beginnt es vielleicht – wie bei mir – mit dem euphorischen Gebet: *„Herr, mach mich zu einem nützlichen Werkzeug!"* Wenn man dann merkt, wie Gott auf ein solches Gebet reagiert, folgt die Ernüchterung auf dem Fuße. Vielleicht stand man in der Erwartung, jetzt würde die Belohnung gleich vom Himmel regnen, weil man so fromm gebetet hat. Stattdessen passiert das Gegenteil. Das ist es, was auch ich erlebte.

Ich war Drucker, 28 Jahre lang. Kein Job, um den ich mich gerissen hätte. Aber als Abbrecher des Gymnasiums in der zehnten Klasse und aufgrund von dramatischem Mangel an Ausbildungsplätzen nahm ich, was frei war. Also druckte ich; für die Frau; für die Kinder; für die Familie. Man ist ja „fromm". Und man ist Christ – jedenfalls am Sonntag. Doch irgendwann, nach 25 Jahren, wurde mir schlagartig klar: *„Mir läuft die Zeit weg!"* Und dann? Gläubig? Ja! Heilsgewissheit? Ja! Fester Platz in der Christengemeinde? Ja, doch! Aber ist das wirklich alles? Will der Gott, der dir unter Einsatz seines sündlosen Lebens Rettung schenkte, nicht mehr von dir, als „Schule, Ehe, Arbeit, Rente, Kiste"?

In dieser Zeit begann ich mit dem „kritischen" Gebet: *„Herr, mach mich zu einem nützlichen Werkzeug!"*. Von da an erlebte ich die Hölle auf Erden. Ich verstand nicht, warum. Ich „beichtete" einem geschätzten Bruder und Jugendfreund, was ich betete. Ein humorvoller Freund. Sein immer verschmitzt grinsendes Gesicht wurde ernst, und er raunte: „Gefährliches Gebet!". Langsam dämmerte es mir: Wenn Gott dich beim Wort nehmen soll und du willst ein nützliches Werkzeug im Reich Gottes sein, dann darfst du kein Eigenleben haben.

Die Arbeit in der Druckerei wurde zur Qual. Die wirtschaftliche Situation war schwer. Egal, was schieflief, plötzlich war ich an allem schuld, nach 18 Jahren guter Arbeit im gleichen Familienbetrieb. Jeden Morgen quälte ich mich mit Bauchschmerzen zur Arbeit. Auch meine Familie litt unter meiner Niedergeschlagenheit.

Satan kommt dann ganz unscheinbar: *„Hör einfach auf mit dem blöden Gebet, dann läuft es wieder!"* Ich blieb bei meinem Gebet. Und es ging noch weiter runter, bis ich tagelang Fußboden schrubbte. Ich war mit meinen Nerven endgültig am Ende.

Als Drucker hatte ich schon vor Jahren begonnen, meiner heimlichen Leidenschaft zu frönen und zu schreiben. Als leidenschaftlicher Angler schrieb ich Angelberichte und Fachartikel für Deutschlands größtes Angelmagazin, die Fisch & Fang. Da wurde ich ohne jede Absicht plötzlich ziemlich gefragt. Mein Traum war, das hauptberuflich zu machen, aber Gott hatte einige Jahre zuvor einen Riegel vorgeschoben. Jetzt aber liefen wie aus dem Nichts alle Stränge in eine Richtung. Die Redaktion rückte von der Bedingung ab, ich müsse dafür nach Koblenz ziehen. „Vollzeit Homeoffice", lautete der neue Deal. Das war auch Teil MEINES Deals mit Gott: *Wenn das klappt, habe ich die Möglichkeit, tausenden von Anglern, die niemals eine Kirche aufsuchen würden, das Wort Gottes zu predigen, denn als Selbstständiger könnte ich meine Zeit selber planen.* Und Gott gab Gelingen für das Vorhaben. Er nutzte meine ungewollte Popularität, um sein Evangelium an Naturmänner weiterzugeben.

Meine beruflichen Fachseminare für Angler gestaltete ich in eine kostenlose Kurzform um, einschließlich eines gemeinsamen Essens. Einzige

Bedingung: Ich predige vorher kurz von Petrus und seinem Riesenfischzug und von seiner Begegnung mit Jesus. In Berlin, Celle, Bielefeld, Wuppertal, Neunkirchen, Bad Rothenfelde, Hamm, weit verstreut. Es kamen Angler, die man in keiner Kirche je sehen würde; Lesbenpärchen Hand in Hand, Rockerbosse, Zuhälter, Verzweifelte und sogar ein Karatekämpfer mit dem 6. Meistergrad der Karateform, die auch ich betrieben hatte. Alle hörten das Wort Gottes. Gott begann, ein Werkzeug aus mir zu machen.

Dann folgte die nächste Prüfung. Corona! Was machst du, wenn alle Irrsinnsmaßnahmen diese Form der Evangeliumspredigt unmöglich machen? Das „Online-Evangelium" mag seine Berechtigung haben, ersetzt aber nicht die Predigt vor Menschen. Im Gegenteil, das ständige Konsumieren von Livestreams oder YouTube-Predigten führt zu einer gewissen Trägheit, oder der völligen Verweigerung, sich unter Menschen zu begeben. Eine böse Folge der Überreaktion auf ein Virus.

Warum berief mein Herr eigentlich gleich mindestens sieben seiner Jünger aus Fischern? Weil sie was vom Fischen verstanden. Warum also fischte ich nicht weiter? Es gab erneut eine Antwort, mit einer weiteren „Formungsstufe", die wieder sehr schmerzhaft war.

Meine Heimatgemeinde versagte hinsichtlich der Maßnahmen auf ganzer Linie: *„Impfung, hurra! Wir tun, was der Staat von uns verlangt, weil Gottes Wort das schließlich mit Römer 13 sagt."* Sogar, als man uns das Singen untersagte (was in der Geschichte der Menschheit einmalig gewesen sein dürfte), beugte man sich willig unter den teuflischen Irrsinn. Was jetzt? Bin ich als Werkzeug nach wenigen Jahren schon abgenutzt? Einiges in meinem Leben schien darauf hinzuweisen, dass Gott den nächsten Schritt mit mir gehen wollte. Doch ich verstand nicht, wie dieser Schritt aussehen würde. Trotz meiner Gebete um Klarheit, hielt der Herr sich bedeckt.

Keine Antwort heißt einfach: „Weitermachen, so gut es geht." So tat es auch Paulus, als er sich zweimal in eine falsche Richtung wandte (siehe Apostelgeschichte 16,6+7). Steuern kann Gott uns nur, wenn wir in Bewegung bleiben. Also bewegte ich mich – auch sportlich, wie üblich – und spürte plötzlich nach dem Joggen ein merkwürdiges Ziehen in meiner Wade. Das fühlte sich irgendwie anders an als eine Zerrung oder Verspannung.

Mein gläubiger Arzt machte einen Thrombosetest. Deutlich positiv.

Und die Werte so jenseits alles Vorstellbaren, dass er mich sofort ins Krankenhaus schickte. Als ich das verweigerte, bat er mich, wenigstens eine Gefäßchirurgin aufzusuchen. Doch auf einen Termin wartet man üblicherweise sechs Wochen lang. Also spazierte ich am nächsten Morgen vor Öffnung einfach in die Praxis und legte meine Blutwerte auf den Tisch. Die Helferin zuckte zusammen, wurde blass und verschwand. Sofort kam ich dran, die Thrombose wurde bestätigt, und auch sie schickte mich per Notfalleinweisung sofort ins nächste Krankenhaus. Angler könne sie nicht leiden, sagte sie staubtrocken während der Untersuchung, die würden Tiere quälen und die Natur schänden. Verrückt, was für Menschen Gott einem so über den Weg schickt ...

An diesem Freitagmittag machte ich mich mit meiner Frau auf den Weg ins Krankenhaus. Auf kaum halber Strecke bog ich ab und fuhr zurück nach Hause. *„Ich will jetzt mit dir frühstücken und dann joggen gehen!“* sagte ich ihr. Mein Arzt erlaubte es telefonisch widerwillig, weil ich bereits die obligatorischen Blutverdünner schluckte. **Ich machte es mir selber leicht, und damit begann der Horror meines Lebens.**

Nächtliche Schweißausbrüche, starke Gewichtsabnahme, Blässe, Ängste – wochenlang. Meine Werte besserten sich zwar, aber die furchtbaren Nächte, in deren Anschluss die Tapete hinter meinem Bett so nass war, dass man sie hätte ablösen können, wurden nicht besser, sondern schlimmer. Mehr als einmal musste ich die komplette Bettwäsche wechseln.

Gott drückte mich immer weiter runter. Ich fand keine Tiefschlafphasen mehr und bekam furchtbare Albträume. Schließlich feuerte ich frustriert alle Medikamente in die Ecke. Die Schweißausbrüche ließen nach, die Ängste und die Schlaflosigkeit nicht. Bis ich eines Nachts endgültig am Ende war. Dem Zusammenbruch nahe, rannte ich auf die Wiese hinter meinem Bauernhaus, fiel auf die Knie und schrie Gott an: *„Ich will für dich da sein! Ich will DIR dienen! Ich verstehe deine Züchtigung! Aber lass mich nur SCHLAAAAAFEN!!!“* Hätte mich jemand rufen hören, er hätte mich vermutlich in die Klapsmühle geschickt.

Ich kehrte zurück ins Haus, legte mich ins mittlerweile verhasste Schlafzimmer und – fiel in einen unglaublich tiefen Schlaf. Ja, ich schlief durch wie ein Kind. Jeremia schrieb einmal: *„Da war mein Schlaf mir süß!“* (Jeremia 31,26 SLT). Gott hatte meinen Schrei gehört und erhört. (Ich schlafe übrigens bis heute gut, was vorher nicht der Fall gewesen war.) Ich hatte wohl den nächsten Tiefpunkt, durch den Gott mich führen wollte, durchgestanden. Meine Blutwerte, die ständig kontrolliert wurden, besserten sich. Wozu dieser Tiefpunkt diente und wie Gottes Plan aussah, wurde mir in den kommenden Wochen überwältigend klar.

In unserer geschlossenen Brüdergemeinde erzürnte ich die Christen mit einer „Skandalpredigt", in der ich wagte, ein Reichgottesgleichnis anders auszulegen, als man es gewohnt war. Es gab Zwischenrufe. Wutanfälle. Einen regelrechten Tumult. Alle Wichtigtuer schienen sich gleichzeitig zu formieren. Alle anderen schwiegen. Einer forderte mich lautstark auf, die Gemeinde zu verlassen. Da niemand Bonhoeffers Rat befolgte, nach dem man sich auch schweigend schuldig macht, ging ich. **Und Gottes perfekter Zeitplan, der von diesem Sonntag an ablief, treibt mir noch heute die Tränen in die Augen.**

Ich durfte in einer Gemeinde in Bad Rothenfelde, die mich häufiger als Prediger einlud, einige Wochen zuvor zwei Schwestern taufen. Die hatten nun in dieser Woche den vorsichtigen Wunsch nach geistlichem Input geäußert. In ihrer Gegend gäbe es nur zwei Arten von Christengemeinschaften, Katholiken und Pfingstler. Beides konnten sie nicht mit Gottes Wort in Übereinstimmung bringen. Sie sehnten sich nach bibeltreuer Lehre, und sei es nur einmal im Monat. Dieter, der Gemeindeleiter in Bad Rothenfelde und ein geistlicher Vater für mich, trieb die Sache mit Nachdruck voran, und am Freitag nach der „Skandalpredigt" trafen wir uns. Schon an diesem Abend wünschten sich die Anwesenden eine kurze Andacht. Ich sprach über Häuser, die auf Sand und auf den Felsen gebaut sein können. Ihre aufmerksamen Ohren sogen das Wort Gottes auf wie ein Schwamm. *„Wann können wir zusammenkommen?"*, war die einzige Frage, die auf ihrer Seele brannte. *„Am Sonntag?"* Ich antwortete: *„Ja. Ich habe Zeit!"* Dieter war perplex, wusste er doch um meine Gemeindepflichten. Irrtum. Gott hatte mich zum perfekten Zeitpunkt rausgeholt, ab sofort war ich frei von den Zusammenkünften.

Wir kamen am nächsten Sonntag erstmals mit sieben Gläubigen als Hauskreis zusammen. Am folgenden Sonntag waren es etwa 12. Dann 15, 18, 20. Wir trafen uns abwechselnd in den Häusern; waren dankbar und optimistisch; lasen, beteten, sangen (auch, wenn das zu Beginn kein Ohrenschmaus war). Doch dann sank die Zahl der Teilnehmer wieder, weil einige sich scheuten, dauerhaft die Privatsphäre der Häuser zu belasten, und zudem ungläubige Ehepartner zusehends gereizter wurden. Wir begannen für einen Gemeindesaal zu beten und trafen auf das Projekt einer christlichen Schule, die übergangsweise in einem Ex-Motorradclub gebaut werden sollte. Eine Pfingstgemeinde hatte diesen Plan. Ob wir einen der Räume für unseren Sonntagsgottesdienst bekommen könnten, beantwortete der Vorstand positiv. Für 200 Euro Miete von den 700 Euro Gesamtmiete durften wir „einziehen".

Gottes Bau an seinem Haus in Molbergen nahm Gestalt an. Die Zahl der Christen wuchs. Wir durften viele in einer nahegelegenen Talsperre taufen! Das Projekt „Christliche Schule" musste überraschend von der Gemeinde verworfen werden, weil der Behördenirrsinn immer neue unbezahlbare Gutachten forderte. Als kleine Gemeinschaft stellte uns das vor eine neue Prüfung: Die Gesamtmiete inklusive hoher Nebenkosten überstieg unsere Möglichkeiten. Andere Räumlichkeiten waren nicht zu finden, sogar beauftragte Immobilienmakler scheiterten. Der nächste Schritt des Glaubens folgte, und erneut bauten nicht wir, sondern Gott das Haus. Die Finanzen reichten immer aus. Die Gemeinde wuchs. Das Gebäude nahm Gestalt an. 57 Stühle, die den Brandschutzvorschriften einer Schule nicht entsprachen und ungenutzt waren, standen für uns ebenso kostenlos bereit, wie eine komplett neue Beleuchtung und die Bereitwilligkeit vieler Geschwister, ihre Arbeitszeit mit einzubringen. Ich könnte noch mehr erzählen. Leider ist der Platz hier begrenzt.

Was Gott noch plant? Ich weiß es nicht. Gibt es weitere „Formungen" und Prüfungen? Vermutlich. Werde ich immer standhaft bleiben? Das anzunehmen wäre Hochmut. Wir alle stehen ständig in der Gefahr zu fallen, bei jeder neuen Prüfung. Aber eines ist mir von Februar 2023 bis Februar 2024 klargeworden (das ist der Zeitraum, in dem aus 7 fast 50 Gemeindeglieder wurden, und der DIREKT auf meine Krankheitsphase folgte!):

Wenn der HERR nicht das Haus baut, dann arbeiten umsonst, die daran bauen; ... (Salomo in Psalm 127,1 SLT).

Und noch etwas lernte ich. Wenn ich ein Werkzeug in der Hand des allmächtigen Gottes sein möchte, dann muss ich bereit sein, mein Leben von ihm über den Haufen werfen zu lassen. Und zwar immer wieder! Und ich muss bereit sein, mich von ihm zu einem „Werkzeug der Gerechtigkeit" (s. Römer 6,13) formen zu lassen. Das biblische Wort für „Werkzeug" im NT (griechisch: hoplon) wird im Neuen Testament übrigens häufiger mit „Waffe" übersetzt. Christen sind also keine Jammerlappen. Sondern Männer! Sie sind Kämpfer, die Gott zu einer Waffe formen möchte. Eine Waffe nicht gegen Fleisch und Blut, sondern gegen den Irrwahn unserer Zeit. Und eine Waffe, die Menschen die Botschaft von der Vergebung sagt. Und davon, wie Gott aus Schlaffis echte Männer macht!

Matze Koch | Jg. 1966 | verheiratet mit Moni, 4 Kinder, 4 Enkelkinder | Ostfriesland | Drucker, heute Angelsportjournalist und Prediger | www.youtube.com/@matzekoch, Gemeinde: www.jesusistgroesser.de, Angelkanal: youtube.com/@FischundfangDeMagazin

Vom Topmanager zum Arbeitslosen

Aufgewachsen bin ich in einem verrufenen Stadtteil von Frankfurt. In unmittelbarer Nähe wurden Drogen verkauft und Prostituierte boten ihre Dienste an. Doch das war nicht von Nachteil, denn dort lernte ich, realistisch zu bleiben, Dinge anzupacken und keine Berührungsängste mit armen und verrufenen Menschen zu haben.

Ein besonderes „Bilderbuch“ hatte es mir schon früh angetan – die große, sehr alte Familienbibel. Ich studierte die Bilder und Mutter erzählte mir die spannenden Geschichten dazu. So begegnete ich Gott.

Doch es gingen auch Fensterscheiben zu Bruch, ich machte den Nachbarn zu viel Lärm in der Mittagsruhe und ich testete, wie jedes Kind, meine Grenzen aus – was ein Junge halt so alles anstellt. Meine Mutter hatte natürlich Verständnis für die Nachbarschaft und fand auch nicht alles gut, aber sie hielt immer zu mir. Ich fühlte mich bedingungslos angenommen und entwickelte ein starkes Selbstbewusstsein. Mein Glück war nicht von meiner Leistung abhängig.

Richtig kämpfen musste ich durch die Scheidung meiner Eltern, die sich nach langen Konflikten endgültig trennten, als ich 13 war. Davor gab es viele Streitereien. Meine Mutter musste sich im Schichtdienst als Altenpflegerin plagen, damit meine größere Schwester und ich durchkamen. Ich führte dann später die „Haushaltskasse“ und lernte den Umgang mit Finanzen. Das machte mir Spaß. In der Schule glänzte ich weniger mit guten Noten, aber ich war einer, der voranging und auf den man sich verlassen konnte. **Es sollte niemand benachteiligt werden, das war mir wichtig.**

Glaube und Sport wurden meine Leidenschaften und sind bis heute sehr wichtig in meinem Leben. Doch Tischtennis, Fußball, Leichtathletik oder Volleyball verdrängten die kirchlichen Aktivitäten. Ich hatte nicht nur Spaß am Training, nein, ich hatte das Ziel, besser zu werden und zu gewinnen. Das klappte auch, bis ich Wirbelsäulenprobleme bekam und den Sport vorübergehend aufgeben musste. Ein herber Rückschlag!

Meine Lehrstelle bekam ich 1977 bei der Kaufhof AG, zuerst in der Lebensmittelabteilung und nach einer Salmonellenerkrankung in meinem Lieblingsmetier, der Sportabteilung. Was für ein Segen! Mit 21 Jahren durfte ich bereits die Filiale eines großen Sporthandelsunternehmens in Krefeld-Uerdingen leiten. Mir half mein Gespür für die Gegend, in der das Geschäft lag, und für die Menschen, die bei uns einkauften. Außerdem beflügelte mich eine gewisse Experimentierfreudigkeit. **Da nahm meine berufliche Karriere so richtig Fahrt auf – viele würden sagen: eine Bilderbuchkarriere.**

Über einige weitere Stationen wurde ich 1993 Geschäftsführer der Fach-Sport GmbH und gründete mit meinem Team u. a. die Sport 2000 International.

2001 warb mich der größte Konkurrent ab und ich wechselte in den Vorstand der Intersport Deutschland eG. Meine Bürotür stand meist offen, denn es ist mir sehr wichtig, dass ich für mein Umfeld erreichbar bin. Ich werde ja nicht an meinen Worten, sondern an meinen Taten gemessen. Werte wie Korrektheit, Ehrlichkeit und Fairness müssen die Grundlage meines Handelns sein. Auch da ist mir Jesus Vorbild.

Höhepunkte meines Berufes waren unter anderem die sportlichen Wettkämpfe. Hier präsentierte ich Intersport, verhandelte mit den wichtigsten Geschäftspartnern von Adidas über Nike bis Puma und erlebte die Wettkämpfe mit, z. B. die Fußball-WM von 1994 bis 2014, aber auch andere Weltmeisterschaften und Olympische Spiele. Den Weltmeistertitel 2014 mit dem Tor von Mario Götze live mitzuerleben – grandios. Als wichtiger Geschäftspartner wurde ich von Adidas, dem Sportartikel-Giganten, einige Stunden vor dem WM-Finale durch das Stadion geführt, sogar auf den Rasen und in die Kabine der deutschen Nationalmannschaft. Sehr berührend waren für mich der Besuch einer Favela und besonders der Blick abends auf die beleuchtete Jesus-Statue.

Verhandlungen auf allerhöchster wirtschaftlicher Ebene erfordern viel Konzentration, Geschick und Durchhaltevermögen. Ich versuchte immer, das Beste für meine Händler herauszuholen, aber auch fair zu den Herstellern zu sein – eine Einstellung, die mir als Leistungssportler wichtig war. Es ging ja um Millionen und ich durfte mitentscheiden, welche Sportartikel und Textilien verkauft werden, oder welche nicht. Und es galt vorsichtig zu sein, denn in der Branche des Leistungssports geht es oft zu wie in einem Haifischbecken. Intersport mischte mit mehreren Milliarden Euro Umsatz als der weltgrößte Sportartikel-Handelsverbund voll mit. Deswegen war eine der Fragen, die mich bewegten, oft: Steht das, was ich vorhabe, mit Gottes Wort im Einklang?

Zum Ausgleich und um den Kopf frei zu bekommen, laufe ich gerne, auch Marathon. Und ich liebe den normalen Breitensport. Er ist ein wichtiges gesellschaftliches Rückgrat. Dort werden Kinder motiviert, gefördert und sozialisiert. Wenn ich Kinder beim Fußball mit vollem Einsatz und Freude spielen sehe, ist das für mich echter Sport. Ohne Kalkül.

Und eines war klar: Wer wie ich zu Spitzenzeiten 200 Tage im Jahr unterwegs ist und bis zu 80 Stunden in der Woche arbeitet, der muss familiär Abstriche machen. Oft sagten meine Kinder: *„Der Papa ist ja nie da!"*

Auf dem Zenit meiner Karriere 2012 erlitt meine Frau Andrea einen schweren Schlaganfall – während des Familienurlaubs mit den Kindern. Ich befand mich zu der Zeit auf einer Vortragsreise in Ost-Deutschland. Hilflosigkeit in mir, während die Ärzte um das Leben meiner Frau kämpften. Doch eine ihrer Gehirnhälften starb komplett ab. Eine lange Zeit der Reha stand bevor, und es ist ein Wunder Gottes, dass Andrea heute wieder so leben und fast alles machen kann wie früher. Ich arbeitete keinen Tag weniger, aber meine Assistentin hielt mir privat den Rücken frei – und das bei fünf Kindern. Es ist so wunderbar, dass es Menschen gibt, auf die ich mich 100 Prozent verlassen kann. Und wenn es mir am dreckigsten ging, habe ich am meisten gebetet. Gott schenkte mir Ruhe und Kraft.

Doch dann spürte ich plötzlich, dass die Stimmung sich bei einigen Menschen in meinem beruflichen Umfeld gedreht hatte. Allerdings dachte ich bei mir: *„Das können die doch nicht ernsthaft machen."* Aber sie konnten – und wie!

Die Süddeutsche Zeitung schrieb im Herbst 2014:

„Bisher amtieren Jost, 53, und Roether, 50, als gleichberechtigte Vorstände. Dennoch galt der profilierte Sportartikelmanager Jost intern wie außerhalb als Nummer eins. Zumal er auch Präsident des globalen Intersport-Dachverbandes IIC in der Schweiz ist. Im Zuge einer Organisationsreform entschied der Aufsichtsrat von Intersport Deutschland im Oktober, seinen Vorstand um ein drittes Mitglied zu erweitern und gleichzeitig Roether zum Vorstandsvorsitzenden zu befördern. Den unbekannten, bisher für interne Belange zuständigen Manager, der nur über wenig Erfahrung in der Sportartikelbranche verfügt, vorzuziehen, kam einer öffentlichen Demontage von Klaus Jost gleich. Seither kommt Intersport nicht mehr zur Ruhe. […]

Es gab harsche Kritik am Aufsichtsrat. ‚Dass dieser bei der wichtigen Personalie die Mitglieder außenvor gelassen habe, zeigt ein gewisses Maß von arroganter, selbstgefälliger Attitüde der beteiligten Personen', zitiert das Fachblatt Sport Fachhandel einen Händler. Viele Mitglieder und Mitarbeiter in der Heilbronner Intersport-Zentrale fühlen sich überrumpelt und können die Gründe für die Personalie nicht nachvollziehen."

Ich sollte eine untergeordnete Rolle bekommen und erfuhr dies erst in einem Meeting per Power-Point-Präsentation. Der Schock! Mein Rauswurf war beschlossene Sache. Denn bei meinem damaligen Amtsantritt 2000 war eine zentrale Vereinbarung mit dem Aufsichtsrat gewesen, dass ich keinen Vorstandsvorsitzenden vor mir haben würde. Was für ein Vertrauensbruch! Eine Vertragsveränderung musste einmütig beschlossen werden, doch ich willigte nicht ein.

Nachdem die Feststellungsklage eines Anwalts den Aufsichtsrat der Intersport erreichte, wurde ich mit sofortiger Wirkung freigestellt. Das geschah im November 2014. Noch war ich nicht entlassen, doch mein E-Mail-Account wurde gesperrt, meine Telefonverbindung gekappt, ich hatte keine Einsicht mehr in Firmeninterna und musste hilflos mit ansehen, wie Stimmung gegen mich gemacht wurde. Ich hatte meine Gefühle unter Kontrolle, denn das habe ich in unzähligen Meetings und Verhandlungen eingeübt. Doch kontrolliert zu bleiben fiel mir schwer, ich spürte eine ungewohnte Hektik und Unruhe in mir.

In solchen Momenten merkte ich, wer noch zu mir stand. Ich fühlte mich ohnmächtig, verraten und verlassen – auch von Personen, die ich gefördert hatte. Aufmunternde, persönliche Mails blieben bei Intersport hängen und erreichten mich nicht, und die Mailschreiber wunderten sich, dass ich nicht antwortete. Ein Gefühl von Minderwertigkeit und Hilfslosigkeit überkam mich.

Auf der anderen Seite breitete sich in mir auch Erleichterung aus, denn ich hatte jetzt Klarheit und musste den Gang ins Büro nicht mehr antreten. Offiziell war das Kapitel Intersport für mich am 1. Juli 2015 beendet, ebenso wie fast 25 Jahre Verbundgruppenmanagement auf höchster Ebene und die Be-

treuung von mehreren tausend Händlern. Beide Parteien einigten sich auf Stillschweigen.

Nein, ich hatte mich öffentlich nie zu Gründen geäußert und werde es auch nicht tun, denn das wäre nur meine Wahrheit, meine subjektive Sicht. Außerdem lag mir das Unternehmen am Herzen. In diesem tiefsten Moment meines Lebens blieb ich trotzdem „wertvoll", egal was um mich herum passierte. Mein Wert und mein Selbstbewusstsein hängen nicht davon ab, welchen Job ich ausübe oder was andere über mich reden und denken.

Gott, der Schöpfer dieser Welt, der so viele Dinge schafft, macht keine Fehler. Ich bin ein Ganz-oder-gar-nicht-Typ. Ich vertraute Gott und erlebte, wie mich Menschen ermutigten und für mich beteten. Das hat mir viel Kraft gegeben. Vom Topmanager zum Arbeitslosen – ein tiefer Fall. Doch nie tiefer als in Gottes Arme!

Klaus Jost | Jg. 1961 | verheiratet, 5 Kinder | Eppingen | Kaufmann, Unternehmensberater | Buch „Jost läuft", Verlag SCM Hänssler

Die Liste

„Was soll das alles mit Gott? Wo ist er denn? Was tut er denn für uns?" Vielleicht trägst auch du diese Fragen mir dir herum. Mich haben sie bis zu meinem 35. Lebensjahr begleitet. Deshalb möchte ich mit diesem Text eine Brücke bauen, mit deren Hilfe du vielleicht Gottes Wirken in deinem Leben entdecken und Antworten auf diese Fragen finden kannst.

Ich bin nicht als Christ geboren worden und hatte auch keinen Grund, an Gott oder Jesus zu glauben. Als Kind wurde ich vergewaltigt und schwer misshandelt. Mein Vater war ein tyrannischer Alkoholiker, der nie über seine eigenen Verletzungen hinweggekommen ist. Er war ein Mann, der stets im Kampf mit sich und der Welt um die Bestätigung seiner Person und Existenz lag. Er verlangte viel und erklärte mir wenig. **Ich war ängstlich, stotterte und wurde in der Schule gemobbt.** Als ich dreizehn war, ließen sich meine Eltern scheiden und wir fielen aus der Mittelschicht. Oft reichte das Geld nicht. Ich hatte viele Ängste und wenig Optionen. Leider folgte ich dem Beispiel meines Vaters und verkroch mich in der Sucht. Essen, Pornografie und Videospiele waren ab dem 10. Lebensjahr mein Weg, um mit der vernichtenden Erkenntnis umzugehen: „Die Welt hasst mich und ich bin ein Idiot."

Wo sollte Gott in so einem Leben sein? Und wenn er da war, hasste er mich vermutlich genauso wie der Rest der Welt.

Von diesem Leben ist heute nichts mehr zu sehen. Ich bin verheiratet, trainiere Menschen in Selbstbehauptung und Selbstverteidigung, spreche vor Publikum über meinen Lebensweg und kann aus vollem Halse lachen. Dieses neue Leben begann mit meiner Bekehrung. Davor hatte ich es zwar versucht und auch wichtige Fortschritte gemacht, aber ein stabiles erfülltes Leben wollte nicht gelingen. **Dafür brauchte es in meinem Leben eine Macht, die größer ist als ich: Jesus Christus.**

Zwischen meiner Bekehrung und „der Liste" lagen knapp zwei Jahre. Zwar wusste ich bereits, dass Gott mich liebt und schützt – seit ich mich ihm zugewandt hatte, war ich ja sein geliebtes Kind, das spürte ich –, doch wie groß seine Liebe wirklich ist, das wurde mir erst an jenem Samstag bewusst, als ich „die Liste" schrieb. Zum Ende einer Coachingausbildung sollten wir eine umfassende Selbstreflexion anfertigen. Wo kommen wir her? Wo wollen wir hin? Welche Qualifikationen haben wir, und was haben wir alles erlebt? Über diesen Fragen erinnerte ich mich an viele Details aus meinem alten Leben.

Die Kategorie „Reflektierte Lebenserfahrungen" nahm bereits viel Raum ein, aber bald merkte ich, dass es da ein weiteres Themenfeld gab, dem ich eine eigene Liste widmen musste: „Momente der extremen Todesnähe und Angst." Ich begann zu schreiben:

- Beinahe ertrunken
- Sturz mit Motorrad auf Acker
- Beinahe entführt worden
- Angel in die Stromleitung geworfen
- Mit dem Boot beinahe ins offene Meer gezogen worden
- Angeschossen worden
- Zweimal vergewaltigt
- Beinahe mit einem Draht erdrosselt worden
- Beinahe samt Auto von einem Lastwagen zerlegt worden
- [...]

Ich schrieb, bis siebzehn Punkte auf der Liste standen, dann legte ich den Stift beiseite und lehnte mich zurück. Unzählige Stunden Traumatherapie und Selbstarbeit hatten mich nicht mit vollem Herzen begreifen lassen, was ich eigentlich erlebt hatte. Ich begriff erst in diesem Moment, dass ich längst hätte tot sein müssen, und doch war ich hier. Selbstständig, umgeben von Freunden, verheiratet, genesend von meinen Süchten.

In der Stille des Nachmittags begriff ich: Jesus war da gewesen und er hatte mich vor dem Schlimmsten bewahrt. Er war da gewesen, während ich mich abgewandt und auf alles, was seinen Namen trug, gespuckt hatte. So groß ist seine Liebe, dass er mich beschützte, obwohl ich seine „Schwäche" verachtetet hatte. **Als ich auf die Liste schaute, erkannte ich sein Wirken in meinem Leben, und eine unaussprechliche Last fiel von mir ab.**

Ich war wirklich Gottes geliebtes Kind, nicht erst seit meiner Bekehrung. Ich war es schon immer gewesen und ich würde es immer sein.

Thore Wilkens | Jg. 1985 | verheiratet | Chemnitz | Coach, Trainer und Berater für Selbstbehauptung, Selbstverteidigung, Persönlichkeitsentwicklung und kollegiale Zusammenführung | www.thore-wilkens.de

Neue Freiheit durch Vergebung

Wir leben in einer Welt, in der es für viele Menschen nicht vorstellbar ist, dass es auch heute noch im Alltag zu übernatürlichen Ereignissen kommt, die für die Wissenschaft nicht erklärbar sind. Doch es ist egal, in welchen Kulturkreis man sich hineinbegibt, überall wissen die Menschen von Begebenheiten zu berichten, die nicht aus dieser Welt zu stammen scheinen.

Über mein Leben und was mir geschehen ist habe ich bereits ein Buch geschrieben (Der Weg eines Erzdruiden). Es beschreibt meinen Weg, der vom Katholizismus über tiefste Esoterik zum wahren Glauben an Jesus Christus führte, wobei ich in allen Lebensphasen außergewöhnliche und übernatürliche Erlebnisse hatte. Doch nicht alle konnte ich in ein einziges Buch packen. Hier nun eine Begebenheit, die ich Zeit meines Lebens nicht vergessen werde.

Während meiner Kindheit und Jugend war ich in meiner Familie schlimmsten Drangsalierungen und Gewalt sowie auch psychischem Missbrauch ausgesetzt. Besonders meine Mutter und meine Großmutter väterlicherseits machten mir das Leben zur Hölle. Immer wieder musste ich mir die ungerechten Behandlungen und seelischen Grausamkeiten von Seiten meiner Großmutter gefallen lassen. Ehrlich gesagt war ich nicht gerade traurig, als sie das Zeitliche segnete, wenn auch die Grausamkeiten vonseiten meiner Mutter und meiner Schwester weitergingen.

Wegen dieser schlimmen Erlebnisse war ich auch als Erwachsener zunächst nicht bindungsfähig, und hatte zu dem Zeitpunkt, an dem dieser Bericht hier beginnt, bereits eine Scheidung hinter mir.

Im Jahr 2001 lernte ich meine zweite Frau kennen, die einen Pferdezüchterhof für Islandpferde besaß. Durch einen glücklichen Zufall kam ich während dieser Zeit in den Besitz einer Border-Collie-Hündin. Es war Liebe auf den ersten Blick und es entstand zwischen ihr und mir eine außergewöhnliche Verbindung.

Nach unserer Hochzeit verstarb der Vater meiner Frau, der auch zu mir eine ganz besondere Beziehung gepflegt hatte, denn ich war der Sohn, den er sich immer gewünscht hatte. Umso schlimmer sein Tod für mich. Zur Beerdigung fuhr ich mit meiner Frau von Schleswig-Holstein zum Wohnsitz ihrer Eltern, der sich im Rheinland befand. Dort angekommen, begaben wir uns zu dem Beerdigungsinstitut, in dem mein Schwiegervater für die bevorstehende Trauerfeier am folgenden Tag aufgebahrt lag.

Von dort aus kehrten wir in das Elternhaus meiner Frau zurück und begaben uns spät am Abend zur Bettruhe. Die Hündin meiner Frau und meine eigene begleiteten uns ins Schlafzimmer und legten sich wohlerzogen auf dem Teppich vor unserem Bett nieder.

Plötzlich – zu welcher Uhrzeit in der Nacht kann ich nicht mehr sagen – wurde ich unsanft durch meine Hündin geweckt, die voller Panik ins Bett gesprungen kam und sich zitternd und bebend an mich klammerte. **So etwas hatte sie zuvor noch nie getan!**

Schlaftrunken, wie ich war, wusste ich gar nicht, was geschah. Ich versuchte meine Hündin zu beruhigen – vergeblich. Sie zitterte wie Espenlaub. Ich streichelte sie liebevoll, doch sie fiepste nur ängstlich.

Um zu erfahren, was meine Hündin derart in Angst und Schrecken versetzte, drehte ich vorsichtig meinen Kopf von einer in die andere Richtung und versuchte im spärlichen Dämmerlicht des Zimmers etwas zu entdecken. Plötzlich fiel mein Blick auf eine sehr seltsame Erscheinung, die sich direkt links neben meinem Bett befand.

Starr vor Angst glaubte ich nicht, was ich da erblickte. Ich hörte das regelmäßige Atmen meiner schlafenden Frau und wusste, dass sie von alledem, was sich da im Zimmer ereignete, gar nichts mitbekam. Regungslos starrte ich auf die seltsame Erscheinung, die sich in unmittelbarer Nähe zu mir befand.

Ich blickte auf eine schneeweiße Lichtsäule, in der ich schemenhaft meinen verstorbenen Schwiegervater zu sehen glaubte. Neben ihm eine dunkelgraue, nur sehr diffuse und nebelhafte Säule, in der sich anscheinend ebenfalls ein Geistkörper zu befinden schien. Ich musste mich wirklich anstrengen, um genauer zu erkennen, um wen es sich dabei handeln könnte. Es dauerte eine gefühlte Ewigkeit, bis ich glaubte, die schemenhafte Silhouette meiner verstorbenen Großmutter väterlicherseits zu erkennen.

Plötzlich hatte ich das Gefühl, als würde mein verstorbener Schwiegervater zu mir sprechen, ohne jedoch seine Lippen dabei zu bewegen. Gleich einem Impuls manifestierten sich Worte in meinem Kopf zu folgendem Satz: *„Wird es nicht Zeit, ihr endlich zu vergeben?“*

Plötzlich bemerkte ich, wie Zorn in mir aufstieg und ich gar nicht anders zu können glaubte, als meinem verstorbenen Schwiegervater zu antworten, wobei ich die Worte laut aussprach: *„Nicht in diesem Leben. Nicht in dieser Welt!“*

Dies war bereits das dritte Mal, dass mich ein kurz zuvor Verstorbener Mensch aufforderte, meiner Großmutter zu vergeben. Das erste Mal war mir mein Großvater väterlicherseits nach seinem Tod erschienen, das zweite Mal war es mein Großvater mütterlicherseits, und nun war es das dritte Mal, dass ich vor die Entscheidung gestellt wurde, meiner Großmutter zu vergeben. Und wieder hatte ich es beharrlich abgelehnt. Zu groß war in mir noch der Schmerz darüber, was sie mir als Kind und Jugendlichem angetan hatte.

Eine kurze Zeit, in der ich meine Entscheidung fällte, hielt diese sonderbare Erscheinung vor. Dann vernahm ich erneut den Impuls in meinem Kopf, als würde mein verstorbener Schwiegervater zu mir sprechen und mir mitteilen: *„Dann soll es so sein!“*

Plötzlich entschwand die schneeweiße Lichtsäule mitsamt meinem verstorbenen Schwiegervater durch die Zimmerdecke nach oben. Im Gegensatz dazu sah ich, wie die dunkelgraue, diffus wirkende Nebelsäule in Richtung Erdboden verschwand. Kurz bevor sie sich vollends aus meinem Blickfeld entfernte, vernahm ich ein furchtbares Schreien jener Person, die sich in der nach unten entschwindenden Säule befand. Dieser Schrei durchfuhr meinen ganzen Körper, und ich war mir sicher, die Stimme meiner Großmutter väterlicherseits vernommen zu haben.

Still und dunkel war es im Zimmer geworden. Wieder hörte ich das regelmäßige Atmen meiner Frau. Minutenlang lag ich nur da und musste erst einmal dieses mehr als seltsame Erlebnis verarbeiten. Plötzlich hörte das Zittern meiner Hündin auf und sie begab sich wieder auf den Teppich vor dem Bett zurück, um dort friedlich weiterzuschlafen.

2014, also etliche Jahre später, kehrte ich mit meiner jetzigen (und dritten) Frau zum Glauben an Jesus Christus zurück. Aber erst am 15. März im Jahr 2020 war es mir möglich, neben meiner Mutter auch dieser Frau vergeben zu können. Hier lernte ich, dass Vergebung im Grunde genommen mir selbst nützt. **Durch Vergebung befreit man sich von einer sehr großen Last, die man bis zu diesem Zeitpunkt mit sich herumgetragen hat.**

Nachdem ich in der Lage war, diesen beiden Frauen vergeben zu können, die mein bisheriges Leben so negativ bestimmt hatten, spürte ich eine Leichtigkeit in mir, wie ich sie nie zuvor erlebt hatte. Es mag für manchen unglaublich erscheinen, wenn ich sage, dass ich tatsächlich das Gefühl hatte, ein völlig neuer Mensch zu sein. War mein Herz zuvor versteinert, sah ich mich erst jetzt (wieder) in die Lage versetzt, Liebe zu empfinden und auch anderen Menschen Liebe entgegenzubringen. Nicht ohne Grund heißt es in einer Lebensweisheit: *„Liebe schließt die Pforten der Hölle."*

Ich hoffe in Gottes Namen, dass meine Vergebung auch meiner entschwundenen Großmutter väterlicherseits irgendwie geholfen hat. Möge sie in Frieden ruhen.

Thomas Nawroth | Jg. 1963 | glücklich verheiratet | Herne | Koch, Hotelfachmann, Kaufmann für Bürokommunikation, selbstständig | Buch „Der Weg eines Erzdruiden" bei GloryWorld-Medien, Fernsehauftritte u.a. bei ERF | www.camlata.com

„This route is extremely dangerous"

Im Frühjahr 2022 war ich mit meiner Frau gemeinsam im Urlaub in Südafrika. Es war eine geniale Zeit, denn wir entdeckten Gottes Schöpfung in vielen wunderbar von ihm geschaffenen Dingen, wie Blumen, Bäumen, Bergen oder dem Meer. Wir verbrachten einige Tage in Kapstadt und machten uns dann auf den Weg, ein paare schöne Stellen auf der bekannten „Garden Route" zu besichtigen.

An einem schönen Tag legten wir einen Stopp in Nature's Valley ein, um eine Wanderung zu machen. Wir wussten weder, wie lange sie dauern würde, noch, ob es ein Rundweg war. Wir stellten unser Auto ab und liefen los.

Es gab nur sehr wenige Schilder auf dem Weg. Anfangs ging er an einem langen Strand entlang. Wir konnten die Wellen im Meer beobachten und genossen den Salzgeruch. **Es war einfach herrlich!**

Auf einmal ging der Weg rechts ab, ziemlich steil den Berg hoch und mitten durch den Wald. Er glich eher einem Trampelpfad, statt einem guten Wanderweg. Es fühlte sich wie im Dschungel an, denn die Luft war hier drückend und schwül und nicht mehr so frisch wie am Meer. Die Bäume standen dicht neben dem Weg und oft hingen ein paar Lianen und ähnliche Gewächse über unserem Pfad. Auf etwa der Hälfte des Berges gab es einen genialen Aussichtspunkt. Wir sahen den Strand und das Meer, an dem wir zuvor entlang gegangen waren. Wow!

Nach einer Foto- und Trinkpause ging es weiter. Da der Weg nun flacher wurde, schienen wir oben angekommen zu sein. Das Dschungel-Gefühl nahm aber nicht ab, es gab auch einige Tümpel. Naja, bisher war der Weg nicht so schön, wie wir ihn uns vorgestellt hatten.

Nach einiger Zeit ging es dann über Stock und Stein bergab. Nun kamen uns auch einige Wanderer entgegen. Plötzlich hörte der Wald auf und wir standen an einem Fluss. Ein paar Schritte weiter mündete ein kleiner See im Meer. Das Wasser sah richtig dreckig aus, denn es war lila-braun. Dort fanden wir Muscheln und kleine Tierchen im Wasser.

Nach einer kurzen Pause suchten wir den weiteren Weg. Wir liefen um den See und fanden ein Schild: „This route is extremely dangerous" (Extrem gefährliche Route). Allerdings stand der Grund nicht dabei. **Wir beschlossen, den Weg zu gehen – umkehren könnten wir ja immer noch.**

Zuerst ging es ziemlich steil hoch, kurz durch den Wald hinunter und nun standen wir wieder am Meer. Die Landschaft veränderte sich stark. Nun war es felsig und schroff. Wir sahen einige Angler auf den Felsen sitzen. Wieder begegnete uns das Schild: „This route is extremely dangerous." Wir wussten immer noch nicht, warum.

Wir liefen jetzt nicht mehr im Sand oder im Wald, sondern kletterten und sprangen über riesige Felsbrocken. Im Rücken stand eine hohe Felswand. Wir staunten, wie die Wellen gegen die ersten Felsen klatschten und riesige Wasserfontänen auslösten. Meine Frau brauchte manchmal Hilfe, um überhaupt die Felsen überqueren zu können.

Langsam wurde uns bewusst, warum der Weg so gefährlich war: die Flut. Das Wasser kam nun immer näher heran, aber von einem Wanderweg keine Spur. Kein Wegweiser in Sicht. **Wir stellten uns die Frage: weitergehen oder umdrehen?**

Angst breitete sich in uns aus. Wir sahen zurück und bemerkten, dass einige Felsen, die wir zuvor noch übersprungen hatten, mittlerweile unter dem heranflutenden Wasser verschwunden waren. Ich dachte nur: *„Wir müssen hier so schnell wie möglich weg!"* Hinter uns das Wasser, welches uns den Rückweg versperrte, rechts neben uns das offene Meer, links die hohe Felswand, die unüberwindbar war, und vor uns kein offensichtlicher Weg. Es blieb nur eine Option: weitergehen.

Wir beeilten uns, um irgendwie vom Wasser wegzukommen. In dieser Situation waren nur wir zwei. Dachten wir, denn unser himmlischer

Vater war ja auch dabei. Wir beteten die ganze Zeit, dass wir diese Wanderung überleben würden!

Endlich sahen wir weiter oben ein Geländer. Diese Erhöhung war noch ein gutes Stück weit weg. Teilweise mussten wir große Sprünge

machen, weil die Felsen so umspült waren. Meine Frau und ich dachten nur noch daran, dort oben anzukommen, auch wenn wir eventuell dort festsitzen würden, bis die Flut vorbei wäre. Dort müssten wir sicher sein, egal wie hoch die Wellen kämen. Immer wieder sendete ich Stoßgebete an Gott, dass er uns sicher hier rausbringt.

Nach einer gefühlten Ewigkeit hatten wir es geschafft. Wir gelangten zum höchsten Punkt des Weges, wo wir ein halb-kaputtes Geländer und unsichere Drahtseile vorfanden. Wir fielen uns um den Hals und waren Gott so dankbar, dass er uns gerettet hatte! Trotzdem war ich am Ende – körperlich und mental. Wenn man nicht weiß, was kommt, und dann mit der Situation überfordert ist, kann einen das echt mal kurz aus der Bahn werfen.

Wir konnten nun beruhigt den Rest des Weges gehen und stellten fest, dass es ein Rundweg war, denn wir kamen wieder am Strand raus. Wir fanden nochmals das Schild, diesmal in die entgegengesetzte Richtung: „This route is extremely dangerous" – jetzt wussten wir, dass wir wirklich in Sicherheit waren!

Am Strand stärkten wir uns mit leckeren Toasties und genossen die wunderschöne Schöpfung Gottes! Meine Frau und ich waren uns einig: Gott hat alles in der Hand. Und wir sind sehr dankbar, dass er uns unversehrt ans Ziel brachte!

Tim Zilly | Jg. 1994 | verheiratet, 1 wundervolle Tochter | Remchingen | Leiter einer Kindertagesstätte

So hoch der Himmel ist ...

Da das Jahr 2018 für uns ein Jahr voller Umbrüche war, fuhren wir im Januar zur Gebetshauskonferenz nach Augsburg. Unsere Sehnsucht, in der Anbetung Gott zu begegnen, trieb uns dorthin. Das Motto der Konferenz lautete: Open up the Gates (Öffnet die Tore). Dies war auch symbolisch für unsere Lebenssituation, in der wir nun entscheiden konnten, wie wir den Veränderungen begegnen wollten: Trotzig unsere Herzenstüren zu verriegeln, oder die kommende Veränderung anzunehmen und hoffnungsvoll vorwärts zu gehen.

Auf der Konferenz kauften wir uns als Ehepaar jeder ein T-Shirt mit dem Aufdruck: So hoch der Himmel ist ... Das passende Lied dazu gefiel uns sehr. Die atemberaubende Atmosphäre, als wir dieses Lied mit ca. 10.000 Menschen sangen, war ein großartiges Erlebnis. (Wie es wohl im Himmel klingen wird, wenn Millionen Menschen zusammen singen?) Vielleicht hast auch du schon einmal etwas gekauft, ohne zu wissen, dass es dir später viel bedeuten würde. So ging es uns mit den T-Shirts. Doch davon später.

Es wurde ein echt heißer Sommer, zumindest bei uns in der Schweiz (in der Region am Thunersee). Da wir keine Klimaanlage besitzen, öffneten wir recht häufig die Fenster, um einen gewissen Durchzug zu erzeugen. So arbeitete ich zu Hause in dem Durchzug und genoss die Luftbewegung. – Bis einige Zeit später starke Nackenverspannungen einsetzten. Meine Frau arbeitet in einem Altenheim und ich wusste, dass ältere Menschen sich vor Durchzug fürchteten, weil er einen steifen Nacken und viele Schmerzen mit sich bringen kann. *„Das ist nur Geschwätz von alten Menschen"*, hatte ich bis dahin gedacht. Doch plötzlich wurde ich selbst von diesem „Mythos" der alten Menschen eingeholt.

Durchzugsschmerzen! – Ach, so fühlt sich das an! Ich kann nur sagen: Es war erbärmlich. In einem Witz über Männer und ihre Schmerzempfindlichkeit heißt es: *„Gott erschuf Wehen, damit Frauen eine Ahnung bekommen, wie sich eine echte Männergrippe anfühlt."* Doch mein Eindruck war, dass Durchzugsschmerzen Galaxien weit von einer Männergrippe entfernt sind – ...

Scherz beiseite. Es gibt viele unerträgliche Schmerzvarianten. Mein Durchzugsschmerz war sehr unangenehm, doch zunächst noch gut zu ertragen. Es tat weh, aber es war noch nicht unmöglich, damit zu leben.

Meine Frau massierte mir den Nacken, und da wir beide auch an Gottes heilendes, übernatürliches Wirken glauben, beteten wir auch dafür, dass Heilung geschehen sollte und die Schmerzen weichen würden. Wir beteten voller Zuversicht und im Glauben, dass Gott ein Heilungswunder tun würde. Doch nach längeren Zeiten des Gebets, setzte immer noch keine Heilung ein. Ich war etwas enttäuscht. Immerhin hielten die Schmerzen nun schon seit ca. vier Wochen an.

Dann kam die Zeit des Sommerurlaubs. Wir fuhren mit unserem Wohnwagen auf einen Campingplatz, der auch physiotherapeutische Anwendungen anbot. Dort sollte mir geholfen werden – dachte ich. Ich buchte einen Termin in der Praxis und erwartete förmlich ein Wunder. Doch die Therapeutin hatte anscheinend keine Lust, mich zu behandeln. Sie musterte mich und schickte mich unverrichteter Dinge wieder zurück. Ich war entsetzt. Mit so wenig Engagement hatte ich nicht gerechnet. Meine Schmerzen blieben unverändert und meine Sehnsucht nach Heilung auch.

Der Urlaub verging, doch die Schmerzen blieben, nahmen sogar noch zu. Ich konnte kaum noch Auto fahren, weil ich meinen rechten Arm nicht herabhängen lassen konnte. Mein tägliches Gebet beinhaltete auch immer wieder göttliche Heilung, denn etwas anderes schien augenscheinlich nicht zu funktionieren. Inzwischen waren schon drei Monate mit täglichen Schmerzen ins Land gegangen, und bis zu einem gewissen Grad trat sogar ein Gewöhnungseffekt ein.

Eines Morgens wachte ich auf und spürte eine große Sehnsucht nach Gottes Gegenwart in mir. Vielleicht sollte ich bei dieser Gelegenheit erwähnen, dass ich Pastor bin. Zeit mit Gott und in Gottes Gegen-

wart zu verbringen, bedeutet mir sehr viel und ist ein großer Bestandteil meines Lebens. Doch irgendwie war es an diesem Morgen anders.

Ich sagte zu meiner Frau, dass ich eine große Sehnsucht in mir spüre, Gott zu begegnen und ging in mein Büro. Dabei hatte ich das T-Shirt an, das wir uns im Gebetshaus gekauft hatten: „So hoch der Himmel ist …". Ich wusste, dass dieser Spruch irgendwo in den Psalmen stand. Doch in welchem? Mister Google half mir, ihn zu finden: Psalm 103. So entschloss ich mich ihn zu lesen. Er beginnt mit den Worten:

Von David.
Auf, mein Herz, preise den HERRN!
Alles in mir soll den heiligen Gott rühmen!
Auf, mein Herz, preise den HERRN
und vergiss nie, was er für mich getan hat!
Und dann heißt es im dritten Vers:
Meine ganze Schuld hat er mir vergeben,
von aller Krankheit hat er mich geheilt, …

Während ich diesen Satz las, sagte der Heilige Geist zu mir:
„Nimm es für dich an!"

Ich war über die klare Aussage Gottes erst einmal irritiert. Doch dann sprach ich vor Gott Folgendes aus: *„Ja, Herr! Ich nehme diese Aussage für mich an, denn du hast mir alle meine Sünden vergeben, von aller Krankheit hast du mich geheilt! Danke! Ich nehme es an!"*

Und dann passierte es. Während ich das aussprach, spüre ich etwas. Es ist schwer zu beschreiben, aber es fühlte sich an, als ob eine Kraft durch meinen Körper fließt. Es begann oben am Kopf und durchströmte meinen ganzen Körper, hinunter bis zum kleinen Zeh. Ich spürte diese wohltuende Kraft und merkte auf einmal, dass der Durchzugsschmerz ebenfalls weg war. Ich fühlte mich gänzlich befreit. Keine Schmerzen. Kein Druck. Und einfach nur noch Frieden um mich herum.

Wow, was für ein Wunder! Dabei hatte ich noch nicht einmal um ein Heilungswunder gebetet. Ich wollte lediglich Zeit mit Gott verbringen. Diese Sehnsucht in mir hatte mich in diese Begegnung hineingetrieben.

Als ich so allmählich realisierte, was hier passiert war, konnte ich den Psalm nicht mehr weiterlesen. Ich ging zu meiner Frau ins Nebenzimmer. *„Ich bin geheilt!"*, sagte ich zu ihr. Sie war etwas irritiert und wollte wissen, was ich meine. Dann erzählte ich ihr, wie beim Lesen von Psalm

103 der Heilige Geist zu mir gesprochen hatte, dass ich das Wort persönlich für mich annehmen sollte. Und indem ich es persönlich für mich angenommen und es im Glauben laut ausgesprochen hatte, erlebte ich diese wunderbare Kraft der Heilung, die durch meinen Körper geflossen war.

Das war ein großartiges Erlebnis und ich erzähle es immer wieder gerne, weil Gott mir so übernatürlich groß entgegenkam. Da muss ich mich dem Kirchenvater Chrysostomus anschließen, der bereits im 4. Jahrhundert Folgendes sagte: „Es gefällt mir, die Zeichen und Wunder zu verkünden, die Gott der Höchste an mir getan hat."

Unser Gott ist so großartig!!!

Als ich meine Freude und das Wunder langsam fassen konnte, musste ich einfach den Psalm zu Ende lesen, denn er beschreibt das große Wunder der Gnade Gottes, und das Bewusstwerden seiner Größe führt uns zur Dankbarkeit.

Wilhelm Risto | Jg. 1965 | verheiratet, 3 Kinder, 5 Enkel | Steffisburg/Schweiz | Pastor, Evangelist beim Missions- und Bildungswerk Neues Leben in Deutschland | www.neues-leben.de

Ein Getriebener findet ein Zuhause

Ich möchte euch einen Einblick in mein Leben geben – ein Leben, geprägt von Schuld, Scham und Niederlagen, dann aber von der Liebe unseres himmlischen Vaters. Möge es Gott für jemanden zum Segen werden lassen!

Am 30. Dezember 1958 erblickte ich die Welt zusammen mit meinem Bruder Rolf bei unserer Oma in Bopfingen, um genau zu sein: in Schlossberg. Dieser Ort war schon von jeher verschrien und ich konnte lange Zeit nicht verstehen, wieso. **Nach ein paar Monaten, vielleicht war es auch ein Jahr, kamen wir beide in ein Kinderheim.** Man munkelte, dass unser Vater sich keine Kinder mehr gewünscht hatte, und somit war unser Schicksal besiegelt. Unsere Mutter hatte sich mit dieser Entscheidung sehr schwergetan und sich das ein Leben lang nicht verzeihen können. Viele Jahre später haben wir erfahren, dass unser Vater sich erhängt hat.

Im Heim hat man uns nur als „die Schlossberger" betitelt, als Nichtsnutze, als Abschaum und des Lebens nicht wert. Der Heimalltag unter der Leitung von Nonnen war von Lieblosigkeit und körperlicher Gewalt geprägt. Es gab aber auch schöne Zeiten, außerhalb der Mauern des Heimes, wenn wir mal wieder mit dem Fahrrad in unsere Heimat radelten. Da haben wir unsere Oma, Tante Elfriede und Onkel Heinz gesehen. Auch zu meiner Cousine Ingrid hatten wir einen guten Kontakt. Es war eine Oase für uns, und wir waren willkommen. Uns tat es so gut, immer wieder bei unserer Oma zu sein, die trotz schwerer Diabetes ihren Frohsinn nicht verlor.

Mit 14 Jahren fingen wir unsere Ausbildungen an, Rolf als Dreher und ich als Schreiner. Das war auch die Zeit, in der sich unsere Wege trennten, weil wir in verschiedenen Lehrlingsheimen unterkamen. Nach meiner Lehre ging ich zur Bundeswehr. Voller Tatendrang dachte ich, das wäre mein Weg. Doch nach zwei Jahren reichte es mir schon wieder. Da ich bei der Bundeswehr mehrere Führerscheine gemacht hatte, unter anderem auch für LKW, nahm ich eine Arbeit als Fernfahrer an und reiste regelmäßig von Bayern bis nach San Sebastian in Spanien, eine Strecke von 16 Stunden. **Nun war ich mir sicher, die Freiheit gefunden zu haben, die ich brauchte: Unabhängig unterwegs zu sein, viel von der Welt zu sehen. Ich fühlte mich für eine kurze Zeit sehr glücklich.**

Nach einem Jahr war allerdings auch von diesem Hochgefühl nichts mehr da ...

Danach ging ich wieder in meinen alten Beruf zurück und arbeitete als Schreiner in Rosenheim, in der Nähe meines Bruders. Er war immer mein Anker; in sämtlichen Lebenslagen konnte ich mir bei ihm Rat holen und er war immer für mich da, egal was war. Sein Leben verlief ganz anders als meins. Er hatte mittlerweile eine Familie gegründet und war Vater von vier angenommenen und zwei eigenen Kindern. Ich bewunderte ihn und wollte gerne auch diese Ruhe haben. Stattdessen war ich voller Unruhe, Unzufriedenheit und immer auf der Suche nach Angekommen-Sein und Geborgenheit. In meinem Kopf dröhnten ständig diese Sätze aus dem Heim: *„Aus euch wird nix. – Ihr seid nix ...“* Wie ein Stempel, den man nie abwaschen konnte, hafteten diese „Flüche“ an mir. Meine Beziehungen zu den Frauen konnten daran auch nichts ändern, das erklärt vielleicht, wieso ich dreimal verheiratet war und eine Beziehung nie lange durchgehalten habe. Ich konnte nie meinen Platz in der Welt finden.

Je älter Rolf und ich wurden, umso drängender wurde die Frage in uns, wieso wir damals ins Heim gekommen waren. Wir waren schon um die 40 Jahre alt, als ein Annähern an unsere Mutter wieder möglich war, die zu der Zeit in München lebte. Wir besuchten sie immer wieder und löcherten sie mit Fragen, wieso alles so gekommen war, aber sie wich diesen Fragen nur genervt aus. Sie konnte selbst nicht damit umgehen. **Ich versuchte in dieser Zeit meinen Kummer auch so manches Mal mit Alkohol zu betäuben.**

Eines Nachts kam ein Anruf, dass unsere Mutter einen Schlaganfall erlitten hatte. Sie erholte sich zwar recht schnell davon, konnte aber nicht mehr allein in ihre Wohnung zurück, und da ein Heimplatz sehr teuer gewesen wäre, baute mein Bruder sein Haus um und nahm sie bei sich daheim auf. Wir hatten dann immer wieder schöne Zeiten miteinander, auch an ihrem letzten Tag. In der anschließenden Nacht bekam ich den Anruf, dass sie einen zwei-

Rolf Werner

ten Schlaganfall hatte. Sie verstarb kurze Zeit später. Zu einer Aussprache zwischen ihr und uns kam es leider nie.

Bei der Beerdigung traf ich viele Verwandte, unter anderem auch meinen Cousin Michael Stahl und meinen Halbbruder Karl-Heinz. Michael war der erste Mensch in meinem Leben gewesen, der mir Jesus vorstellen wollte. Wenn es mir gut ging, dann glaubte ich auch, dass da jemand ist, aber sobald es mir schlecht ging, zweifelte ich nur und konnte nicht glauben, dass da jemand ist. Daher konnte ich zur damaligen Zeit absolut nichts mit Jesus anfangen. Rolf und ich belächelten den Michael öfters wegen seiner Begeisterung für Jesus, das tut mir heute sehr leid.

Ich war mehr oder weniger überzeugt, dass nur ich mein Leben steuern kann. Ich steuerte dann erfolgreich in eine Richtung, die mir viele Schmerzen bereitete. Nach dem Tod unserer Mutter kam für mich die schlimmste Zeit meines Lebens. Alkohol und Joints waren meine besten Freunde, und ich fand immer genug Gleichgesinnte auf verschiedenen Partys. Mich plagten Selbstvorwürfe, unbeantwortete Fragen, und diese vernichtenden, anklagenden Sätze hafteten an mir wie Pech. Mein Leben erschien mir immer weniger lebenswert. Beerdigungen waren die einzigen Gelegenheiten, bei denen ich etwas über Gott hörte, aber ich hatte für die Worte des Pfarrers nur noch ein müdes, verbittertes Lachen. Ich war ein seelisches Wrack und hätte eigentlich freiwillig in die Psychiatrie gehen sollen. Mich plagten Selbstmordgedanken. Einzig mein Bruder war mir nahe und hat mich mit seiner Familie so viel er konnte aufgefangen und unterstützt.

Im Dezember 2006 hatte ich die Gelegenheit, eine bezahlte Reise nach Australien zu unternehmen, und wieder hoffte ich, die ersehnte Erfüllung meines Lebens zu finden. Obwohl ich zu dieser Zeit wieder verheiratet war, hielt mich das nicht davon ab, aus geplanten 14 Tagen drei Monate zu machen. Als ich zurückkam, holte mich mein Bruder am Flughafen ab. Auf dem Weg nach Hause teilte er mir mit, dass meine Frau nichts mehr von mir wissen wolle und ich auch keinen Job mehr habe, denn ich hatte ja schließlich nur für 14 Tage Urlaub beantragt, und nicht für drei Monate.

Nun war ich obdachlos und arbeitslos – aber Rolf war da. Ich konnte bei ihm einziehen. Doch „freiheitsliebend“, wie ich war, störten mich schon nach kurzer Zeit die Kinder und der Hund. Und so ging ich wehmütig zu meinem alten Chef zurück und bat ihn um eine Neuanstellung.

Zu meiner Verwunderung willigte er ein. Aber leider war unsere Beziehung zu zerrüttet für eine Zusammenarbeit.

In dieser Zeit empfahl mir ein Bekannter, der Fahrschullehrer war, den Bus-Führerschein zu machen, und so kam es, dass ich Busfahrer wurde. Ich habe dann die nächsten Jahre viel gearbeitet. Sogar über die Wochenenden war ich unterwegs und bin außerdem Taxi gefahren, viel auch in der Nachtschicht. Ich musste mein Leben in den Griff kriegen und vielleicht auch mir selbst beweisen, dass ich es kann.

Im Jahre 2010 lernte ich eine Freundin kennen, die aus der Pfalz kam. Der Pfälzer Freundeskreis meinte es gut mit mir, sie wollten mich in ihrer Nähe haben und meinten, ob ich nun in Rosenheim Busfahrer sei oder in der Pfalz, das wäre doch kein Unterschied. Also habe ich meine Wohnung gekündigt und bin nach Landau in die Pfalz gezogen, wo ich bis heute lebe. Bis 2015 war ich dort als Busfahrer tätig. In dem Jahr im Mai bekam ich aber einen Schlaganfall und wurde berufsunfähig. Da brach kurz eine Welt für mich zusammen, denn nun war ich nicht mehr imstande, meinen inzwischen liebgewonnenen Beruf auszuüben. Ab da hieß es Reha-Aufenthalte und Berufsunfähigkeitsrente. Das einzig Gute an meinem Schlaganfall war, dass ich das Rauchen aufgegeben habe. Rolf hatte übrigens im selben halben Jahr wie ich auch einen Schlaganfall. Pflicht- und verantwortungsbewusst, wie er war, ist er nach einer kurzen Erholungsphase wieder zur Arbeit gegangen. Er war mein Held, ich habe ihn bewundert!

Mir ging es ohne Arbeit nicht gut – zu viel Zeit, zu wenig Perspektive. Inzwischen, mit 61 Jahren, war ich für den Arbeitsmarkt nichts mehr wert. Da meine Psyche darunter sehr litt, nahm ich eine therapeutische Hilfe in Anspruch. Es hat mir wirklich gut geholfen, aber am meisten ging es aufwärts, als ich einen Nebenjob in einem Altenpflegeheim bekam. So durfte ich die Bewohner des Hauses begleiten und ihnen im Alltag helfen. Das gab mir selbst ein gutes Gefühl und mein Selbstwert erholte sich mehr und mehr. Ich hatte auch vermehrt Kontakt mit meinem Cousin Michael und wir planten, bald mal wieder zusammenzukommen und freuten uns schon auf die gemeinsame Zeit.

Am 29. Dezember 2021, einen Tag vor unserem 62. Geburtstag, bekam ich gleich mehrere Anrufe von Rolfs Kindern. Ich dachte, dass sie mir schon vorher gratulieren wollten und bin zuerst gar nicht drangegangen. Dann rief ich bei meinem Bruder zurück, aber nicht er, sondern seine

Tochter nahm ab. Ihre Worte zerrissen mein Herz: *„Dein Bruder ist heute Nacht verstorben.“*

Mein Zwillingsbruder war nicht mehr auf dieser Welt – ein Schmerz, der sich nicht in Worte fassen lässt. Ich war fassungslos und von einer tiefen Traurigkeit erfüllt. Wieder habe ich nicht verstanden: Wie nur konnte Gott, wenn es IHN gäbe, zulassen, dass Rolf, der in ein paar Tagen seine wohlverdiente Rente hätte genießen können, stirbt? *„Nee, es kann ihn nicht geben“*, dachte ich. Schmerz, Wut, ja sogar Aggressionen breiteten sich in mir aus.

Nie zuvor hatte ich mich mit Gottes Existenz so auseinandergesetzt, wie nach dem Tod meines Bruders. Wahrscheinlich auch, weil ich nun wissen wollte, wo er ist. Es konnte doch nicht sein, dass sein Leben und seine Existenz nun für immer und ewig ausgelöscht waren, dass er nur noch in unseren Gedanken existierte. Nein, das konnte nicht Gottes Plan sein.

Ich dachte in dieser Zeit viel nach und es verging fast kein Tag, an dem ich meinen Bruder nicht vermisste. Mit Michael hatten Rolfs Familie und ich inzwischen eine viel intensivere Verbindung als zuvor. Wir besuchten uns immer wieder und hatten gute Gemeinschaften und Gespräche. Sogar unseren verschollenen Halbbruder Karl-Heinz konnte Michael finden. Darüber waren wir alle sehr froh, denn wir hatten nicht mehr geglaubt, dass er noch am Leben ist. Nun habe ich zwar meinen Zwillingsbruder verloren, aber den anderen Bruder gewonnen.

Ich fing wieder an zu beten. Als ich mal wieder bei Michael war, fragte er mich, ob ich mir vorstellen könne, eine Reise mit ihm und einer Gruppe Männer nach Israel zu machen. Ich sagte gleich nein, denn auf dem Reise-Flyer stand: Auf Jesu Spuren. Da dachte ich: *„Nee, nee, vielleicht ist es sowas wie eine Gehirnwäsche.“* Außerdem konnte ich mir die Reise eh nicht leisten. Nach weiteren Gesprächen mit Michael stellte sich heraus, dass es einen anonymen Spender gab, der mir die Reise schenken würde. So entschied ich mich dann doch dafür, auch wenn ich nicht sicher war, was da auf mich zukäme.

Ende April 2023 begab ich mich also zusammen mit 54 Männern auf die Reise nach Israel. Das Land ist absolut sehenswert und ich war beeindruckt von unserer Männergruppe, wie gut, unkompliziert und reibungslos alles lief. Diese Gemeinschaft hat mit jedem von uns etwas gemacht. Als ich all diese Plätze sah – Betlehem, Nazareth, Jerusalem und

vieles mehr – und erlebte, wie dort die ganze Welt zu Hause ist, war für mich klar: *„Es muss einen Gott geben."* Ich bekam dort eine Bibel geschenkt und las immer wieder darin. Ich fühlte, wie mein Herz sich veränderte, und in mir kam der Wunsch auf, ganz zu Jesus zu gehören und mich taufen zu lassen. Durch dieses Erlebnis hat sich mein ganzes Wesen verändert. Ich hatte früher so viel Wut und streckenweise auch Hass in mir gehabt, das war danach wie weggewischt.

Seither habe ich ein anderes Leben. **Ich habe mich mit Menschen versöhnt, mit denen ich früher „Krieg" geführt habe.** Es tut der Seele nicht gut, in Streit und Unversöhnlichkeit zu leben. Heute bin ich zufrieden und glücklich in meiner 50-qm-Wohnung. Ich lache viel und denke immer wieder auch mal nach, aber ich habe nicht mehr den Drang zu flüchten. Ich muss nichts erleben. Was der Herr mir jeden Tag schenkt, ist mehr als genug. Ich kann mich ruhig schlafen legen und weiß, dass er über mich wacht. Seine Gnade, die all meine Sünden vergibt, und dass ich ihn Vater nennen kann, ist für mich das Höchste. Ich, der nie einen Vater hatte, habe nun den Vater aller Väter, den Herrn aller Herren! Die Flucht ist vorbei, ich bin endlich angekommen.

Ich möchte mich hier noch bei meinem Cousin Michael Stahl und Familie und bei Hilda bedanken, dass sie mich unterstützt haben, meine Geschichte aufzuschreiben.

Werner Stahl | Jg. 1958 | geschieden | Bad Bergzabern | Rentner, früher Schreiner und Berufskraftfahrer

Von Gemeinschaft und Vorbildern

Schon vor meiner Konfirmation lernte ich den jungen Kantor István aus Rumänien kennen. Er nahm sich oft Zeit für mich und erzählte mir so lebendig von Gott, als würde es ihn wirklich geben, was zu diesem Zeitpunkt für mich noch nicht hundertprozentig sicher war. Doch Istváns gelebter Glaube machte mich neugierig. Alles, was er machte und sagte, passte zueinander. Und er gab diesem Gott die Ehre. Er hatte eine besondere Liebe und auch Wertschätzung für mich, der ich damals „nur" ein Schüler war. Mir war völlig unklar, warum sich ein so talentierter Musiker (er hatte an der Bukarester Musikhochschule mit dem höchsten Diplom abgeschlossen) trotz seiner vielen Aufgaben ausgerechnet Zeit für mich nahm. Diese Begegnungen und die Freundschaft mussten einfach von Gott sein!

Schließlich lud mich István in einen Hauskreis, also einen Bibelstudienkreis, ein. Dort lernte ich, was christlicher Glaube für den Alltag bedeutet und dass die Bibel Gottes Wort ist – wie ein Brief an mich. Außerdem begegnete mir dort zum ersten Mal meine spätere Frau Almuth. Anderthalb Jahre später wurden wir ein Paar. Wir teilen den Glauben an Jesus Christus und erleben seine Hilfe und Gegenwart in unserem Ehe- und Familienleben.

Einige Jahre später: Im Jahr 1998 wollten meine Frau und ich im Rahmen des Studiums ein Praktikum in einem afrikanischen Land durchführen. Ursprünglich hatten wir Nigeria im Blick. Doch trotz der Familie eines damaligen Freundes in der Hauptstadt Lagos führte kein Weg hinein. Wir hatten sogar schon das Visum im Pass und notwendige medizinische Voruntersuchungen absolviert, aber es ergaben sich dennoch keine Praktikumsplätze. Auch die deutsche Botschaft vor Ort riet uns dringend ab, ins Land zu kommen. Mir ist noch ein Telefonat nach Lagos in Erinnerung, bei dem ich die Nummer von einem Krankenhaus wählte, und man mir bereitwillig die Bitte um einen Praktikumsplatz abnahm und versprach, man kümmere sich. Im Nachgang stellte sich heraus, dass vermutlich der Postbote gerade im Raum und am anderen Ende der Leitung gewesen war ... Das erklärte, warum wir nie wieder etwas von diesem „Praktikumsplatz" gehört haben.

Im Nachhinein haben wir verstanden, dass Nigeria damals für uns nicht dran war; stattdessen führte uns die Reise nach Namibia und wurde uns zum großen Segen und zu einer wertvollen Bereicherung.

In kürzester Zeit ließen sich völlig unkompliziert Praktikumsplätze für mich in einem Ingenieurbüro und für meine Frau in einer Arztpraxis in Windhoek, Namibia, organisieren. Wir waren für sechs Wochen im Land. Aufgrund des Hinweises eines Freundes wohnten wir in Windhoek in der Evangelischen Stadtmission beim Ehepaar Johannes und Hanni Trauernicht – der Name ist wirklich Programm. Johannes, gebürtiger Ostfriese, predigte Jesus Christus dort in der Kirche und bei den Farmgottesdiensten mit so verständlichen und alltagsrelevanten Worten, dass die frohe Botschaft von Jesus Christus ins Herz traf. Kommunikation ist ja nicht unbedingt das, was man sagt, sondern das, was ankommt, wie jemand treffend bemerkte. Dieses Glaubensvorbild der Trauernichts, diese Hingabe und ehrliche Haltung, hatten eine dauerhafte Wirkung auf uns. Noch heute lese ich manchmal in den Predigten von Johannes aus dem Jahr 1998 – das Gesagte bleibt aktuell. Daran erkenne ich auch, dass Gottes Wort eine zeitlose Wahrheit ist. Besonders die Farmgottesdienste, zu denen manche Farmer bis zu 20 km zurücklegten, um dabei sein zu können, waren ein wunderbares Erlebnis der Gemeinschaft.

Gott positioniert seine Leute um uns herum, und diese kümmern sich in seinem Namen um uns – wenn wir es zulassen. Das gilt aber nicht nur für mich. Auch meine Frau sowie Freunde können berichten, wie Gott ihnen, manchmal auf die Minute passend, Menschen sandte – oder waren es Engel? –, die gerade in dem jeweiligen Moment eine größtmögliche Hilfe darstellten.

Gott hat in seinem Wort, der Bibel, versprochen: Wenn ihr mich von ganzem Herzen sucht, dann will ich mich von euch finden lassen (siehe Jeremia 29,13). Das kann ich bestätigen: Als ich damals mit 16 Jahren ein Gebet gesprochen habe, um Jesus Christus als Herrn über mein Leben anzuerkennen, da ist – zumindest für einen kurzen Moment – nichts Spürbares passiert. Aber einige Augenblicke später kam der Impuls: *„Ich kann das nicht einfach nur sagen, sondern muss es auch wirklich ernst meinen und mein Herz für Gott öffnen."* In diesem Moment erlebte ich Gottes Heiligen Geist: ein unglaubliches Erlebnis von Liebe, Freiheit und Erkenntnis. Ich habe danach bestimmt eine Dreiviertelstunde in der Kirche gesessen und meinen Tränen freien Lauf gelassen. An diesem Abend spürte ich das erste Mal, wie es ist, wenn Gott einem die Schuld vergibt: tiefgehend gut, entlastend, die wunderbarste Erfahrung. Gott schenkte mir großen Frieden für die Seele.

Wenn Gott dir seine Leute über den Weg schickt: Nutze die Chance, frage nach dem lebendigen Gott.

Dr.-Ing. Markus Klippstein | Jg. 1974 | verheiratet, 4 Töchter | Jena | Physiker | www.linkedin.com/in/markus-klippstein-95394611

Von Kämpfen, Kriegen und einem offenen Happy End

Frust überkam mich, als ich nach Jahren das Buch wieder in die Hand nahm, das ich 2008 in meiner schlimmsten Lebensphase gekauft hatte. Es war eine Sammlung von Lebensgeschichten amerikanischer Männer, die mit Gottes Hilfe ihre Krisen überwunden hatten. Es erzählte von Mut und Stärke. Ich erinnere mich noch genau, wie begeistert ich es gelesen hatte. Es gab mir Mut, den ich in all den Kämpfen verloren hatte. Zugleich weckte es die Hoffnung, dass am Ende meiner Krise ein Happy End stehen würde, ähnlich wie bei den Geschichten in dem Buch.

Ein Leitsatz hatte es mir besonders angetan: **„Helden sind Männer, die zu einem bestimmten Zeitpunkt ein Problem in Angriff nehmen, dem sie eigentlich nicht gewachsen sind.“** Das wollte ich auch: Herausforderungen meistern, die zu groß waren.

Woher kam also der Frust? Mittlerweile waren einige Jahre seit dem ersten Lesen vergangen. Tatsächlich hatte ich viel Mut aufbringen müssen. Aber ich war verstimmt, ein Happy End war nicht in Sicht. Nein, am Ende schien kein Triumph über meiner Lebenssituation zu stehen. Ich war enttäuscht, insbesondere von Gott. Ich verstand das alles nicht und war noch weiter von einem glücklichen Ausgang entfernt als die Jahre zuvor.

Kaum hatte ich mich durch eine Krise gekämpft, folgten die nächsten. Ich musste meine Firma aufgeben, erlebte, wie meine Eltern beide schnell an Demenz erkrankten. Ich kämpfte mit Schulden, die ich durch Arbeit und Selbstständigkeit mühsam abtrug. Fast täglich besuchte ich meine Eltern und erlebte hautnah, wie diese grausame Krankheit ihre Erinnerungen und ihr Wesen raubte. *„Gott, das ist nicht fair!“*

Die Geschichten in jenem Buch waren schön zu lesen, doch meine hätten darin keinen Platz gefunden. **Ein Bild, das meine Krisenzeiten treffend beschreibt, ist die Wüste.** Mittlerweile wohne ich nur wenige Autostunden von einigen Wüsten entfernt. Ich bin fasziniert von ihrer besonderen Schönheit. Mit genügend Wasser und Vorräten ausgestattet, kann ich sie im Komfort meines Autos erkunden und jederzeit wieder verlassen. Doch die metaphorischen Wüstenzeiten des Lebens – die kann man nicht einfach im Auto hinter sich lassen. Die Hitze trocknet aus, raubt die Lebensfreude, während der Durst nach Leben immer größer wird. *„Ich will einfach leben, Freude und Spaß empfinden. Ich möchte* *morgens aufwachen mit dem Gedanken, dass ein langweiliger Tag vor mir liegt."*

Ich jagte mancher Fata Morgana nach, in der Hoffnung, dadurch meiner Wüste entfliehen zu können. Eine Fata Morgana spielt mit den Sinnen, schafft Illusionen, die nicht existieren. In der Ferne lässt die Hitze die Luft flimmern, und plötzlich scheinen Oasen oder Orte aufzutauchen. Getrieben von aufkeimender Hoffnung beginnt man zu laufen, nur um schließlich zu erkennen, dass dort nichts ist. So jagte ich Dingen nach, in der Hoffnung, einen schnellen Weg aus den Krisen zu finden.

Je länger meine Krisen dauerten, desto mehr zweifelte ich an Gott und an mir selbst. Hatte ich den Abzweig zum Happy End übersehen?

Mit Gottes Hilfe kämpfte ich mich auch durch diese Zeiten. Ich lernte, meine Eltern loszulassen und zu akzeptieren, dass sie in einem Heim leben mussten, bis sie starben. Meine harte Arbeit zahlte sich aus, ich konnte den Schuldenberg abtragen. Es dauerte, aber ich erlebte, wie das Leben zurückkehrte. Vor allem erlebte ich, dass es Gott war, der mir zum Erfolg verhalf und mich beschenkte.

Ich fühlte mich wieder wohl in meinem Heimatort, umgeben von vielen Verwandten und genialen Freunden. Ich startete Projekte für Kinder und Jugendliche, engagierte mich ehrenamtlich für das Wohl meiner Stadt, fand Freude in der Gemeinde im Musikteam, startete Kneipengottesdienste und baute sogar ein Kinder- und Familienzentrum auf. Ich liebte Gemeinschaft und war sportlich sehr aktiv. Wenn es einen Zeitpunkt gab, an dem ich dachte, meine Geschichte ähnele denen im Buch, dann war es wohl dieser.

Über Jahre hatte ich für eine neue Beziehung gebetet. Ich träumte von einer Familie. Ich besaß ein recht großes Haus, in dem ich allein lebte und das über die Jahre hinweg immer wieder als WG diente. *„Was ist ein Haus schon wert, wenn es nicht von Kinderstimmen erfüllt ist?"*, fragte ich mich oft. Ich betete über Jahre intensiv dafür. Doch nichts geschah, und innerlich stellte ich mich darauf ein, mein Leben als Single zu leben – aber als glücklicher Single.

Ich dachte mir nichts dabei, als ich zufällig der Schwester einer engen Freundin begegnete. Unsere Blicke trafen sich, es war ein besonderer. Wir wechselten einige Worte. Ich verließ das Haus. Durch eine Verwechslung traten wir online in Kontakt und begannen zu schreiben. Sie war vor einiger Zeit zum Glauben gekommen und lebte allein mit ihren drei Kindern in Israel.

Als sie wenige Monate später überraschend wieder in Deutschland war, bat mich ihre Schwester: *„Kannst du mal etwas mit ihr unternehmen?“* Wir unternahmen viel. Sie meckerte auch nicht, als ich sie auf eine herausfordernde Wanderung bei Schneeregen in den hessischen Bergen mitnahm. Damals sah es so aus, als würde sie schon bald zurück nach Deutschland kommen können.

Wir verliebten uns und begannen eine Fernbeziehung. Wir telefonierten über Monate jeden Tag und schmiedeten Pläne, wie wir die Zukunft mit den Kindern in meinem Heimatort gestalten würden.

Aber die Dinge entwickelten sich anders als erwartet. Sie erhielt die Nachricht, dass die Kinder nicht so bald eine Ausreisegenehmigung erhalten würden. Wir waren zusammen mit vielen anderen, die intensiv gebetet hatten, fassungslos. Die Zukunftsaussichten für die Kinder schienen so vielversprechend: Verwandtschaft in der Nähe, gute Schulen, Kontakte, eine Gemeinschaft. Und die Kinder selbst waren voller Vorfreude auf Deutschland.

Ich verstand die Welt nicht mehr, schrie doch das Leben zu dem Zeitpunkt: *„Das Happy End ist greifbar.“* Stattdessen stand ich vor der Entscheidung: Eine Ehe und Familie mit ihr sowie ein Umzug nach Israel, oder ich bleibe in der Heimat und unsere Beziehung ist vorbei. Nein, sie verlangte es nicht, wir wussten beide, dass das die einzigen beiden Möglichkeiten waren. Sie hatte mir wahrlich keinen Honig um den Mund geschmiert. Im Gegenteil, sie machte mir bei meinen Besuchen unmissverständlich klar, wie schwierig das Leben in Israel sein würde. Israel ist kein typisches Einwanderungsland. Mich schockte das nicht, denn durch all die Jahre war ich an Herausforderungen gewöhnt worden.

Dennoch ahnte ich nicht, dass mich das größte und zugleich härteste Abenteuer erwarten würde. Es war uns klar, dass dies weder ein ruhiges noch ein einfaches Leben sein würde, geschweige denn das Happy End, nach dem ich mich gesehnt hatte. Und es stellte sich heraus, dass meine Frau mit ihren Warnungen nicht übertrieben hatte.

Wir heirateten in Deutschland, und ich verkaufte alles: mein Haus, meine Möbel, mein Auto. Ich behielt nur etwa zehn Kisten, die ich in Deutschland einlagerte. Nein, einen Plan B gab es nicht.

Mit viel Rückenwind zog ich nach Israel. Die meisten meiner Freunde ließen mich zwar schweren Herzens ziehen, aber sie glaubten an mich und standen hinter meinem Weg. Das erste Jahr war tatsächlich voller neuer Abenteuer in einer neuen Kultur und einem neuen Leben. In jeder freien Zeit unternahmen wir Touren und reisten so viel, wie wir konnten. Ich war voller Optimismus und Geduld, dass alles mit Gottes Hilfe schon werden würde.

Aber nach einiger Zeit bekam ich ein Gefühl für die endlosen Herausforderungen, die auf uns zukamen. Die harte Realität des Landes, die Sprache und Kultur holten mich ein. Zudem musste ich mich an mein Vaterdasein gewöhnen, schließlich hatte ich von null auf hundert drei Kinder.

In den herausfordernden Zeiten fanden wir Motivation in dem Gedanken, dass wir in zwei bis drei Jahren auswandern würden. Dann teilte unsere Anwältin uns mit, dass die Kinder erst mit 18 das Land verlassen könnten. Die Nachricht lautete also: bis zu 13 weitere Jahre.

Wir alle fielen in ein tiefes Loch. Da war sie wieder, die Krise. Die darauffolgenden Jahre waren ein ständiger Kampf. Jedes Jahr ein Bangen um meine Visum-Verlängerung, Gerichtsprozesse und dann kam auch noch die Pandemie, die unser Touristen- und Gästebusiness zerstörte, das wir mühevoll und mit Liebe aufgebaut hatten.

Ich verstand Gott schon lange nicht mehr. Aber ich ging den Weg weiter mit ihm. Ich erinnere mich noch, als wir komplett kraftlos waren, und ich zu meiner Frau sagte: *„Das ist alles ein Albtraum, aber schlimmer wäre es, ohne Gott da durchzumüssen.“* In dieser Zeit haben wir als Familie eine intensive Schule mit Gott durchgemacht. Unser Familien-Leitsatz wuchs: **„Aufgeben ist keine Option.“**

Ich war sauer auf Gott, weil er nun auch noch meiner Frau und den Kindern das Happy End verweigerte, so dachte ich. Ich merkte nicht, dass ich all die Jahre darauf fixiert war.

In den Wochen nach dem 7. Oktober 2023, als Krieg und Terror Israel heimsuchten, offenbarte sich Gott auf eindrückliche Weise. In dieser Zeit waren wir als Eltern auf allen Ebenen gefordert. Während einer kurzen Raketenpause in der Nacht fuhren wir mit Höchstgeschwindigkeit zum Flughafen, damit Freunde, die uns Anfang Oktober besuchten, noch das Land verlassen konnten.

Während wir wenige Tage später im Schutzbereich unter der Treppe

Unser Schutzbereich unter der Treppe

saßen, Sirenen heulten und Warnungen vor Drohnen und Raketen ertönten, flehte ich zu Gott, dass er unsere Familie beschützen möge. Unsere Jüngsten weinten, und wir wussten nicht, ob uns dasselbe Schicksal wie den Bewohnern nahe Gaza bevorstand. Als Gerüchte aufkamen, dass wir bald aus Syrien und dem Libanon überrannt werden könnten, packten wir in Hektik alles zusammen und flüchteten mit den Kindern zu Freunden in eine größere Stadt. **Über Wochen hatten alle Angst, und niemand verließ seinen Ort, wenn er nicht unbedingt musste.**

Gleichzeitig ereignete sich etwas Außergewöhnliches. Menschen kamen auf uns zu, um über ihre Ängste, Sorgen und Nöte zu sprechen. Die Israelis sind normalerweise kriegserprobt.

„Wir haben gesehen, wie ihr im Krieg mit euren Kindern auf dem Fußballplatz Sport treibt", sagten sie erstaunt.

„Wir glauben, dass Gott Israel nicht vergessen hat und uns beschützt. Wir haben auch eine Verantwortung unseren Kindern gegenüber, der Angst etwas Positives entgegenzusetzen", antwortete ich aus tiefstem Herzen, als wäre ich darauf vorbereitet gewesen.

Es gab täglich solche und ähnliche Begegnungen. Als es im Dezember etwas ruhiger wurde und ich wie jeden Morgen lief, sprach Gott in meine Gedanken: *„Während du all die Jahre etwas hinterhergeeilt bist,* *in der Hoffnung, es endlich zu erlangen, habe ich dich geschult, gestärkt und zu einem Kämpfer gemacht, der in Krisen Rückgrat zeigt und vorangeht, wenn andere aufgeben. Ich will, dass du weitergehst."*

Ich war wie versteinert. **Mir wurde plötzlich bewusst, dass Gott mich all die Jahre auf diese und noch kommende Herausforderungen vorbereitet hatte.** Er schenkte mir den Mut, die Liebe und die Kraft, nicht nur mich, sondern meine Familie unter schwierigsten Bedingungen zu führen und auch immer wieder aufzustehen, selbst bei größtem Versagen. Ich warte nicht mehr auf das Happy End, sondern bin gespannt auf das, was Gott noch für mich bereithält und wie er mich herausfordern wird.

Benjamin Funk | Jg. 1981 | verheiratet, 5 Kinder | Ramat Zvi, Israel | Digital Content Creator, Mentor und Autor | www.gilboapassion.com

Jetzt ist es genug?!

„Der Ellenbogen ist gebrochen."

Es ist interessant, wie ein kleiner, unbedeutender Satz ein Leben signifikant verändern kann. Da meine Frau damals mit unserem zweiten Kind hochschwanger war und wenige Wochen vor der Geburt stand, war der Zeitpunkt dieses Satzes in mehrfacher Weise sehr unglücklich: Wer sollte in Zukunft den Einkauf nach oben tragen, wenn mein rechter Arm nun gebrochen ist? Meiner hochschwangeren Frau wollte ich das eigentlich abnehmen. Wer sollte unseren energiegeladenen Sohnemann einfangen, der gerade im Begriff war, Laufrad fahren zu lernen? Wie würde sich mein Arbeitsalltag mit einem Gips am rechten Arm bewältigen lassen? Doch dabei sollte es nicht bleiben.

„Ich kündige euch auf Eigenbedarf."

Diesen Satz sagte unser Vermieter ca. 1-2 Wochen später in unserem Wohnzimmer und erklärte, dass wir in drei Monaten ausziehen müssten. Wieder so ein kleiner Satz mit großen Konsequenzen. Wieder so ein schlechtes Timing. Mein Ellenbogen war frisch gebrochen. Die Geburt stand in sechs Wochen an. Und jetzt noch Kisten packen, eine neue Wohnung suchen und umziehen?

Wenn ich mir die Geschichten von Jesus aus der Perspektive seiner Jünger durchlese, dann fällt mir auf, dass auch Menschen in Jesu Umfeld anstrengende und überfordernde Zeiten nicht erspart blieben. Im Gegenteil: Jesus mutete ihnen Herausforderungen zu. Ich erinnere mich beispielsweise an die Begebenheit, bei der Jesus zu über 5.000 Menschen predigte und sie anschließend alle durch eine wundersame Essensvermehrung satt werden ließ. Damit Jesus sich nach einem langen Tag von den Leuten verabschieden und in Ruhe auf einem Berg beten konnte, „drängte" er seine Jünger, in ihr Boot zu steigen und an das andere Ufer vorauszufahren (s. Matthäus 14,22). Spannend oder? Jesus *drängte* sie. Man könnte meinen, er scheuchte sie eilig auf das Wasser und in eine dunkle Situation hinein, in der ein Sturm tobte und die Jünger einsam – ohne ihren Herrn – gegen Wind und Wellen kämpften. War das nicht ein bisschen viel nach diesem vollen Tag? Musste Jesus die körperlichen und emotionalen Grenzen seiner Jünger derart strapazieren?

Als ich mit meinem Sohnemann anfing, Wohnungen zu besichtigen und die Fotos meiner Frau zu schicken, die mit dem Neugeborenen im Krankenhaus lag, da fühlte ich mich – ähnlich wie die Jünger – auch in eine Krisensituation gedrängt. Wie sollte es mir gelingen, ans „sichere Ufer" zu kommen? Wie konnte ich die Kontrolle zurückbekommen, meiner Familie ein behagliches Nest bauen? *Welche Möglichkeiten habe ich, wenn sich Jesus scheinbar zurückgezogen hat?*

Mir fiel nichts anderes ein, als die Ärmel hochzukrempeln und loszulegen. Das bedeutete, dass wir zahlreiche Wohnungen anschauten, parallel dazu die Kisten packten und schnell noch nebenbei die Kinder versorgten. Als wir – wie durch ein Wunder Gottes – eine Wohnung bekommen hatten, akquirierte ich in Windeseile meine Freunde und wir starteten mit den Renovierungen. Im Bild gesprochen: Ich ruderte und ruderte. Ich biss die Zähne zusammen und kämpfte mich durch die Krise bzw. durch den Sturm. Doch dann kam der Tag, als aus dem Mund meiner Frau die folgenden Worte platzten:

„Das ganze Bad ist überflutet."

Fünf Wörter, die man nicht gerne hört, wenn der Zeitdruck bei der Renovierung ausgesprochen hoch ist und man zügig aus der alten Wohnung ausziehen muss. Leider war nicht nur der Inhalt des Satzes, sondern wieder mal der Zeitpunkt mehr als ungelegen. Irgendjemand hatte unbedacht einen Kleistereimer in der Dusche ausgewaschen und jetzt war die ganze Abflusseinheit verstopft. Das tragische an der Geschichte war, dass sämtliche Abflussleitungen in diesem einen verstopften Rohr mündeten. Wir konnten also weder die Spülmaschine nutzen, noch auf die Toilette gehen oder unsere Hände waschen, ohne eine Überflutung im Bad zu riskieren.

„Es reicht, ich kann nicht mehr."

Diesmal kam der Satz von mir, als ich mich – stöhnend, erschöpft und frustriert – auf einen Küchenstuhl fallen ließ. Während ich zwei Stunden lang versucht hatte, die Verstopfung aus eigener Kraft zu lösen und die entsprechenden Siphons ausgebaut hatte, erinnerte ich mich, dass auch die Jünger gegen die Wellen gekämpft und vermutlich ähnliche Gedanken gehabt hatten: *Wo ist eigentlich dieser Jesus jetzt, der gerade noch 5.000 Menschen gesättigt hat? Sieht er nicht unser Kämpfen und Mühen?* Anders als Petrus hatte ich jedoch nicht den Mut aus dem Boot zu steigen, um Jesus entgegenzulaufen. Ich hatte nicht einmal mehr die Kraft, um zu Jesus zu rufen: *„Herr, hilf mir!"* Es war meine Frau, die an diesem Küchentisch in einfachen Worten zum Abendessen betete: *„Herr, danke für das Essen. Du siehst, dass dieses verstopfte Rohr das Fass gerade zum Überlaufen gebracht hat. Du siehst, dass wir nach dem gebrochenen Arm, der Geburt, den Renovierungen und dem bevorstehenden Umzug mit unseren Kräften am Ende sind. Bitte schenk doch, dass sich wenigstens eines unserer Probleme heute Abend noch löst. Hilf uns! Amen."*

„Hast du auch gerade dieses Bollern gehört?"

Ungläubig schaute ich meine Frau an, als sie mich das direkt nach ihrem Gebet fragte. Es hatte sich angehört, als hätte jemand einen Stein in einen Gullideckel geschmissen. Rumms! Dieses Bollern hallte die ganze Außenwand entlang. Skeptisch lief ich von der Küche ins Bad und machte alle Wasserhähne an. Ich traute meinen Augen kaum, als das Wasser lief und lief, ohne sich zu stauen. Konnte es sein, dass sich 10 Sekunden nach dem Gebet die Verstopfung im Rohr gelöst hatte? Könnte es etwa sein, dass dieser Gott der Bibel, der mit einem Wort den Sturm gestillt hat, auch meine Stürme stillt?

Kaum zu glauben, aber selbst meine nicht-gläubige „Schwiegertante", die unsere Krisen miterlebt hatte, durfte in der Wohnung unter uns das große Bollern und damit meine persönliche Sturmstillung hören. Als wir auf ihr Nachfragen, was gerade so gebollert habe, erzählten, dass sich die Verstopfung direkt nach einem kurzen Gebet gelöst hat, rief sie lauthals begeistert *„Halleluja!"* durchs Treppenhaus.

Wer hätte das gedacht, dass Jesus nicht nur damals für seine Jünger den Sturm auf dem See stillte und den ertrinkenden Petrus aus dem Wasser zog, sondern auch hier und heute einem verzweifelnden Familienvater hilft? Das, was Menschen vor zweitausend Jahren durch das göttliche Eingreifen erlebt hatten, durfte ich heute erleben. **Wie dankbar bin ich, dass meine Frau die Kraft und den Mut hatte, in einfachen Worten zu beten:** *„Du siehst das verstopfte Rohr … Bitte hilf uns!"* Dieses Gebet war der Beginn eines Wunders. Dieses Gebet hat alles verändert.

Was wäre, wenn Jesus auch deinen Sturm stillen würde? Was würdest du in diesem Fall beten?

Simon Griwatz | Jg. 1990 | verheiratet, 3 Kinder | Karlsbad-Spielberg | Theologe und Wirtschaftspsychologe

Ist Gott eine Spaßbremse?

„Gibt es dich wirklich Gott?“ Diese Frage bewegte mich von klein auf. Aufgewachsen bin ich in einem christlichen Elternhaus. Ich besuchte den Kindergottesdienst, die Jungschar, später den Teen-Kreis. Die meisten biblischen Geschichten kannte ich auswendig. Am christlichen Know-How fehlte es mir wahrlich nicht. Aber im Teenageralter fing „die Birne“ an, sich zu melden: *„Stimmt das eigentlich alles mit Jesus und so?“* Ich begann meine ganze christliche Prägung in Frage zu stellen. Klar, es wurde mir bis dahin alles so serviert, als ob es wahr wäre, aber einen praktischen Beweis in meinem persönlichen Leben hatte ich nicht. Dazu kam, dass meine Eltern mich sehr streng erzogen. Ich durfte z. B. nicht im Verein Fußball spielen, weil mein Vater Angst hatte, dass ich dort unter einen schlechten, nichtchristlichen Einfluss geraten würde. In mir verstärkte sich das Bild: Christlicher Glaube ist einengend und ein Spaßverderber.

Mit 13 Jahren begann meine Rebellionsphase. Ich brach regelrecht aus. Handys oder Smartphones hatten wir nicht, dafür eine große Clique, die gerne Fußball spielte und feierte. **Ich drehte dem christlichen Glauben komplett den Rücken zu. Anerkennung bei anderen trieb mich an, und die Neugier, was das Leben zu bieten hat.** – Typisch Teenager halt.

Während meine Mutter nervlich an ihre Grenzen kam, weil ihr Sohn auf Abwege geraten war, kümmerte ich mich nur um meinen Spaß, um das Leben so richtig zu genießen. Vielleicht auch meiner damaligen Unreife geschuldet, kümmerte ich mich nicht um die Schule und auch nicht darum, was ich in Zukunft machen wollte. Ich lebte einfach in den Tag hinein.

Meine Mutter dagegen war jeden Tag auf ihren Knien und bat Gott um ein Wunder in meinem Leben. Und das geschah auch. Nicht sofort. Aber nach vier Jahren entwickelten sich die Dinge in meinem Leben nicht so, wie ich sie mir vorgestellt hatte. Das rebellische Leben verlor an Geschmack. Private Probleme bedrückten mich. Ich befand mich mit 17 auf einmal in meiner ersten Lebenskrise. Depressive Gedanken nahmen mich wie ein enges Korsett gefangen. Ich spürte eine tiefe Leere.

In dieser Zeit bekam ich ein christliches Buch in die Hände. Richtig gelesen habe ich es ehrlicherweise nicht, aber überflogen. Da sprang mir ein Satz in die Augen: *„Wahres Leben beginnt, wenn du Jesus in dein Leben lässt.“*

Da war er wieder: Jesus. Aber war da auch was dran? Viele Religionen behaupten, sie hätten die Wahrheit. Ich war skeptisch.

Gleichzeitig war der Lebensfrust so groß, dass ich dachte: *„Ich hab eh nichts zu verlieren!“* Ich fasste einen konsequenten Entschluss. Ich kniete mich in meinem Zimmer hin und fing an, Gott mein Herz auszuschütten. Im Prinzip sagte ich ihm: *„Jesus, wenn es dich wirklich gibt, dann zeig dich jetzt in meinem Leben. Nimm du den ganzen Mist und mach was draus.“* Viel mehr war es nicht. Aber es kam von Herzen.

Was dann passierte, ist schwer zu beschreiben. **Ich spürte plötzlich eine Liebe in mir, die ich so noch nie gespürt hatte:** intensiver als Verliebtheitsgefühle, gemischt mit einem tiefen Frieden. Ich erlebte Gottes Gegenwart. Da war auf einmal diese Gewissheit: Gott ist wirklich da! Gesucht – gefunden!

Und in der Tat hat sich seitdem sehr viel in meinem Leben verändert. Beim Bibelstudium stellte ich fest, dass vieles von dem, was ich erleben durfte, sich auch mit der Bibel deckte.

Ich behaupte, all das habe ich meiner Mutter und ihren Gebeten zu verdanken. Dadurch führte Gott mich in eine Lebenssackgasse, um mich auf ihn aufmerksam zu machen. Und aus einer Sackgasse kommt man nur raus, wenn man umkehrt. Genau das habe ich gemacht, und Jesus hat sich mir gezeigt. Bis heute bereue ich diesen Schritt nicht. Denn der wahre Glaube an ihn ist nicht einengend und auch keine Spaßbremse, sondern echte Freiheit!

Marco Wagner | Jg. 1978 | geschieden, 2 Kinder | Remchingen | Seelsorger in Pflegeheimen

Mit Jesus im Gerichtssaal

Um euch mit in meine Geschichte hineinzunehmen, muss ich mit der Zeit beginnen, lange bevor Jesus mich umkrempelte, damit du siehst, wie dramatisch die Veränderung meines Lebens ist. **Daran wirst du sehen, dass nichts für Gott zu schwer ist.** Wenn er es mit mir geschafft hat, schafft er es auch mit dir!

2008 lernte ich eine Frau kennen, mit der ich heute zwei wundervolle Kinder habe. Wir lebten eine offene Beziehung (Polygamie). Kurz vor der Geburt unseres Sohnes zogen wir in eine gemeinsame Wohnung. Zwei Jahre später, kurz vor der Geburt unserer Tochter, zog ich wieder aus und ging zurück in meine Heimatstadt. Wir hatten zu oft Streit. Mein Sohn sagte einmal mit knapp zwei Jahren zu meiner Mutter: *„Oma, Mama und Papa streiten immer. Ich will nicht, dass sie streiten."* Meine Kinder besuchte ich regelmäßig und mein Sohn war auch oft bei mir. Von Geburt an hatten wir zwei eine sehr vertraute Bindung zueinander. Dass mein Auszug für ihn ein Stich mitten in sein kleines Herz war, ahnte ich zu diesem Zeitpunkt noch nicht, obwohl ich selbst ein Trennungs- und Scheidungskind bin. **Doch es kam noch schlimmer.**

Am 1. Mai 2014 fuhr ich nach Berlin, um mit meinen Kindern einen Tagesausflug zu machen. Dort kam es dann mal wieder zu einem Streit mit der Mutter. Ich wurde lauter. Dann sagte sie: *„Wenn du weiter so machst, siehst du die Kinder gar nicht mehr."* Und ich tat etwas, das ich zuvor stets verurteilt hatte: Kaum hatte sie den Satz ausgesprochen, da traf meine Hand ihr Gesicht, mitten auf die Nase. Sie blutete und flüchtete zur Haustür. In Panik hinderte ich sie daran zu gehen.

Draußen im Hausflur zogen sich unsere Kinder die Schuhe an. Von dem Schlag hatten sie nichts mitbekommen. Ich sagte zu ihrer Mutter: *„Nimmst du mir die Kinder weg, bringe ich dich um!"* Obwohl sie früher Taekwondo gemacht hatte, wehrte sie sich nicht. Ein Tritt in meine Genitalien hätte genügt, um mich außer Gefecht zu setzen. Ich war in Panik und wusste nicht, was ich machen sollte. Dann ging sie ins Bad und sprang aus dem Fenster der Erdgeschosswohnung. Die Kinder sahen auch das nicht.

Eine Nachbarin hatte das beobachtet und rief die Polizei. Ich ging mit den Kindern los. Auf dem Weg kam uns schon der erste Streifenwagen mit Blaulicht entgegen. Ich überlegte, was ich jetzt tun sollte.

An einer Tankstelle kaufte ich den Kindern ein Eis. Danach ging ich zurück. Wieder kam uns ein Streifenwagen mit Blaulicht entgegen. Als die Polizisten uns sahen, hielten sie an und fragten mich, wer ich sei. Ich sagte meinen Namen. Sofort zog einer der Beamten die Waffe und richtete diese vor den Kindern auf mich. Ich sagte zu den Beamten, dass ich den Kinderwagen ein Stück vorschieben würde, so dass meine beiden Kinder das, was jetzt kommen würde, nicht sehen müssten. Ich bat einen Beamten, den Kinderwagen zu halten. Dann wurde ich festgenommen. Ein weiterer Streifenwagen kam mit der Mutter hinzu, sie nahm die Kinder und ich wurde in Handschellen abgeführt.

Nach einer guten halben Stunde auf der Polizeiwache konnte ich wieder gehen. Ich fuhr zurück in meine neue Wohnung und war noch immer geschockt und erschrocken über mich selbst. Wie hatte ich nur so die Fassung verlieren können? Ich war weder alkoholisiert noch bekifft gewesen, wie sonst immer. Wenige Tage danach rief ich die Mutter meiner Kinder an und sagte ihr, dass es mir leidtäte und entschuldigte mich. Zu meiner Überraschung antwortete sie, dass sie mich sogar verstehen könne, weil ihr der Schlag gezeigt habe, wie wichtig mir die Kinder seien.

Einige Monate später gab es eine Gerichtsverhandlung; doch da ich zu dieser Zeit noch ein Reichsbürger war, ging ich einfach nicht hin. Auch die Mutter meiner Kinder erschien dort nicht. Also wurde das Verfahren eingestellt.

Am 21. Februar wurde ich erneut festgenommen. Gegen mich lag ein Sicherungshaftbefehl vor. Wegen Beleidigung, Hausfriedensbruch und Nötigung wurde ich zu einer Freiheitsstrafe von sechs Monaten verurteilt, die zur Bewährung ausgesetzt wurde. Die Bewährungsauflage bestand darin, 100 Sozialstunden zu leisten. Doch weil ich ein Reichsbürger war, ignorierte ich das alles.

Im Gefängnis bekam ich dann die nächste Anklageschrift. Es waren 21 Anklagepunkte. Der Staatsanwalt wollte mir einen „Sonderurlaubs-Zuschlag" von sieben Monaten „schenken". Am Tag der Gerichtsverhandlung ging ich kurz vor der Abfahrt ins Gericht zum evangelischen Gefängnisseelsorger. Zuvor hatte ich Bücher über Buddhismus, Meditation, Energieheilung, Kommunikation mit toten Verwandten und Schamanismus gelesen. Mit Gott hatte ich bis dato „nix am Hut".

Doch einen Tag zuvor hatte ich auf ein Blatt Papier geschrieben,

dass, wenn ich glimpflich davonkäme, ich Christ werden würde. Keine Ahnung, warum ich das tat. Ich glaubte nicht an Gott, doch an diesem Tag fragte ich den Pfarrer, ob er nicht irgendetwas tun könne, damit ein Wunder geschähe.

Er legte mir die Hände auf und sprach eine Fürbitte. Eine Wärme durchströmte meinen Körper und mir kamen die Tränen. Dann gab er mir noch ein Buch für Zweifler und Suchende mit. Im Gefangenen-Bulli blätterte ich in Handschellen das Buch durch. Psalmen, Gedichte, Geschichten. Ich hoffte, das Vaterunser dort zu finden und wurde fündig. Ich las es und betete zum ersten Mal bewusst dieses Gebet. Auch im Gerichtsgebäude betete ich kurz vor der Verhandlung mehrmals das Vaterunser. Ich blickte zum strahlend blauen Himmel und sagte: *„Gott, wenn es dich wirklich gibt, heute ist der Tag, dich zu zeigen."*

Ich konnte es nicht glauben. Das Verfahren wurde gegen ein paar Auflagen eingestellt. Da war Gott das erste Mal mit mir im Gerichtssaal. Knapp zwei Wochen später wurde ich nach fünf Monaten entlassen und konnte zurück zu meinen Kindern. Doch ich befasste mich weiterhin mit Esoterik und fing wieder mit dem Kiffen an. Dass Jesus Gott und Gott mein mich bedingungslos liebender Papa ist und dass das Christentum in Wahrheit keine Religion ist, das hatte mir bis dahin niemand gesagt.

Nach meiner Entlassung im Juli 2015 wollten die Mutter meiner Kinder und ich dann eine feste Beziehung. Doch dann lernte sie einen Mann kennen. Sie verliebten sich beide ineinander. Im September 2015 lernte ich eine Frau kennen. Es war nichts Ernstes, sondern eine kurze Affäre. Zehn Monate später kam mein drittes Kind zur Welt: Mein Sohn Fynn. Seine Mutter hatte mit mehreren Männern zugleich verkehrt. Dadurch glaubte sie, dass nicht ich, sondern einer der anderen Männer der Vater sei. Ich komme am Ende meiner Geschichte noch einmal darauf zurück.

Die Mutter meiner ersten beiden Kinder war nun also mit diesem neuen Typen zusammen. Als sie ihm erzählte, dass ich sie geschlagen hatte, übten er sowie auch ihre Mutter massiven Druck auf sie aus. An einem Tag kam die Mutter meiner Kinder dann zu mir (in die Wohnung meiner Mutter). Sie weinte fürchterlich und sagte: *„Jetzt kommt meine Mutter. Stefan, lass dich bitte nicht von ihr provozieren. Ich kenne sie. Sie will dich fertigmachen. Jetzt muss ich das Leben leben, das ich nie leben wollte."*

Ihre Mutter hatte Kontakt zum Jugendamt und dort gesagt, dass ihre Tochter überfordert sei. Kurz darauf wurde die Mutter meiner Kinder mit meinem Sohn von dieser Frau in eine psychiatrische Klinik gebracht und forderte von ihrer Tochter die alleinige Vollmacht für das Mädchen. Zu meiner Tochter sagte sie: *„Du darfst deinen Papa nicht mehr sehen. Er ist böse.“* Auch meinen Sohn durfte ich nicht mehr sehen. Ich wusste nicht, wie es ihm geht.

Meine Tochter war bei der Oma. Einmal sah ich beide auf dem Kinderspielplatz. Ich wollte zu meiner Tochter, sie in den Arm nehmen, ihr ein einen Kuss geben. Meine Tochter freute sich mich zu sehen, wollte zu mir. Doch diese Frau packte das Mädchen an der Hand und zerrte es vom Spielplatz. Sie sagte: *„Komm, du darfst deinen Papa nicht sehen.“*

Fortan sollte ich meine Kinder erst mal nicht mehr sehen. Ein Schlag in mein Herz und ein weiterer in das kleine Herz meiner Kinder. Ein paar Wochen später durfte ich meine Kinder dann alle vierzehn Tage für zwei Stunden besuchen – unter Aufsicht. Meine Kinder kamen schon von weiten auf mich zu gerannt und riefen: *„Papa!“*

Dann wurde mein Sohn eingeschult. Jeden Morgen stand ich auf, um ihn zur Schule zu bringen, denn ich wollte ihn sehen, kurz drücken, ihm einen Kuss geben. Doch die Mutter der Kindsmutter sowie der neue Freund der Mutter wollten das vermeiden und übten massiven Druck aus. Dann kam ein Schreiben vom Anwalt der Mutter, dass ich das unterlassen sollte. Die Mutter nahm inzwischen starke Psychopharmaka und tat alles, was ihre Mutter und ihr neuer Freund ihr sagten. Nachts schrieb mir dieser Typ provozierende E-Mails. Er nannte sich Löwe. Er schrieb, dass ich ein Versager sei, ein Frauenschläger und dass er jetzt meine Kinder erziehen würde. Er ließ keine Gelegenheit aus, um mich bei meinen Kindern schlecht zu reden und mich vor ihnen zu provozieren. Traf ich ihn mit der Mutter meiner Kinder und mit den Kindern irgendwo, rief er mir zu: *„Schatzi, Schatzi, na, hast du mich lieb? Liebst du mich, ja? Kussi.“* Der Hass in mir wuchs.

Er fuhr mit meinen Kindern zu einem seiner Freunde, der dafür bekannt war, pädophil zu sein. Dieser pädophile Hippie hatte auch schon einmal die Tochter eines seiner Bekannten intim berührt. Und dann erzählte mir mein Sohn, dass er von dem neuen Freund seiner Mutter geschlagen wurde.

Meiner Mutter vertraute sich mein Sohn an und berichtete, dass er zur Strafe alleine in der Wohnung der Mutter des neuen Freundes eingesperrt worden war und nur etwas zu essen und zu trinken bekommen hatte. Als ich das erfuhr, zeigte ich ihn an. Doch das Verfahren wurde eingestellt. Er machte von seinem Aussageverweigerungsrecht Gebrauch. Ich war sauer, wütend, hasserfüllt und fühlte mich machtlos. Also fasste ich einen Entschluss: Er musste weg. Er und die Oma meiner Kinder, die all ihren Hass auf mich auf dem Rücken meiner Kinder austrugen.

Ich wollte beiden nicht einfach nur eine Kugel verpassen. Nein. Sie sollten leiden. So wie meine Kinder, so wie meine Mutter und so wie ich litt. Ich war fest entschlossen und hätte es in Kauf genommen, dafür 15 bis 20 Jahre in den Knast zu gehen. **Doch dann funkte Gott dazwischen.**

Ein Vaterherz sprach zu mir: „Lass nicht auch noch du deine Kinder im Stich!" An einem Januartag 2019 telefonierte ich dann mit einer Bekannten, die ihr Leben wenige Monate zuvor Jesus anvertraut hatte. Sie war wie ich im New-Age unterwegs gewesen. Ich sah ihr Zeugnis-Video auf YouTube.

Kurz zuvor hatte ich ein Video einer anderen Frau gesehen, die sich, genau wie ich, als eine sogenannte Indigo-Seele sah. Beide Videos trugen fast genau den gleichen Titel: Von New-Age und Esoterik zu Jesus. Beim ersten Video dachte ich noch: *„Die spinnt doch. Sie wird dafür bezahlt, diesen Scheiß zu erzählen."* Beim zweiten Video fragte ich mich nur: *„Wie jetzt, die auch?"* Also telefonierte ich mit dieser ehemaligen Gestalttherapeutin. Und dann fragte sie mich, ob ich nicht auch mein Leben Jesus übergeben wolle.

Ich hatte bis dahin schon alles Mögliche ausprobiert. Mit elf kam ich in die rechte Szene, mit vierzehn in die linke. Mit neunzehn wurde ich radikaler Veganer, dann Hippie und später befasste ich mich mit Buddhismus, Schamanismus und Schicksalsgesetzen. Mein Einstieg in die Esoterik war, dass ich zu dieser Zeit ein sogenannter Reichsbürger und Antisemit war. Ich rauchte täglich bis zu zehn Joints – 21 Jahre lang. Doch nichts konnte meine Probleme lösen. Ich war zutiefst unglücklich, todtraurig, verletzt, hasserfüllt, rachsüchtig und streitlustig. Was hatte ich also zu verlieren? **Also sagte ich JA und lud an diesem Tag Jesus in mein Leben ein.**

Nach dem Telefonat verbrannte ich all meine New-Age-Bücher, mein schamanisches Räucherwerk, meinen Tabak und mein Gras. Doch am selben Abend besorgte ich mir neues Gras und neuen Tabak und drehte mir wieder Joints. Wie es in mir aussah, darüber konnte ich mit niemandem reden, denn ich hatte ja niemanden.

Meine Kinder durfte ich inzwischen alle zwei Wochen für zwei Stunden ohne Aufsicht sehen. Doch meine Tochter wollte nicht mit zu diesen Umgängen kommen. Ich vermute, dass sie einfach Angst hatte, jetzt auch noch ihre Mutter zu verlieren. Immer wenn ich meinen Sohn holte, erzählte er mir, was der neue Typ und die Oma wieder Schlechtes über mich erzählt hatten. Und jedes Mal fragte mich mein Sohn: *„Papa, wann dürfen wir uns wieder öfter sehen?"* Fünf Jahre lang ging das so.

An einem Tag erzählte ich meinem Sohn dann von Jesus. Ich betete täglich, dass ich meine Kinder wieder regelmäßig sehen dürfe und dass Jesus mir helfen würde, mit dem Kiffen aufzuhören.

Im August 2019 wurde ich dann in der Ostsee getauft. 2020 zog ich in eine christliche Wohngemeinschaft. Ich fing an, für die Mutter meiner Kinder zu beten. **2021 stellte sie einen Antrag, dass ich meine Kinder wieder nur unter Begleitung sehen dürfe.** Ich ging zur Anwältin. Es folgte ein Umgangsrecht-Verfahren. Die Mutter meiner Kinder hatte den Anwalt, den ich eigentlich gerne gehabt hätte – er war für seine Siege bei Gericht bekannt. Ich war verunsichert und hatte Angst. Einige Wochen vor dem ersten Gerichtstermin gelang es mir endlich, mit dem Kiffen aufzuhören – nach 21 Jahren täglichem Konsum.

Jesus im Gerichtssaal: Es war der erste Verhandlungstag. Ich hatte vorher mit einem Freund gebetet und Jesus gebeten, dass er an meiner Seite im Gerichtssaal sitzen würde. Im Gerichtssaal selbst spürte ich einen Frieden in mir. Ich war total gelassen. Und dann sagte der Richter: *„Wir sind heute nicht hier, um die Vergangenheit zu klären, sondern die Zukunft."*

Meine Anwältin sagte nach der Verhandlung zu mir: *„Herr Schley, Sie sind der erste Mandant, der ohne ein blaues Schienbein aus dem Gerichtssaal kommt. Sonst muss ich meinen Mandanten immer unterm Tisch gegen das Schienbein treten, damit sie die Klappe halten."* Der Richter beschloss, dass ich meine Kinder jetzt jede Woche für drei Stunden sehen dürfe, jedoch vorerst unter Aufsicht. Die Gegenseite forderte, dass die begleiteten Umgänge beim Verein Kleeblatt stattfänden. Doch die vom Gericht bestellte Verfahrensbeiständin, die die Interessen der Kinder vertrat, sagte aus, dass ihr die Leiterin des Vereins am Telefon gesagt habe, dass sich Männer wie der Herr Schley nie ändern würden.

Und was sagt das Wort Gottes? *Wenn also jemand mit Jesus verbunden ist, ist er eine neue Schöpfung: Was er früher war, ist vergangen: Sieh doch, etwas Neues ist entstanden!* (2. Korinther 5,17 NeÜ)

Für den Richter war damit klar, dass von diesem Verein keine neutrale Berichterstattung erfolgen würde, da dieser bereits parteiisch auf der Seite der Mutter und des Jugendamtes war. So beschloss der Richter, dass die Umgänge von Fachkräften der AWO begleitet würden. Die Frustration darüber stand den Leuten vom Jugendamt und dem Anwalt der Mutter sichtlich im Gesicht. Dieser Beschluss war unanfechtbar. Auch sämtliche Angriffe des Anwaltes der Mutter trugen keine Früchte. Denn Jesus war im Gerichtssaal, zum zweiten Mal.

In den Umgängen lernten meine ersten beiden Kinder dann ihren Halbbruder kennen. Denn inzwischen war durch einen Vaterschaftstest herausgekommen, dass ich doch der Vater des Kleinen bin, der am 10. Mai 2016 geboren war.

Dann der zweite Gerichtstermin – wieder mit Jesus. Endlich war es vorbei. Kein Umgangsboykott mehr, keine begleiteten Umgänge, keine seelische Perversion, kein psychischer Missbrauch durch Dritte. Vorbei das Leid, das meine Kinder ertragen mussten. Jetzt sind sie alle zwei Wochen bei mir. **Mittlerweile darf ich mich auch außerhalb der festgelegten Zeiten mit meinen Kindern treffen.** Und meine Tochter hat sich seither so verändert. Sie kommt jetzt immer mit und ruft ihren Daddy jeden Abend an.

Gott hört unsere Gebete. Er lenkt alles in die richtigen Bahnen. In Maleachi 3,24 (NeÜ) heißt es: *Er wird das Herz der Väter den Söhnen zuwenden und das Herz der Söhne den Vätern.*

Der Kontakt und die Kommunikation mit der Mutter wurden mit der Zeit auch immer besser. Sie vertraute mir sogar schon ihren Hund an, als sie mit den Kindern in den Urlaub flog. Ich bat sie noch einmal für alle meine Schuld um Vergebung. Und trotz allem, was ich durchmachen musste, habe ich dieser Frau nicht nur ebenfalls vergeben, sondern ich ehre sie mittlerweile. Denn sie ist eine tolle Mutter. Heute fragt sie mich sogar nach meiner Meinung, was die Erziehung betrifft.

Der Typ, den ich umbringen wollte, hat verloren. So auch die Oma meiner Kinder. Denn beide sind – Gott sei Dank – entmachtet. Ich habe immer wieder Jesus gebeten, dass er mir helfen muss, wenn ich diesem Typen und der Oma meiner Kinder vergeben soll. Trotz Gebet und

Vergebung kam immer wieder der Ekel vor diesen Menschen in mir auf, wenn ich einen von ihnen sah. **Doch dann kam der Tag, an dem ich ihn sah und statt Wut, Ekel und Hass nur noch Frieden in mir spürte.** Da wusste ich: Er hatte seine Macht über mich und die Kinder verloren; Gott hatte ihn entmachtet. Verletzte Menschen verletzen Menschen. Dieser Typ hatte auch keine Vaterliebe erfahren und das an meine Kindern weitergegeben, was er als Kind selbst erlebt hatte: Kälte statt Liebe und Geborgenheit.

Ich danke Gott so sehr, dass ich, der keinen Vater an seiner Seite hatte, meinen Kindern jeden Tag sagen kann: *„Ich habe euch lieb!“* Ich kann Liebe aussprechen, obwohl ich selbst diesen Satz nie von meinen Eltern gehört habe. Meine Mutter hat es mir immer gezeigt, konnte es aber nie sagen. Ich verurteile sie nicht. Ich bin dankbar für sie als Mutter und Oma.

Jetzt kämpfe ich den nächsten Kampf, den um meinen jüngsten Sohn. Denn auch diesen darf ich aktuell nicht sehen. Doch das Gerichtsverfahren läuft schon. Man merkt auch dort, wie der Feind wütet. Viele schlimme Lügen werden da seitens der Mutter über mich erzählt. Es fällt mir schwer, für diese Frau zu beten. Und mal wieder ist es ein Kampf, ihr all das zu vergeben. Es tut weh im Herzen. Doch mehr noch schmerzt mich der Gedanke, dass mein kleiner Sohn Fynn erneut traumatisiert wird. Allerdings wird die Wahrheit wie immer ans Licht kommt. Und es wird das vierte Mal sein, wo ich mit Jesus im Gerichtssaal sitze. Gerne dürft ihr für meinen Sohn Fynn und seine Mutter beten. Möge Gott sie im Herzen berühren. Amen.

Stefan Schley | Jg. 1985 | ledig, aber vergeben, 3 Kinder | Premnitz | Trainer für Selbstbehauptung

Sucht Gott das Verlorene?

Morgens früh, 5.00 Uhr – ein schriller Alarmton ertönt im Flur. Draußen dämmert es gerade. Wo bin ich? Ach ja, auf einer Familienfreizeit in Wales – die erste Nacht. Schnell raus ... alle stehen auf dem Gang ... kein Feuer, kein Rauch, keine Ahnung ... Nach einigen Minuten ist klar: Ein Fehlalarm der Brandmeldeanlage.

Und jetzt? An Schlaf ist nicht mehr zu denken. Ich bin aufgekratzt. Was mache ich eigentlich hier auf einer Familienfreizeit in Wales? **Mir wäre es viel mehr nach Ruhe und Einsamkeit.**

Rund vier Jahre zuvor hatte ich mein ganzes Leben in die Waagschale geworfen, meinen Job gekündigt und mich „auf Mission" gemacht – zusammen mit meiner Frau und drei von vier Kindern; Wohnortwechsel und manches mehr, was die Familie mitgetragen hat. Und dann erwies sich das Ganze als eine Sackgasse und ging recht unschön zu Ende. Dabei hatte ich mächtig Federn gelassen. Gott hatte mich da herausgeholt, als ich am Verzweifeln war. Doch ich war ohne Kraft und ohne echte Perspektive. In meiner Not, während einer schlaflosen Nacht, hatte ich zu Gott geschrien: *„Was soll ich tun?"* und bekam postwendend die Antwort: *„Geh!"*

Mir war sofort klar gewesen, dass ich der Stimme vertrauen konnte. Gott ist allmächtig. Trotz allen Zweifels, wie das zugehen sollte, wie so kurzfristig eine Wohnung für fünf Köpfe zu finden sein würde, wie das mit dem Umzug werden konnte, wenn ich so kraftlos war. Und Gott hatte sich auch da nicht lumpen lassen. Innerhalb von zwei Wochen schenkte er uns ein Haus für ein Jahr zur Miete – genau das, was wir brauchten. Der Umzug war mit Freunden und Familie gleich nach dem Ende des Urlaubs geplant.

Der Familie zuliebe war ich nun hier mit auf der Freizeit und musste schauen, wie ich da durchkomme. Kurz nach dem Feueralarm beschloss ich, einfach schon in den Tag zu starten und alleine wandern zu gehen, bis es um 8 Uhr Frühstück gäbe. Klamotten und Schuhe an und raus. Ab über die Hügel in Wales, bergauf, durch eine schöne Landschaft mit niedrigem Bewuchs. Ein herrlicher Blick aufs Meer und den Strand von hier oben. Sonnenaufgang, eine leichte Brise, Vogelgezwitscher. Vorbei an Schafen und Ponys. Einfach immer den Füßen nach und die Ruhe genießen.

Die Gedanken kreisten in meinem Kopf. *Wohin mit meinem Leben? Wie konnte das nur passieren? Was hatte ich falsch gemacht? Hatte ich Gott falsch verstanden? Würde mit dem Umzug alles klappen? Wann käme ich wieder zu Kraft?* Produktiv war das nicht – und frustrierend ...

Nach anderthalb Stunden lief ich an einer Schafherde vorbei, die den Weg entlang zog. Die Schafe und ich alleine. Kein Hirte zu sehen, das ist hier so. Ich hörte ein blökendes Mutterschaf mit einem Jungen. Ein Stück weiter bergab hörte ich das leise Blöken eines Lammes, sah aber nichts. Egal. Weiter geht's.

Doch halt ... eine Stimme in mir sagte: *„Dreh dich um und schau nach!"* Rechts neben der Straße ging es steil bergab. Die Straße wurde durch eine Mauer gestützt, die etwas mehr als einen Meter tief abfiel. Der Hang unterhalb war mit dichtem Brombeergestrüpp zugewuchert. Ein paar Meter zurück war ein Loch im Gestrüpp zu sehen, und was lag darin? Ein Lamm – verheddert und gefangen in den Dornen. Ob es da wohl hinuntergefallen war? Ob es von alleine wieder herauskäme oder überhaupt so hoch springen konnte? Das schien unwahrscheinlich. Ob ich ihm helfen sollte und konnte? Im blödesten Fall würde ich hinuntersteigen, mich an den Dornen verletzen, mir Kleider und Haut zerreißen und am Ende selbst steckenbleiben ... während das Lamm möglicherweise von Angst und Panik ergriffen doch hochspringen würde.

Unsinn! Das Tier brauchte Hilfe, und ein Hirte war nicht da. Also war ich dran. Ich fing an, beruhigend mit dem Lamm zu sprechen, nahm meine Wanderstöcke und drückte die Dornen zur Seite, um ohne Kratzer und Schaden hinabzusteigen. Stetig sprach ich mit dem Tier und war verwundert, wie ruhig es blieb. Es hatte wohl verstanden, dass es da alleine nicht herauskommen würde. Vorsichtig stieg ich hinab, zog das Lamm aus den Dornen, wo es leider etwas Wolle einbüßen musste, da es sich richtig verfangen hatte. Aber das Tier blieb ruhig und ließ sich von mir auf die Straße hochheben. Sofort rannte es zu seiner Mutter, die inzwischen ebenfalls wieder nähergekommen war. Ein freudiges Blöken! **Und ich war froh, das Tier gerettet zu haben.** Nun musste ich noch unbeschadet aus dem Loch steigen.

Wieder oben auf der Straße angekommen, dachte ich an die Geschichte vom verlorenen Schaf aus der Kinderbibel, die ich meinen Kindern oft vorgelesen hatte – wo der Hirte sein Schaf suchen geht, das am Ende ebenfalls in einem Gestrüpp festhängend von ihm gefunden wird. Und ich merkte, wie Gott zu mir sagte: *„Michael! Das Lamm bist du. Ich weiß, dass du im Loch steckst. Ich weiß, dass du nicht weißt, wie du da herauskommst. Ich bin schon auf dem Weg mit dir. Habe Geduld, ich helfe dir da wieder heraus, so wie du dem Lamm geholfen hast. Ich habe dich nicht vergessen, es ist mir nicht aus den Händen geglitten. Vertraue mir und lass dich heilen!"* Was für ein Balsam das für meine Seele war! Wie schön, einen so guten himmlischen Vater an der Seite zu wissen, zu spüren, zu erleben. *„Ja, dir vertraue ich gerne!"*

Es hat dann noch eine ganze Zeit gedauert, bis ich aus meinem Loch heraus war. Der Urlaub war schön. Ich hatte gute Gespräche und fand immer wieder Ruhe in der Natur.

Der Umzug nach dem Urlaub gelang, der erste Schritt in ein neues Leben war getan. Auch wenn die neue Bleibe nur für ein Jahr war und ein weiterer Umzug bevorstand, stellte sich dieses Zwischenjahr auf dem Dorf in einer genialen Gegend als eine von Gott ausgedachte Reha für mich heraus – mitten in der Natur; Weinberge, Felder, Wälder, Seen, Wiesen.

Am Ende der Sommerferien hielt ich es noch für eine gute Idee, mit den Jungs auf eine Vater-Sohn-Freizeit zu gehen. Voller Eifer rannte ich beim Geländespiel mit den Kindern durch die Gegend, um meinem Verfolger zu entwischen. Im vollen Lauf musste ich einem schaukelnden Kind ausweichen. Dem Kind konnte ich noch „entkommen", doch dem folgenden A-Teil der Schaukel nicht mehr. Ich rannte voll mit der Brust dagegen und wurde komplett umgehauen. Ich musste erst einmal liegen bleiben und mich sortieren, ob alles heil geblieben war.

Bis auf starke Schmerzen in der Brust gab es dankenswerter Weise keine Ausfälle. In der Ruhe im Bett wurde mir klar, was meiner Seele drei Monate zuvor passiert war. Ich war in vollem Lauf, in vollem Eifer sehr abrupt gestoppt worden. Ich hatte aus Treue heraus nicht davonlaufen wollen und den vernünftigen Ausstiegszeitpunkt verpasst. So war meine Stärke mir zur Schwäche geworden. Nun wurde mir schmerzhaft bewusst, wie meine Seele sich da gefühlt haben musste – eben wie mein geprellter Brustkorb. Gott nutzt immer wieder Momente und Situationen in meinem Leben, um mir deutlich zu machen, wo ich gerade stehe und dass er mich jederzeit sieht.

Geholfen hat mir in der folgenden Zeit meiner Krankschreibung die strukturierte Hausarbeit, viel Ruhe in der Natur bei endlosen Spaziergängen in der tollen Gegend, Verantwortung für die Kinder zu haben (meine Frau hatte mit mir die Rolle getauscht und den Broterwerb übernommen) und letztlich immer wieder wertvolle Zeiten mit Gott. Er ließ mir praktisch werden, dass mein Wert nicht von meiner Leistung abhängt. Ich bin und bleibe aus Gnade errettet. Er liebt mich, auch wenn ich nichts zuwege bekomme – „Fasten von Wert durch Arbeit" könnte ich diese Phase nennen. Die Frage nach dem eigenen Wert müssen wir eigentlich alle irgendwann in unserem Leben beantworten.

Noch immer habe ich nicht die ganze Kraft zurück, mit der ich damals in das Missionsprojekt gestartet war. **Dafür habe ich Erfahrung gesammelt und bin meinem himmlischen Vater nähergekommen.** Er hat in dem Jahr noch durch einiges andere meine Grundfesten erschüttert und mich so tiefer in ihm selbst gegründet. Ich bin ihm auf eine neue Weise näher als zuvor.

Heute bin ich freiberuflich als Lebensberater tätig und genieße diese Arbeit die meiste Zeit über. Ich verstehe nun Menschen besser, die selbst in einem Loch gelandet sind und habe viel Zuversicht und Hoffnung, dass Gott für jeden einen Weg hat.

Rufe ihn an in der Not! Er ist ein genialer Vater – in guten wie auch in schwierigen Zeiten. Zögere nicht und nahe dich Gott. Er wird dir ein Belohner sein!

Ohne Glauben aber ist es unmöglich, ihm wohlzugefallen; denn wer Gott naht, muss glauben, dass er ist und denen, die ihn suchen, ein Belohner sein wird (Hebräer 11,6 ELB).

Michael Obertowski | Jg. 1970 | verheiratet, 3 Töchter, 2 Söhne | Sachsenheim | Individualpsychologisch-systemischer Fachberater (ICL) | www.beratungspraxis-lebensquell.de, www.cmi-maennerinitiative.de

Tu es nicht!

Ich bin sehr behütet aufgewachsen und verbinde mit meiner Kindheit viele schöne Erlebnisse und Erinnerungen. Meine Mutti brachte den christlichen Glauben in unsere Familie. So wurde ich als Baby getauft und später konfirmiert; außerdem gingen wir sonntags in den Gottesdienst. Kurz vor der Konfirmation kam in regelmäßigen Abständen der Pastor zu uns nach Hause, brachte mir und meiner Schwester die 10 Gebote bei und las uns Geschichten aus der Bibel vor. Ich mochte die Geschichten sehr, konnte jedoch keine echte Beziehung zu Gott aufbauen. Als ich älter wurde und eine Ausbildung zum Klempner begann, wurde mir freigestellt, ob ich sonntags mit zum Gottesdienst kommen mochte.

Die Ausbildung war für mich eine schwere Zeit, und meine bis dahin heile Welt kam hierbei das erste Mal ins Wanken. Der raue Umgang miteinander und die Sprache auf dem Bau waren sehr hart für mich, weil ich so etwas bis zu diesem Zeitpunkt kaum kannte. Ich mochte den Beruf nicht, auch konnte ich kaum Erfolgserlebnisse sammeln. So flüchtete ich mich ins Nachtleben, arbeitete als Kellner in einer Disco und suchte dort nach Bestätigung und Anerkennung. Nach einiger Zeit bekam ich Kontakt zu Frauen und war das erste Mal richtig verliebt, jedoch kurze Zeit später auch tief verletzt, weil die Beziehung nicht hielt. Um mich zu trösten, schlief ich mit einigen Frauen, was allerdings nur kurz über den Schmerz hinweghalf. Zu Gottesdiensten ging ich kaum noch. So vergaß ich immer mehr die wunderbaren Geschichten aus der Bibel und die guten Werte, die mir meine Eltern mit auf den Weg gegeben hatten.

Im Jahr 2007 lernte ich in der Disco Jana kennen. Sie war meine erste ernsthafte Beziehung und hat mich sehr geprägt. Wir erlebten viele Abenteuer und hatten eine intensive Zeit miteinander. Ich spürte, dass sie mich von ganzem Herzen liebte, doch im Gegensatz zu Jana war ich leider noch sehr unreif für mein Alter und nicht mit ganzem Herzen bei dieser Beziehung. Mit der Zeit stritten wir öfter und entfernten uns zunehmend voneinander. Dazu kam, dass ich über die Jahre eine bipolare Störung entwickelte, das heißt ich hatte abwechselnd Phasen mit Depressionen und manische Phasen mit viel Antrieb. Zu diesem Zeitpunkt schlitterte ich gerade tiefer in eine Depression – am Ende so sehr, dass ich mir professionelle Hilfe holte und für einige Monate in eine Psychiatrie ging, um mich zu erholen.

Jana hielt an mir fest und machte mir Mut. Doch ich entfernte mich trotzdem weiter von ihr. Auf der Station bekamen wir immer mal wieder neue Patienten. Eine Frau fiel mir besonders auf. Alles begann mit einem Blick, dann kam es zu intensiven Gesprächen und schließlich verbrachten wir immer mehr Zeit allein. Ich lernte sie besser kennen, und auf den ersten Blick schien es so, als wären zwischen ihr und mir all die Dinge vorhanden, die ich bei Jana vermisste. Alles war unbeschwert und neu, und so vergaß ich immer mehr, was ich an Jana hatte. Mit einem Blick hatte es begonnen und endete damit, dass ich Jana mit der anderen Frau betrog.

Ich war hin und her gerissen, hatte jedoch nicht den Mut, über mein Fehlverhalten zu sprechen. Die Wahrheit kommt allerdings meistens ans Licht, so auch bei uns. Jana fand es über Umwege heraus (obwohl es inzwischen 15 Jahre her ist, erinnere ich mich noch, als wäre es gestern gewesen). Wir saßen auf der Couch, hatten zusammen einen schönen Tag verbracht, als Jana plötzlich eine SMS bekam. Sie stellte mich zur Rede, doch ich stritt alles ab. Wir fuhren zu Janas Tante, wo auch die andere Frau hinkommen sollte. Jetzt fragte mich Jana noch einmal, ob ich fremdgegangen sei. Endlich gestand ich alles und sie brach in Tränen aus.

Anschließend fuhr ich sie nach Hause, und wir hatten einige Tage kaum Kontakt, weil ich mich einer kleinen Operation unterziehen musste. Während dieser Zeit fragte sie mich per SMS, wie ich ihr das hatte antun können, und dass sie diesen Schmerz nicht aushielte. Doch ich ging nicht darauf ein. Wenig später kam wieder eine Nachricht, in der stand, dass sie mich gerne sehen wolle. So fuhr ich am 11. November 2008 zu Jana. Sie öffnete mir ihr Herz und hatte viele Fragen. Ich öffnete meins leider nicht. Hätte ich gewusst, dass ich sie an diesem Tag das letzte Mal sehen sollte, hätte ich es doch getan, um Verzeihung gebeten und geredet, als gäbe es kein Morgen.

Nach dem Treffen fragte sie mich, ob sie mein Auto bis zum nächsten Tag haben könne. Ich stimmte zu und bat sie, mich vorher nach Hause zu bringen. Auf der Rückfahrt hatte ich plötzlich ganz klar die Eingebung, Jana das Auto nicht zu geben. Doch ich schob den Gedanken zur Seite. Heute weiß ich, dass es eine Eingebung von Gott war, der mir sagen wollte: *„Matthias, wenn du Jana das Auto heute gibst, fährt sie sich damit tot."*

Als wir bei mir zu Hause ankamen, verabschiedeten wir uns, und ich schaute ihr hinterher mit dem Gedanken, sie am nächsten Tag wiederzusehen. Etwa 20 Minuten später erhielt ich von Jana eine SMS: *„Es tut mir leid, was ich euch antue, aber ich halte den Schmerz nicht mehr aus."*

Als ich auf dem Weg zur Polizei war, rief mich ihre Mutti an und fragte mich, ob wir uns gestritten hätten. Sie wusste nichts von meinem Fremdgehen, und ich verneinte ihre Frage auch. Bei der Polizei wurde mir gesagt, dass sie einen Verkehrsunfall hatte. Am nächsten Morgen bekam ich die Nachricht, dass Jana tot ist. Ich wollte es nicht wahrhaben und war innerlich zerrissen.

Einige Tage später war die Verabschiedung am offenen Sarg, hier wurde mir endgültig klar, dass sie tot ist, und ich konnte endlich weinen. Am Tag der Beerdigung stellten mich einige Familienmitglieder zur Rede, was dafür sorgte, dass ich mich nach der Beisetzung nicht traute, den Eltern und Angehörigen mein Beileid zu wünschen. Nachdem ich Erde ins Grab geworfen hatte, stellte ich mich einfach an den Rand, so sehr schämte ich mich für mein Fremdgehen. **Ich war am Tiefpunkt meines Lebens.**

Anstatt mich dem Schmerz und meinem Fehler zu stellen, flüchtete ich mich in viel Arbeit bei einem Sicherheitsdienst. Eines Abends hielt ich mit dem Fahrrad an der Unfallstelle und setzte mich mit dem Rücken an die viel befahrene Straße, genau vor das kleine Holzkreuz, welches ich einige Tage zuvor dort errichtet hatte. Während ich dort saß, dachte ich plötzlich darüber nach, mich vor ein Auto zu schmeißen. Aber kurz danach hatte ich wieder den Eindruck, dass irgendwas in mir sagte: *„Tu es nicht!"* Heute weiß ich, dass es Gott war, der mir sagen wollte: *„Denk den Gedanken weiter Matthias. Wie werden sich deine Eltern fühlen, wenn du dich vor ein Auto wirfst und sie dann heute von der Polizei erfahren, dass du tot bist?"* Ich stieg auf mein Fahrrad und fuhr nach Hause.

Da ich mich meinem Fehler nicht stellte und mir die komplette Schuld an allem gab, ging es mir immer schlechter. Ungefähr sechs Monate nach Janas Tod holte mich alles ein, sodass ich erneut für mehrere Monate ins Krankenhaus musste.

Es war inzwischen November 2009, als meine Eltern mich fragten, ob ich nicht mal wieder zu einem Gottesdienst mitkommen mochte,

und dieses Mal ging ich mit. Nach dem Gottesdienst sprach mich ein wunderbares Ehepaar an, ob ich nicht Lust hätte, öfter zu kommen. An diesem Punkt begann etwas Neues. Ich ging wieder regelmäßig zu Gottesdiensten und besuchte eine christliche Jugendgruppe. Hier klopfte Gott wieder an meine Tür, und dieses Mal ließ ich ihn endlich herein und öffnete mein Herz. Jahre später ließ ich mich als Erwachsener noch einmal taufen und sagte hier erneut Ja zu Gott.

Es ist nicht immer leicht und ich habe immer noch meine Kämpfe in mir. Es passieren auch noch schlimme Dinge. Im Jahr 2020 starb mein bester Freund in meinen Armen. Bevor ich Gott ganz neu kennenlernen durfte, hätte mir dieses Ereignis komplett den Boden unter den Füßen weggerissen. Doch jetzt war Gott an meiner Seite und gab mir Halt.

Es passierte auch viel Schönes. Gott erfüllte mir einen Wunsch, den ich schon sehr lange in meinem Herzen trug: den Wunsch nach einer eigenen Familie. Im Jahr 2019 durfte ich meine Frau kennenlernen und 2021 wurde uns ein Sohn geschenkt; er ist unser kleines Wunder. Ich bin Gott sehr dankbar für meine Familie und die Menschen in meinem Leben und für das, was er in meinem Leben bewegt hat.

Matthias Ahrend | Jg. 1984 | verheiratet, 1 Sohn | Halberstadt | Lagerist

Willst du mir GANZ nachfolgen?

Ich habe viele große und kleine Erlebnisse mit Gott, aber eins davon ist das wichtigste. Ich spreche hier von meinem Weg zu und mit Jesus, wie es dazu kam, und was alles passieren musste, damit ich mich komplett für die Nachfolge entschied. Es ist eine Geschichte von Identität und weltlichen Zielen im Gegensatz zu den Zielen, die Gott der Vater vorbereitet hat.

Ich möchte dich herausfordern kurz darüber nachzudenken, was momentan deine Ziele sind und auch, was deine Identität ist. Lass dir dabei ruhig Zeit, und wenn du so weit bist, liest du meine Geschichte mit deinen Zielen und deiner Identität im Hinterkopf. Ich bete, dass Gott diese Geschichte verwendet, um dein Herz zu berühren und es näher an sich heranzuziehen.

Ich bin ein Missionarskind einer deutschen Mutter und eines südafrikanischen Vaters. Geboren wurde ich in Kanada, bin aber ab dem 4. Lebensjahr in Kapstadt in Südafrika aufgewachsen.

Von der ersten bis zur vierten Klasse war ich auf einer christlichen südafrikanischen Schule. Christ zu sein war dort normal und es störte niemanden, dass meine Eltern Missionare waren. Doch in der 5. Klasse wechselte ich auf die Deutsche Schule Kapstadt (DSK). **Dort wurden wir von den Südafrikanern für Deutsche gehalten und von den Deutschen eher für Südafrikaner.** Und was noch dazu kam: Die DSK ist keine christliche Schule, und hier fiel unser Missionarsleben umso mehr auf. Mir kam es vor, als wäre ich ganz anders als die anderen Kinder.

Ich bin mir sicher, dass ihr das auch kennt: **In der Schule will man eigentlich nur dazu gehören.** Bloß nicht negativ auffallen! So ging es mir – und an dieser Stelle kommt der Sport ins Spiel. Durch den Sport konnte ich mich einigermaßen profilieren. Ich galt als einer der Sportlicheren auf der Schule und legte auch großen Wert darauf, als solcher bekannt zu sein. Ich hatte viel Freude am Sport, vor allem am Fußball. Alles drehte sich um den Fußball: die Freizeit, die Gespräche, viele Beziehungen, so ziemlich alles. **Man kann sagen, dass der Fußball zu meinem Götzen wurde.**

Zeitgleich ging ich regelmäßig mit meiner Familie in den Gottesdienst. In der Gemeinde, in der ich groß wurde, lehrte man uns viel darüber, was es heißt, Jesus nachzufolgen. Hier wurde mir öfter klar, dass ich Jesus nicht ganz nachfolgte, und ich sagte immer wieder zu Gott: *„Wenn ich aus der Schule raus bin, dann will ich dir ganz nachfolgen."* Mir war nämlich bewusst, dass, wenn ich Jesus richtig nachfolgen würde, ich die Anerkennung meiner Mitschüler und Freunde verlieren könnte, und was dann? Dann hätte ich nichts mehr. Meine Identität und die meisten meiner Freundschaften waren so um den Fußball herum aufgebaut, dass ich befürchtete, die Menschen würden mich nicht mehr akzeptieren, wenn ich so viel über Jesus reden würde wie über den Fußball. Würden sie noch mit mir befreundet sein wollen, wenn ich anfinge zu evangelisieren und für Heilung zu beten? Waren diese Freundschaften tief genug oder würde ich am Ende alleine dastehen? Mit diesem inneren Kampf verbrachte ich den Großteil meiner Schulzeit. Mal war das schlechte Gewissen größer, mal war es kleiner, aber der Gedanke der richtigen Nachfolge war immer in meinem Hinterkopf.

Als ich dann mit achtzehn nach Deutschland zog, veränderte sich nicht viel. Der Fußball war immer noch mein Götze und der zentrale Punkt in meinem Leben. Ich ging zwar wieder in eine lokale Gemeinde, aber ich war eigentlich ein klassischer „Sonntagschrist". Ich besuchte den Gottesdienst, um meine Pflicht zu erfüllen, und arbeitete in der Jugend mit, weil man das halt so macht. Mein Versprechen an Jesus, ihm richtig nachzufolgen, wenn ich mit der Schule fertig bin, hatte ich schon längst vergessen.

Dann, an einem Donnerstagabend Anfang Oktober 2014, hatte ich ein Fußballspiel, bei dem ich, wie auch immer das passierte, ein Knie gegen den Hinterkopf bekam. **Ich war mindestens 30 Sekunden mit dem Gesicht auf dem Boden bewusstlos.** Zumindest hat man mir das so erzählt. In dieser Zeit der Bewusstlosigkeit passierte allerdings etwas Unglaubliches: Jesus begegnete mir. Ob das eine Vision war oder ob ich ihm wirklich begegnet bin, kann ich nicht sagen, aber mir war klar, dass er es ist. Für mich gab es keinen Zweifel zu der Person, die vor mir stand. Jesus stellte mir nur eine Frage: *„Bist du bereit, mir endlich nachzufolgen?"*

Als ich wieder zu mir gekommen war, ließ mich mein Trainer weiterspielen. Die Art und Weise, wie der Verein mit der Situation der Kopfverletzung umging, öffnete mir die Augen, dass es niemanden interessierte, wie es mir geht, solange ich spielen konnte. Mir war auch klar, dass es jetzt wirklich Zeit war, Jesus nachzufolgen. Also hörte ich mit dem Fußballspielen auf und begann meinen Weg mit Jesus.

Nach und nach hat Jesus an mir gearbeitet. Immer mehr habe ich versucht, anderen von Jesus zu erzählen, für Leute zu beten und den Heiligen Geist in meinem Leben wirken zu lassen. Vieles von dem, was ich als Kind und Jugendlicher in der Kirche und von meinen Eltern gelernt hatte, wurde wieder in mir hervorgebracht. Jesus hat mir meine Identität als sein Kind, als Kind Gottes, gegeben.

Ich möchte Jesus mit meinem Leben groß machen, auch wenn es nicht immer funktioniert, mir oft der Mut fehlt oder mein Egoismus im Weg steht. Ich muss nicht gut im Fußball sein oder mich mit irgendwelchen

Themen auskennen. **Alles, was ich brauche, ist die persönliche Beziehung zu Jesus.** Kein Sport, keine Serie, kein Film, keine Musik, kein Spiel kann mich so erfüllen, wie Zeit mit Jesus zu verbringen. In seiner Gegenwart werden meine Probleme auf einmal so klein und unbedeutend.

Was in der Bibel in Johannes 12,25 steht, habe ich selbst erleben dürfen: *Wer sein Leben lieb hat, der verliert es; und wer sein Leben auf dieser Welt hasst, der wird's bewahren zum ewigen Leben.* In dem Moment, als ich aufhörte, mein Leben selbst aufbauen zu wollen, hat Jesus übernommen und ich bekam Frieden.

Ich muss die Liebe von Jesus nicht mit Leistung „erkaufen". Ich darf erst mal nur sein und Zeit mit ihm verbringen.

Die Dinge, die ich für Jesus mache, wie Missionseinsätze, für Menschen beten oder evangelisieren, mache ich nicht, weil ich es muss, sondern weil er es verdient und ich es gerne mache. Es ist, wie wenn du einen guten Freund hast, einen Ehepartner oder ein Kind. Du machst die Dinge für diese Person, weil du sie liebst, und nicht, weil du das Gefühl hast, dass du es musst, weil sie dich sonst nicht lieben würde.

Timothée Kammies | Jg. 1993 | verheiratet, 1 Kind | Weingarten/Baden | Videograf, Fotograf

„Ich bin geheilt, man sieht es nur noch nicht!"

Im Sommer 2005 begannen die Schwierigkeiten mit meinen Augen – ich sah alles doppelt, konnte meine Augen nicht mehr richtig öffnen und fühlte mich sehr oft schwach.

Das kannte ich bisher nicht in meinem Leben. Ich hatte immer Kraft gehabt, arbeitete übermäßig viel und war sehr engagiert im Reich Gottes. Ich war als Bundesvorsitzender im größten Missionswerk der Welt, dem *Internationalen Gideonbund*, für Deutschland tätig und jeden Tag damit beschäftigt bzw. für ihn unterwegs. Neben meinem Beruf als selbständiger Gärtner mit einem Betrieb für Sportplatzpflege war das sehr herausfordernd und hat mich ziemlich beansprucht – aber dennoch sehr erfüllt. Vieles habe ich mit meinem Gott erlebt und bin in dieser Zeit sehr im Glauben gewachsen. Gerade weil ich so eine gute Zeit hatte und in den besten Jahren meines Lebens stand, fiel es mir so schwer, diese gesundheitlichen Probleme zu akzeptieren bzw. einzuordnen.

Nach mehreren Arztbesuchen stellte sich heraus, dass ich an Myasthenia gravis erkrankt war. Das ist eine Auto-Immunkrankheit, bei der mein Körper das eigene Muskelsystem angreift. Es beginnt mit den Augen als den kleinsten Muskeln und kann sich weiter verschlechtern, bis es die Atmung behindert, und dann wird es sehr eng.

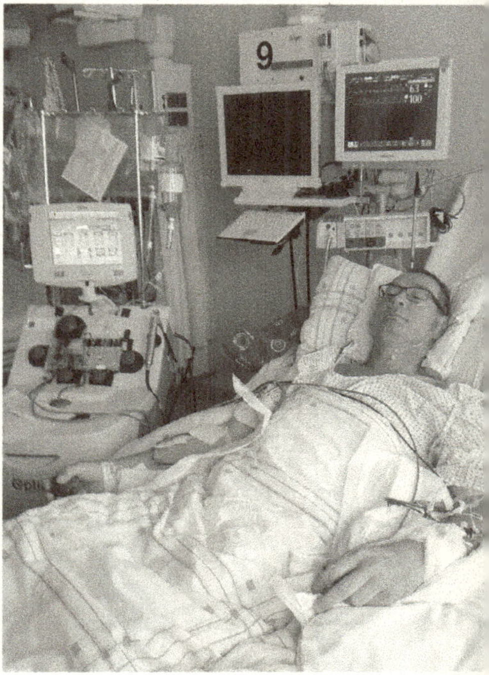

Es folgte eine schwierige Zeit mit vielen Krankenhaus- und Reha-Aufenthalten und sehr vielen Untersuchungen. Die Thymusdrüse wurde entfernt, denn darauf hatte sich ein Tumor gebildet, der das ganze wohl ausgelöst hatte. Leider ging die Muskelschwäche nach der OP nicht zurück. Die Ärzte und Professoren waren oft ratlos und gaben sich viel Mühe, mir zu helfen. **Es gibt nur wenige von dieser Krankheit Betroffene in Deutschland.**

Ich war dann immer zur Behandlung in einem Myasthenie-Zentrum in Würzburg mit vielen, langen Aufenthalten. Die Krankheit dehnte sich aus, so dass ich lange Zeit auch nicht mehr kauen konnte und außerdem immer wieder diese Doppelbilder hatte. **Auch konnte ich keine längeren Strecken mehr gehen.** Es erfolgten viele Plasmapheresen (ein Austausch des Blutplasmas) und natürlich wurden eine Menge Medikamente ausprobiert.

2015 hatte ich eine Myasthenie-Krise (einen Schub), während der ich nicht einmal mehr imstande war, meinen Kopf ein paar Sekunden zu heben, und ich war kurz vor einem Atemstillstand auf der Intensivstation in Würzburg. Nach ca. 6 Wochen Klinikaufenthalt wurde ich entlassen – war mit Medikamenten eingestellt, aber trotzdem sehr eingeschränkt in meinen Aktivitäten.

Zusätzlich zu diesen Beschwerden hatte ich mit dem Darm Probleme: Morbus Crohn meldete sich immer wieder extrem stark. Auch mein Herz machte Schwierigkeiten – ich hatte Herzrhythmus-Störungen, Vorhofflimmern und einen extrem niedrigen Blutdruck. Immer wieder haben die Ärzte versucht, mein Herz durch Kardioversionen in Takt zu bringen (dabei wird das Herz angehalten und mit einem Stromschlag wieder angeschubst). Diesen Maßnahmen, die unter Narkose ausgeführt werden, musste ich mich mehr als zehnmal unterziehen. Die Wirkung hielt unterschiedlich lange an.

Im Jahr 2023 spitzten sich die Dinge zu, sodass ich im Januar und Februar sechsmal stationär im Klinikum Fürth war, zweimal wegen meinem Darm und viermal wegen dem Herzen. Die Wirkung der Kardioversionen hielten dreimal jeweils nur einen Tag an. Dann bekam ich zum zweiten Mal eine Ablation, ein Eingriff am Herzen, bei dem krankhafte und überzählige Erregungsherde und Leitungsbahnen verödet werden.

Mein Rücken machte mir auch immer wieder erhebliche Probleme. Der Ischias klemmte sich ein, so dass ich nicht mehr fähig war aufzustehen. Per Rettungswagen kam ich im Frühjahr in die Klinik. Starke Schmerztabletten haben mir dann über einen längeren Zeitraum geholfen. Ein MRT-Termin war auf die Schnelle nicht zu bekommen, da ich einen Herzschrittmacher habe.

Bis Mitte des Jahres 2023 habe ich insgesamt ca. 100.000 Tabletten geschluckt, hatte die meiste Zeit Doppelbilder, starke Einschränkung in meinen Muskeln und immer diese Herzstörungen. Der damit verbundene extrem niedrige Blutdruck (oft nur 80/60) ließ mich oft bewusstlos umfallen. Und dann noch die orthopädischen Schwierigkeiten und die Darmprobleme. Du kannst dich also zurecht fragen, ob eigentlich in meinem Körper noch irgend etwas funktionierte.

Und was sagte Gott dazu?

In diesen ganzen 18 Jahren gab es natürlich Höhen und Tiefen – auch in meinem Glaubensleben. Es hat mich schon beschäftigt, warum unser Herr es zugelassen hatte, dass ich ausgerechnet auf dem Höhepunkt meines Lebens so ausgebremst wurde. Aber eines kann ich sagen: Wenn mich auch sehr viele Menschen immer wieder gefragt haben, wie es mir geht, gab ich doch immer die Antwort: *„Ich bin geheilt – man sieht es nur noch nicht!"*

Trotz allem nahm ich an den Israelreisen mit Michael Stahl teil. Es war schon sehr herausfordernd, so den ganzen Tag mitzulaufen! Aber gerade diese Gemeinschaft mit den Brüdern hat mir sehr geholfen. Auf jeder Reise wurde für mich gebetet. Bei allen christlichen Veranstaltungen während des Jahres kannte man meine Geschichte, und jedes Mal fanden sich Geschwister, die um Heilung beteten, sei es auf Männerwochenenden, auf dem Lobpreisschiff, bei Lobpreisabenden, in Heilungsgottesdiensten – überall flehten wir Gott um Hilfe an. Im Rückblick kann ich sagen, dass ich mich nie von Gott verlassen fühlte. Ich war immer der festen Überzeugung, dass Gott eines Tages die Heilung hervorbringen würde.

Ich kann heute nicht sagen, welches Gebet letztlich ausschlaggebend war – jedes Gebet war wichtig!

Seit dem Sommer 2023 bin ich nun von all diesen Gesundheitsproblemen geheilt:

- Meine Neurologin sagte bei der letzten Untersuchung: Sie sind geheilt!
- Mein Orthopäde bestätigt nach dem MRT: Kein Nerv, kein Ischias eingeklemmt, alles ok.
- Mein Kardiologe hat sich sehr gefreut, dass nun endlich alles stabil ist – alle Werte sehr gut, der Blutdruck ist optimal.
- Mein Darm funktioniert hervorragend normal. Mein Urologe sagte erst kürzlich, dass meine Werte nicht nur eine 1 sind, sondern 1+.

Ich danke meinem Herrn jeden Tag für dieses Wunder!

Mein Herr Jesus ist mein Heiland, mein Erlöser, mein Versorger und mein bester Freund. Ihm treu zu sein lohnt sich auf jeden Fall: ER ist es wert, dass man IHN ehrt!

Einer meiner Söhne hat 2022 mein Unternehmen übernommen und ich bin jetzt „Rentner i.R.", bedeutet: in Rufweite! Ich bin sehr gespannt, was Gott mit mir weiter vorhat. Meine Sehnsucht ist immer noch, dass ich MEHR will!

Helmut Bieber | Jg. 1955 | verheiratet, 5 Kinder, 7 Enkel | Roßtal | Gärtnermeister, war Gründer und Inhaber von Bieber Sportplatzpflege | www.sportplatzpflege.de

Glaube macht den Unterschied

Wie gesagt, meine lieben Brüder und Schwestern, ich weiß genau: Noch bin ich nicht am Ziel angekommen. Aber eins steht fest, ich will vergessen, was hinter mir liegt, und schaue nur noch auf das Ziel vor mir (Philipper 3,13 HFA).

Am Anfang meines Lebens mit dem Glauben an Jesus Christus, also vor einigen Jahren, als wir gerade dabei waren, einen Gastro-Betrieb in Graz zu eröffnen, zeigte sich mir, wie Glaube im täglichen Leben „funktioniert". Mein damaliger Geschäftspartner und ich hatten ein fertiges Konzept für ein Restaurant mit Bar im Kopf. Damit wollten wir zur gewerberechtlichen Verhandlung, bei der sich entscheiden würde, ob wir eine Genehmigung für einen Gastro-Betrieb bekämen oder nicht. Zu so einer Verhandlung sind für gewöhnlich auch die Nachbarn eingeladen.

Kurz vorher entschieden wir uns allerdings, doch nur einen Bar-Betrieb aufzunehmen. Essen zu verkaufen war uns fremd, mit dem Nachtgeschäft aber kannten wir uns aus. Also änderten wir das (offenbar von Gott gegebene) Konzept kurzerhand – aus Bequemlichkeit, der Einfachheit folgend und wohl auch der Gewohnheit.

Idee und Konzept waren ja von mir, darum präsentierte ich sie bei der Vorstellung. Während meiner Ausführungen kam auf einmal, mit Verspätung, der Repräsentant der benachbarten Bank. Der Mann war nicht gut auf uns zu sprechen, weil ihm ein Lokal nebenan nicht passte. Sofort erhob er gegen die Bar Einspruch. *„Das geht gar nicht!"*, meinte er.

Seine Worte trafen mich hart. Wir hatten im Vertrauen bereits begonnen zu bauen. Das ist üblich, wenn man es mit der Behörde vorher bespricht, was wir getan hatten. Obwohl wir das Geld noch nicht beieinanderhatten, wurde bereits fleißig gearbeitet. Das erzürnte den Nachbarn wohl noch mehr, weil wir es ja vorher mit ihm nicht besprochen hatten. Sein Einspruch würde erst mal einen Baustopp bedeuten. Ein derartiges Szenario kann sich über Jahre hinziehen. Wir hatten so wenig Geld, dass ein längerer Stillstand ein Desaster gewesen wäre. Außerdem waren unsere Familien von diesem Einkommen abhängig.

Meine erster Gedanke zu seinem Einspruch entsprach dem, wie ich früher gedacht hatte – geprägt von Aggression. *„Den Hund häng ich am Kleiderhaken auf"*, schoss es mir durch den Kopf. Gleichzeitig war da aber eine ruhige, sanfte Stimme, die mir sagte, dass ich selbst schuld sei, weil ich das, womit ich Frieden gehabt hatte, das Konzept für ein

Bar-Restaurant, aus Bequemlichkeit und Gewohnheit über den Haufen geworfen hatte. Das eine waren die hässlichen Gedanken des „alten Andi", das andere war die Ansicht Gottes, und die war bereits aktiv in mir, weil ich ja schon auf meinem Glaubensweg war.

Ich hatte im Stillen gebetet und wusste, ich sollte dem Mann gegenüber positiv sein. All das lief in einem Bruchteil von Sekunden ab. Ich musste mich ja fassen und das Konzept weiter vorstellen. Irgendwie war es dann so, dass Gott die Führung in mir übernahm. Ich erzählte einfach, dass wir ja auch eine Küche haben würden und uns ein ganz neues Bar-Restaurant-Konzept vorschwebte (wie es ja ursprünglich geplant war). In den Plänen war es auch noch so dargestellt. Ich versprach, dass wir auf die Lautstärke und den Schmutz achten würden und für die Bank und die Mieter des Hauses sicher kein Schaden entstehen würde.

Am Ende meines Vortrags erklärte der Bankvertreter, dass er es sich überlegen werde. Immerhin, ein erster Teilerfolg. **Da merkte ich, dass der Glaube den Unterschied macht.** Dennoch war es eine große Herausforderung, weil wir ja im Ungewissen waren und nicht wussten, wie er sich entscheiden würde und wie lange das dauerte.

Wie so oft, wenn sich der Mensch hilflos fühlt, fängt er zu beten an – und genau das taten wir. Wir nahmen den Nachbarn mit in unser Gebet und verfassten auch einen Brief, in dem wir ihm nochmal unser Wort gaben. Nach fünf Tagen hatten wir noch immer keine Antwort. Die Arbeiten der Baufirmen lagen auf Eis. Die haben mich natürlich auch gefragt, wann es endlich weitergeht.

Übers Wochenende bekam ich Frieden darüber, einfach weiterzubauen. Einige Tage später bekam mein Geschäftspartner (unter dessen Namen wir den Brief geschickt hatten) tatsächlich einen persönlichen Termin bei dem Banker, der ihm dann mitteilte, dass er dem Konzept zustimme.

Zuvor hatten wir wirklich viel mit Gott gesprochen, aber es waren auch sehr viele Emotionen im Spiel, mit einer Menge Ups and Downs. Schließlich hing unser aller wirtschaftliche Existenz an einem seidenen Faden. Alle unsere Entscheidungen waren jeden Tag eine Gratwanderung. Im schlimmsten Fall hätte eine Insolvenz ins Haus gestanden. Da ich die Hauptverantwortung trug, hat mich dieser Gedanke ordentlich durchgebeutelt. Frieden über die Situation bekam ich nur, wenn ich meine stille Zeit mit Gott verbrachte. Ansonsten lagen die Nerven blank.

Wir waren damals ja noch frisch im Glauben und auch im Vertrauen nicht so geübt. Dennoch spürte ich, dass wir uns auf ein neues Glaubenslevel begeben mussten. Uns fehlten noch 500.000 Euro, um den Betrieb fertigbauen und einrichten zu können. Also schlug ich meinem Geschäftspartner vor, genau in dieser Bank um einen Kredit anzufragen. Aufgrund menschlicher Logik wäre man nie so vorgegangen. Dennoch legten wir das Konzept abermals vor. Es bedurfte einiger Gespräche, aber wir bekamen dann tatsächlich den Kredit – ausgerechnet von dem, der vorher gegen uns gewesen war. Damit war das Lokal ausfinanziert. Es war für mich einfach nur erstaunlich, wie sich die Situation gewendet hatte. Was für einen Segen wir bekamen, als wir wieder auf dem richtigen Weg waren.

Trotzdem war dann der Start insgesamt schwierig. Der Standort war in den ersten sieben bis acht Monaten defizitär, und so etwas kannten wir überhaupt nicht. Wir hatten Zweifel, ob es wirklich gut war, was wir da taten. Vor meiner Entscheidung für Jesus wäre ich komplett ins Bodenlose gefallen und hätte mich mit allem Möglichen abgelenkt, aber jetzt blieben wir klar und beteten immer wieder über die Situation. Wenn man mit Gott geht, braucht man Vertrauen und Glauben, dass er die Dinge richten wird.

Ganz gefestigt waren wir diesbezüglich aber noch nicht. Denn dann kamen Leute auf uns zu, die ein Franchise-Lokal in Innsbruck eröffnen wollten. Da wir wirtschaftliche Überlebensängste hatten, sagten wir zu, weil wir dachten, dabei könnten wir schnell Geld verdienen. Es kamen jede Menge Warnhinweise, alles war holprig und fühlte sich nicht gut an. Aber ich ignorierte das. Das Projekt endete unter dem Motto: „Außer Spesen nichts gewesen“. Doch während dieser Betrieb in Innsbruck den Bach runter ging, startete der in Graz voll durch. Fazit: Diese Beschäftigungstherapie hätten wir uns sparen können, wenn wir im Vertrauen geblieben wären. Aber wir hatten alle Signale und inneren Alarmglocken überhört.

Wenn in einem Gastrounternehmen Essen im Spiel ist, muss sich das erst entwickeln, da braucht man Durchhaltevermögen. **Ich hatte früher Discotheken gehabt und war es gewohnt, nach der Eröffnung sofort Erfolg zu haben.** Hätten wir gewartet und wären im Frieden Gottes geblieben, hätten wir ein viel ruhigeres Leben führen können, ohne Einbußen. Doch das war besonders für mich, der ich ständig beschäftigt sein musste und nie zur Ruhe kam, eine persönliche Challenge (woran ich noch heute arbeiten muss).

An dieser Stelle möchte ich noch kurz erzählen, wie ich überhaupt zu Gott gefunden habe. Bereits als ich beim Bundesheer war, hatte Gott versucht, mich zu erreichen. Da schenkte mir ein Oberleutnant eine Bibel. Er wollte mich auf die Spur des christlichen Glaubens bringen. Aber ich verstand damals überhaupt nicht, worum es geht und konnte deshalb nichts davon annehmen. Es hat mich auch nicht interessiert. Ich wollte etwas gelten und erfolgreich sein, durchstarten und reich werden. Als ich dann gut 20 Jahre später mit meiner Weisheit am Ende war, obwohl ich dazwischen sehr erfolgreich und Millionär gewesen war, stellte ich mir die Sinnfrage. Nichts von dem materiellen Luxus im Außen konnte mich noch befriedigen. Ich war moralisch an einem Tiefpunkt angelangt. Lügen und Betrügerei standen an der Tagesordnung. Ich war wie ein Fass ohne Boden. Damals lief auch ein Finanzstrafverfahren gegen mich. Es war eine schreckliche Zeit.

Doch eines Tages begann Gott in mir zu wirken. Ich konnte wieder richtig von falsch unterscheiden. Ich merkte, dass Ehebruch doch nicht so cool ist; das ständige Lügen, die Affären, das Betrügen in alle Richtungen, das wollte ich nicht mehr. Somit begab ich mich auf die Suche nach dem tieferen Sinn des Lebens. Als ich wirtschaftlich und menschlich am Boden lag, begegnete mir ein Gärtner. Der Mann erreichte mich dann mit ganz einfachen Worten, und seine Ausstrahlung zog mich in den Bann. Er ruhte so in sich. Das kannte ich gar nicht.

Er erzählte mir von seinem Leben mit Gott und Jesus, und dass er in der Bibel lese. Da ist es mir wie ein Blitz eingefahren. Ich wusste sofort, dass ich da die Wahrheit finden würde. Ich erinnerte mich an die Bibel des Oberleutnants, die ich auch sofort suchte, fand und darin zu lesen begann. Das brachte mir aber erst einmal gar nichts, weil ich nichts verstand. Heute glaube ich, dass es nur um die richtige Entscheidung ging.

Der Gärtner kontaktierte meine Nachbarn. Wir waren gerade umgezogen und kannten dort noch nicht viele Leute. Ausgerechnet bei unserem Nachbarn trafen sich wöchentlich einige Leute zu einer Bibelrunde in einem Hauskreis. Ich wurde dazu eingeladen und dachte, das sei ein Nachbarschaftstreffen. Also ging ich hin. Das war ein verrückter Besuch für mich. Die haben mich alle mit großen Augen angeschaut und ich wusste gar nicht, wie mir geschah. Dann ging es los: Beten, Singen,

Hände hoch, Augen zu – was für eine Challenge! Zu viel für mich, da wollte ich nie wieder hin!

Doch obwohl irgendetwas in mir das eigentlich gar nicht wollte, ging ich in der darauffolgenden Woche wieder zu diesem Hauskreis. Ich kann gar nicht sagen warum, aber ich ging immer wieder hin, und mit jedem Mal ging es mir besser und ich fühlte mich dort auch richtig wohl. Irgendwann erzählte ich meine Geschichte und warum ich auf der Suche war. Einer hat mir dann empfohlen, die Geschichte vom verloren Sohn zu lesen. Das habe ich getan und es hat mich total geflasht. Dadurch habe ich ein komplett anderes Gottesbild bekommen und verstanden, was Jesus Christus für uns getan hat, denn davon hatte ich vorher überhaupt keine Ahnung.

Ab da habe ich von Gott Hilfen und Wegbegleiter bekommen, damit ich glauben kann und die Dinge praktisch verstehen lerne. Die Leute waren mir zwar nicht immer sympathisch, aber sie halfen mir. Dazu passt auch: Nicht den Umstand anschauen, sondern das Ziel. Ich wollte ja aus meinem alten Leben raus und den wirklichen Sinn des Lebens finden, und den habe ich in Jesus Christus gefunden.

Schließen möchte ich mit 2. Korinther 4,18 (HFA): *Deshalb lassen wir uns von dem, was uns zurzeit so sichtbar bedrängt, nicht ablenken, sondern wir richten unseren Blick auf das, was jetzt noch unsichtbar ist. Denn das Sichtbare vergeht, doch das Unsichtbare bleibt ewig.*

Jesus Christus hat am Kreuz alles vollbracht: Er hat aus Liebe sein Leben für dich und mich gegeben, damit wir ewiges Leben haben können. Egal wo du stehst und was du getan hast oder gerade noch tust, es geht nur um die richtige Entscheidung, und dann beginnt DEIN Weg mit Gott.

Andreas Schutti | Jg. 1969 | verheiratet, 1 Tochter & 2 Söhne | Freistadt/Oberösterreich | Gastronom | www.derdiscokoenig.at, www.facebook.com/derdiscokoenig

Von Depressionen und Dämonen gerettet

Ich wuchs in einem christlichen Elternhaus auf. Meine Eltern nahmen mich in die Kirche mit, aber eine persönliche Beziehung zu Gott hatte ich nicht und erlebte ihn auch nie bewusst.

Als ich ungefähr 11 Jahre alt war, trennten sich meine Eltern; und auch wenn sie kein Drama daraus machten, war es ein prägendes Erlebnis. Meine zwei Geschwister und ich lebten bei meiner Mutter. Ich war nun mit meinen 11 Jahren der älteste „Mann" im Haus und fühlte mich für meine Mutter verantwortlich, während ich meine eigenen Gefühle komplett verdrängte.

Im Jugendalter wurde ich dann immer rebellischer. Im Alter von dreizehn kam ich zum ersten Mal mit pornografischem Material in Kontakt – es fühlte sich falsch an, wurde aber bald zu einem Ventil für Frust, Einsamkeit, Wut, Stress, usw. Meine Freizeit verbrachte ich hauptsächlich mit Videospielen mit meinen Freunden. Mit sechzehn fing ich an zu trinken und zu Partys zu gehen. Mit etwa 17 Jahren hatte ich dann meine erste Freundin, was ich mir immer gewünscht hatte, um das Loch in mir zu füllen – und ein knappes Jahr danach die erste Trennung. Das hat mich komplett aus der Bahn geworfen. Ich rutschte in Depressionen ab.

Vergnügungen, die mich direkt belohnten, wurden zu meinem einzigen „Sinn" im Leben. Ansonsten war ich frustriert, traurig oder wütend. Es folgten weitere Beziehungen. Ich fing an zu rauchen und mit verschiedenen Drogen zu experimentieren und hielt mich ständig in Clubs auf. Außerdem war ich ein großer Fan von Horrorfilmen und hörte Deathcore, Darktrap und Emorap – alles sehr düstere Musik mit depressiven und dämonischen Texten – passend zu meinem Befinden. **Es war eine Abwärtsspirale. Suizidgedanken waren meine ständigen Begleiter;** dazu kamen noch eine Borderline-Persönlichkeitsstörung, eine Sozialphobie und Panikattacken. Ich verließ das Haus eigentlich nur noch

nachts, wenn keine Menschen unterwegs waren. Zweimal wurde mir eine Reha gewährt, die aber keine durchschlagenden Veränderungen brachten.

Seit einigen Jahren konnte ich auch beobachten, dass Lichter sich verdunkelten oder komplett ausgingen, wenn ich in ihre Nähe kam, und wieder hell wurden, wenn ich weiter weg war. In den Spiegel schauen konnte ich kaum, da ich Angst hatte in meinen Augen oder hinter mir „etwas" zu sehen. Nachts wachte ich oft auf und hatte das Gefühl, dass etwas Böses in meinem Zimmer steht – gesehen habe ich allerdings nichts.

Ich war nun schon mehrere Monate lang arbeitsunfähig. Mein Vater hatte die Idee, dass ich doch in einem Hotel, in dem wir mal Urlaub gemacht hatten, ein Praktikum machen könnte (wir kannten die Inhaberin ein wenig, deswegen war das kein Problem). Dort fing ich dann gegen Unterkunft und Essen mit drei Stunden am Tag an, beim Hausmeister mitzuarbeiten – quasi als Reha. Die Aufgaben waren abwechslungsreich und die Leute sehr nett.

Dort kam ich auch mit New Age (Esoterik) in Kontakt und dachte: *„Okay, kann ich ja mal ausprobieren. Vielleicht hilft es mir weiter."* Ich kaufte mir Kristalle für gute Energien und sprach mit einem Medium. Die Frau führte ein „Channeling" für mich durch, bei dem sie der Geisterwelt erlaubte, durch sie zu sprechen. Das war der Punkt, an dem Gott die Reißleine zog. Er nutzte die Frau, um mir zu sagen: *„Du solltest wieder anfangen zu beten!"* (Das war eine extreme Gnade von Gott, ist aber nicht zur Nachahmung zu empfehlen. Suche Gott, aber sprich dafür nicht mit einem Medium!)

Am Abend fing ich also an, um Weisung zu bitten, ob das, was ich tue, richtig oder falsch ist. Ich betete nicht im Namen Jesu, denn ich wollte, dass „Gott" antwortet und sehen, wer sich dann zeigt. Es hat keinen Tag gedauert, bis sich meine Einstellung gewandelt hatte, von: *„Okay, was ich mache fühlt sich richtig an"* zu: *„Okay, was ich mache ist falsch* *und fühlt sich richtig schlecht an"*. Zudem erweckte Gott in mir ein starkes Verlangen nach der Bibel.

Von diesem Zeitpunkt an wurde es allerdings richtig wild mit den geistlichen Angriffen. Ich hatte viele Albträume und nahm immer wieder eine böse Präsenz in meinem Zimmer wahr. Wenn ich nachts wach wurde und wieder „Besuch" hatte, probierte ich aus, diese Präsenz in Jesu Namen wegzujagen und wurde positiv überrascht, denn es hat immer funktioniert.

Beim nächsten „Heimaturlaub" warf ich dann meine Kristalle weg und nahm zwei verschiedene englische Bibeln mit, da mir das Bibeldeutsch nicht gefiel. Ich fing an, das Neue Testament zu lesen. Eines Nachts hatte ich wieder einen Albtraum, in dem ich diesen Dämon auch sehen konnte. „Sie" sah aus wie eine junge Frau, ca. 155 cm groß, pechschwarze, glatte Haare, die das Gesicht verdeckten, ein dreckiges, ehemals weißes Gewand und eine faulige, von Narben übersäte Haut. Am nächsten Morgen wachte ich mit einem dunklen, daumengroßen Mal auf der Brust und drei sehr dünnen, aber brennenden Kratzern auf meinem linken Oberarm auf. Diese drei Kratzer nahm ich direkt als Verspottung der Dreieinigkeit Gottes wahr.

Kurz darauf war ich bei christlichen Freunden, mit denen ich auch über diese Dinge sprach. Sie beteten dann für mich und auch gegen diesen Dämon. Währenddessen atmete mir „jemand" in mein Genick. Ich spürte den Atem bis zur Mitte meines Rückens. Zuerst dachte ich: *„Warum atmet mir meine Schwester jetzt in den Rücken?"* – aber sie saß die ganze Zeit über auf dem Sofa. Nach etwa einer Minute verschwand dieser Atem und ich konnte mich aufs Beten konzentrieren.

In der folgenden Nacht träumte ich wieder. Ich war in einem alten Haus und stand in einem Zimmer mit Gang. Da waren einige offene Türen und hinter einer von ihnen war es schwarz – nicht nur dunkel, sondern komplett schwarz, als würde der Raum alles Licht fressen. Dann kam der Dämon auf allen Vieren aus der Dunkelheit auf mich zu gekrochen, und als sie mich berührte, wachte ich auf und es fühlte sich an, als würden 50 kg auf meiner Brust liegen. In Jesu Namen ist diese Präsenz dann wieder gewichen.

Im Juli 2022 war ich beim Lesen des Neuen Testaments am Anfang der Apostelgeschichte angelangt. Mittags beim Spazierengehen sprach ich dann mit Gott und sagte ihm: *„Ich glaube das, was du in deinem*

Wort sagst!“ Ich dachte mir: *„Es wäre auch schön, etwas von Gott zu spüren – aber wer bin ich schon, so etwas vom Schöpfer einzufordern?“*, und ich habe deswegen nicht darum gebetet.

Später, als ich dann wieder in meinem Zimmer war und ein bisschen auf YouTube unterwegs, änderte sich aus heiterem Himmel die ganze Atmosphäre um mich herum. Alles war auf einmal so leicht und hell und rein. Und dann kam von oben etwas wie ein feiner Wasserdunst; eine Liebe, wie die Umarmung eines geliebten Menschen, aber so viel intensiver und vollkommen rein; und ein Frieden, wie ich ihn noch nie in meinem Leben gespürt hatte. **Es fühlte sich an, als würde mich diese Liebe und dieser Frieden komplett durchdringen und den ganzen Raum ausfüllen.** Ich hatte sofort Tränen in den Augen. Die Depressionen und die Suizidgedanken wurden weggewaschen – und ich fühlte mich auf einmal vollständig. In meinem ganzen bisherigen Leben hatte ich ein physisch spürbares Loch in meiner Brust gehabt, dass immer größer und größer geworden war. Aber in diesem kurzen Moment hat Gott es zugezogen.

Es gab für mich absolut keine Zweifel, dass es Gott war. Das Gefühl hielt ungefähr fünf Minuten an, und danach wusste ich: Die Bibel ist wahr! Es war, als hätte er mir die Schuppen von den Augen genommen und mir Augen zum Sehen gegeben. Sofort fing ich an, haufenweise Musik und Klamotten auszusortieren – Gott zeigte mir, was jetzt nicht mehr zu mir gehörte.

Am nächsten Tag sah alles anders aus. Es war auf einmal schön, als hätte die graue Welt um mich herum Farbe bekommen, und ich schaute mir mit Tränen in den Augen die Natur und die Wolken an. **Es war, als würde ich das alles zum ersten Mal sehen, oder wie wenn man ein YouTube-Video von 144p auf 4k umstellt.** Ich konnte mich zum ersten Mal, seit ich zurückdenken kann, einfach auf eine Bank setzen und mich gut fühlen. Gott hatte mir diese ständige Unruhe genommen, dieses Getriebensein bzw. *„Ich muss mich von der schlechten Laune ablenken“*. Ich fühlte mich frei und zufrieden.

Im September gab es noch mal ein letztes Aufbäumen der dunklen Seite, und zwar wieder durch einen Albtraum, der mit dem Aufwachen verschmolzen war. Im Traum sah ich ein flackerndes Licht durch den Spalt meiner Tür und sah es auch noch, als ich aufwachte. Nachdem ich aufgestanden war, fand ich heraus, dass „jemand“ meine Konfirmationskerze angezündet hatte. Zwei Tage später beteten dann zwei meiner Freunde (ein Pastor und seine Frau) in meinem Haus und haben es dem Herrn geweiht. Von da an hatte ich Ruhe.

Ende Oktober legte mir Gott aufs Herz, mich taufen zu lassen und bestätigte es zwei Wochen später dadurch, dass mich mein Pastor fragte, ob ich mich taufen lassen wolle. **Nach 153 Tagen hatte ich die Bibel zum ersten Mal komplett durchgelesen.** Das tägliche Beten und Bibellesen wurde für mich genauso wichtig wie das Essen, weil Gott dadurch immer wieder zu mir sprach. Christ zu sein bedeutet, eine Beziehung zu dem lebendigen Gott zu leben. Am 27.11.2022 war dann meine Taufe.

2023 war ich für 10 Tage auf einem kurzen Missionseinsatz im Norden Brasiliens, wo wir Gott richtig stark erleben durften. Wenn wir aus unserer Komfortzone herauskommen und uns nicht länger auf die materiellen Dinge verlassen, dann erleben wir Gott!

Gott hat jetzt schon so viele Dinge in meinem Leben getan – zu viele um sie in diesen Text zu packen. Ich habe keinen Moment von dem Leben mit Jesus bereut. Selbst wenn es manchmal schwierig ist und oft nicht nach meinem Kopf geht, weiß ich, dass Gott den perfekten Plan hat und dass unser Schöpfer weiß, was für uns am besten ist.

Robin Huber | Jg. 1995 | ledig | Ditzingen | KFZ-Mechatroniker | www.instagram.com/roinbo1

Eine Same

Es ist Sonntagmittag, als meine Frau Elke und mich eine WhatsApp-Nachricht von Michael Stahl ins Herz trifft: *„Wir haben aktuell eine Same bei uns, die Jesus in Peru haben wollte ... dort arbeitet sie als Missionarin und als Krankenschwester in einem Krankenhaus ... Sie hat Jesus lieb und wird sich nun auch im Rahmen von Protactics um sämtliche Kids kümmern ...“*

Wir schauten uns an. Eine „Same“, das ist bestimmt ein peruanischer Name, aber die Sache klingt gut. Sofort meldeten wir zurück: *„Michael, es ist nicht zu fassen, wir wollten morgen beim Christlichen Reisebüro „Hand in Hand“ eine Schiffsreise nach Grönland buchen ... Und früher war mein Traum, für die Ärmsten in Afrika oder Südamerika etwas zu tun... jetzt nennst du uns Same ... wir BUCHEN MORGEN NICHT ... was hat Same vor und wie können wir helfen, verbunden mit einer Reise nach Peru? Vorab ganz liebe Grüße und wir freuen uns schon heute auf ein Treffen.“*

Michael antwortete: *„Was schreibt ihr hier mit einer ‚Same‘? Ich habe mich verschrieben, eine Dame. Aber wenn man sich verschreibt und von Dame irgendwie auf Same kommt, ist das unfassbar, und mich bewegt das gerade total ...“*

So nahmen wir von unserer Seereise Abstand und lernten die Dame Sabine Teichert bei den PROTACTICS-Europameisterschaften in Aalen näher kennen. Sie erzählte uns ihre Geschichte:

„Seit Juli 2020 bin ich als Missionarin im Hospital Diospi Suyana in Curahuasi im Süden von Peru tätig. Neben meiner Rolle als Pflegedienstleitung engagiere ich mich im Kinderclub. Mit Teams, hauptsächlich aus Diospi Suyana, Mitarbeitern und Missionaren, erreichen wir in verschiedenen Wohngebieten und Ortsteilen in und um Curahuasi 500 bis 600 Kinder. Wir spielen, singen, beten, malen und basteln mit den Kindern und vermitteln den Glauben an Jesus Christus mit Geschichten aus der Bibel.

Die Vorplanungen für den Kinderclub PATAPATA haben im Dezember 2022 begonnen. Die Idee, nach dem Heimatdienst in den Ortsteil Patapata zu ziehen und dort ein Angebot für Kinder und Frauen anzubieten, entwickelte sich. Die Menschen, besonders die Frauen und Kinder in diesem Ortsteil, haben schon immer mein Herz angesprochen.

Die meisten Menschen leben dort in einfachen Verhältnissen. Alkohol und häusliche Gewalt gehören zum Alltag vieler Familien. Die Idee ist, einen Raum zu schaffen, in dem den Kindern, Mädchen und Frauen Wertschätzung entgegengebracht wird. Ziel ist es, den Kreislauf von Missachtung, Gewalt und Alkohol zu durchbrechen und positive Werte zu vermitteln.

Im Dezember 2022 stellte ich Gott die Frage, ob meine Ideen einfach nur meine eigenen seien oder ob es tatsächlich sein Plan für meinen weiteren Missionseinsatz sein könnte. Da ich keine klare Antwort von Gott erkennen konnte, begab ich mich zu einer Gebetszeit auf den Capitán Rumi, einem der Hausberge von Curahuasi. Ich hatte gehofft, dort in der Ruhe Gottes Stimme klar hören zu können, jedoch war das nicht der Fall. Infolgedessen richtete ich meine Worte an Gott und teilte ihm mit, dass ich nichts hören könne und im Unklaren darüber sei, ob ich tatsächlich in den Ortsteil Patapata umziehen und dort mit Kinder- und Frauenarbeit beginnen sollte.

Um Gewissheit darüber zu erhalten, ob es Gottes Plan war und nicht nur meine eigene Idee, forderte ich: *‚Sende mir jetzt ein Zeichen, einen Condor, dann weiß ich sicher, dass dies dein Plan für mich ist!'* Der Condor ist in bestimmten Gebieten der Anden heimisch, jedoch ist er an den Bergen von Curahuasi sehr selten zu sehen. Tatsächlich hatte ich noch nie von jemandem gehört, der in den letzten Jahren einen Condor über dem Capitán Rumi gesichtet hätte. So stand ich dort und wartete mit

den Worten: *‚Hier bin ich, Gott, ich will nach deinem Willen leben und arbeiten. Wo bist du?'*

Anfangs tat sich nichts, und ich dachte, na gut, dann ... In diesem Moment zog plötzlich ein Schatten über mich, daraufhin hörte ich ein Rauschen, und schließlich tauchte der Condor in meinem Blickfeld auf! **WOW, Gott, du bist groß!** Er drehte recht nah vor mir zwei bis drei Runden mit Blickkontakt und zog dann weiter.

Im Juli 2023 begannen wir mit dem Kinderclub in meinem Innenhof. Die Teilnehmerzahl wuchs von 10 bis 15 Kinder beim ersten Treffen auf etwa 80 Kinder an. Der Kinderclub ist eine Bereicherung für Kinder, Mütter und Mitarbeiter, auch wenn wir trotz guter Planung oft improvisieren müssen. Ich erlebe, dass Gottes Segen auf meinem Missionseinsatz im Hospital und in der Kinderarbeit liegt."

Ihre Geschichte hat uns so ergriffen, dass wir im August nach Peru flogen. Die Geschichte von Sabine und unser Aufenthalt dort zeigte uns, dass Gott heute noch Wunder vollbringt. Wir durften mehrere Kinderclubs besuchen, auch den PATAPATA. Die leuchtenden Kinderaugen – trotz Armut – haben uns beschämt und zugleich nachdenklich gemacht. Es kommt auf unsere Zufriedenheit und die Liebe Gottes an, und nicht auf weltlichen Reichtum.

Diese Reise hat uns so reich beschenkt und wir sind Gott dankbar für diesen „Tippfehler". Der Mensch denkt und Gott lenkt, wenn wir bereit sind, auf seine Zeichen zu hören. Danke, lieber Michael, dass Gott deine Finger so gelenkt hat. Wir investieren uns jetzt in dieses wunderbare Projekt und wollen schauen, was Gott dort an Samen aufgehen lässt.

Und warum das Wort „Same" mir im Gefängnis schon das Leben gerettet hat, das kannst du im Buch von Michael Stahl „WahrHAFT frei" nachlesen.

Peter Häberle | Jg. 1940 | verheiratet, 2 Kinder | Pforzheim | Rentner

Paradiesisch – fast ...

19 Väter, 26 Kinder. Drei Nächte im Zelt, zwei Tage im Kanu auf der Fulda. Eisvögel, Nutrias, Greifvögel. *„Papa, kann ich aus dem Kanu ins Wasser springen?“* 14 Grad! – Mut. Überschwang, Lachen, Feuermachen.

Ralf, der phantastische Geschichtenerzähler, fesselt die Kinder eine Stunde am Feuer mit seinen Erzählungen über Robinson, Freitag und Joseph. *„Papa, könnte er nicht Lehrer in meiner Schule werden?“* Jungs- und Männerglück. Ein Paradies nach Corona.

8 Grad Celsius. Ich kuschle mich in den Schlafsack. 20 Kilometer Paddeln stecken mir in den Knochen. Ich höre noch den Ruf eines Kauzes, einen rumpelnden Güterzug und tauche erschöpft ab ins Reich der Träume.

0:35 Uhr: Ich schrecke hoch. Mein Sohn würgt vor sich hin. *„Papa, mir ist so schlecht!“* Schon folgt der nächste Schwall. Hektisch suche ich nach der Taschenlampe. Mir offenbart sich ein Malheur. Ich bin hellwach. Frustriert. Wütend. Hilflos. Funktioniere. Er flüstert: *„Papa, ich wollte dir nicht das Wochenende vermiesen ...“* Ich pelle ihn aus dem Schlafsack und Schlafanzug. Stecke den fröstelnden Jungen in seine Sportklamotten und in meinen Schlafsack. Er dämmert sofort weg. Ich hole mir in der Zeltküche eine Küchenrolle, einen Müllsack, organisiere mir eine (zu dünne) Ersatzdecke, eine Plastikschüssel ... **Im Licht der Taschenlampe versuche ich der Bescherung aus Malzbier, Gyros, Stockbrot, Eis, ... Herr zu werden.**

1:10 Uhr: Meine Hände sind gewaschen. Fröstelnd liege ich auf der Therm-a-Rest-Matte. Ich ziehe mir zusätzlich Pulli, Jacke und Hose an. Die Zehen bleiben kalt.

1:35 Uhr: Noch liege ich wach. Mein Sohn fährt hoch. *„Papa, ich muss ...“* Ich halte ihm die Schüssel hin. Ich streichle ihm über den Kopf. Flüstere ihm zu: *„Ich halte zu dir. Komm du schaffst das. Du bist ein tapferer Kerl.“* Ich wische ihm den Mund ab. Entleere die Schüssel vor dem Zelt.

2:05 Uhr: Immer noch liege ich wach. Mein Sohn fährt hoch. *„Papa, ich muss ...“* 2:28 Uhr: *„Papa, ich muss ...“* 3:11 Uhr: *„Papa, ich muss ...“* 3:48 Uhr: *„Papa, ich muss ...“* 4:22 Uhr:*„Papa, ich muss ...“*

Um kurz nach sechs schlurfe ich durchs taunasse Gras. Wer schaut mir da aus dem Spiegel entgegen? Ich setze mich ans glimmende Lagerfeuer. Die Restwärme tut gut. Ein Reisverschlussgeräusch. Joshua blinzelt blass in die Sonne. *„Du Papa, ich bin aus Versehen mit meinen Sportklamotten schlafen gegangen und in deinen Schlafsack gekrochen."*

Wieder zu Hause. Ich bringe meinen Sohn ins Bett. Ich frage ihn, was ihm am Vater-Kind-Wochenende am besten gefallen hat. *„Das Kanufahren und dass du ein so toller Papa bist."* Sagt es und schlingt seine Arme um mich: *„Ich hab dich lieb!"* Schluckend drücke ich ihn ebenfalls. *„Ich dich auch, mein Großer. Aber noch lieber bist du mir ohne Magen-Darm-Virus."* Lachen. *„Und wir halten zusammen wie Robinson und Freitag!"* *„Machen das Beste aus dem Scheiß-Virus, wie Joseph in Ägypten!"*

Paradiesisch – fast ...

PS.: Einen Tag wurde Papa zu Hause von dem Virus erwischt. O-Ton Joshua: *„Heute Abend lese ich dir im Bett vor."* Dem Wort folgte die Tat. Stolz wie Bolle las er seinem blassen Papa „das erste Mal" vor. Wir lachten beide über Karlsson vom Dach und den tobenden Hausbock.

Rüdiger Jope | Jg. 1969 | verheiratet, 2 Kinder | Wetter/Ruhr | Werkzeugmacher, studierte Theologe und Sozialpädagoge, Chefredakteur SCM Bundes-Verlag für das Männermagazin MOVO „Was Männer bewegt. Was Männer bewegen" | www.MOVO.net

Was ist ein Mann?

Als Michael mich fragte, ob ich einen Beitrag für sein nächstes Buch schreiben würde, überlegte ich zuerst, über was ich schreiben könnte. Ich habe so viele Dinge in einer extrem kurzen Zeit mit Gott erlebt, dass ich keine Ahnung hatte, welche Geschichte ich nehmen sollte.

Dann schaute ich das Video „55 Männer“ an und begann mir selber die Fragen zu stellen: Was ist ein Mann? Warum macht Michael immer wieder so einen Wirbel um das Mannsein? Und letztendlich, warum spricht mich dieses Thema gar nicht an?

Als ich nach einer Antwort suchte, kamen mir schon die Tränen. Ganz einfach: Ich habe es nie gelernt! Ich bin ein gebrochener, kleiner Junge!

Ich wuchs mehr oder weniger ohne einen Vater auf! Meine Eltern waren beide noch Teenager, als ich zur Welt kam. Mein Dad ging zur Navy, um seine neue Familie zu ernähren oder seinem Land zu dienen oder eventuell einfach, um seiner Verantwortung zu entfliehen – was weiß ich, ich habe ihn nie nach seinen Gründen gefragt, denn ich habe mir nie Gedanken darum gemacht. Das Ende vom Lied: Er war selten da, und wenn er da war, war er entweder betrunken oder mit meiner Mutter beschäftigt.

Als Sailor war er meistens für mindestens sechs Monate auf See und wollte natürlich als junger Bursche andere Dinge tun, als Vater zu spielen. Also habe ich nicht viel von ihm mitbekommen, außer einem schrägen Bild davon, was ein Erwachsener ist – solche Dinger wie: *„Saufen ist nur für Erwachsene, also darfst es noch nicht.“* Aber dann gab er mir heimlich einen Schnaps, als meine Mutter nicht hinschaute und lachte sich tot, während ich wie toll nach irgend etwas suchte, um das Feuer in meinem Mund zu löschen. Ähnlich war es mit dem Rauchen „nur für Erwachsene“. Als ich später Zigaretten geklaut habe, um bei den „coolen Kids“ reinzupassen, musste ich vor seinen Augen eine ganze Packung rauchen, in der Hoffnung, es würde mich krank machen und ich die Finger davonlassen. Aber während er zuschaute, kritisierte er mich ständig, dass ich es nicht richtig machen würde und brachte mir bei, wie man raucht. Meine ganze Erziehung fand letztendlich durch meine Mutter statt.

Als ich etwa acht Jahre alt war, ließen meine Eltern sich scheiden, und bald trat ein neuer Vater in mein Leben. Ich muss jetzt rückblickend sagen, er war ein toller Mann, aber wir beide hatten ein sehr gestörtes Verhältnis.

Er war selber geschieden und hatte bereits ein Sohn. Ich selbst war, zugegeben, ein Sonderling und nicht einfach. Und für mich war er einfach nicht mein Dad.

Ich kann mich ehrlich gesagt an kein einziges Mal erinnern, in meiner Kindheit jemals von einem dieser beiden Männer in den Arm genommen worden zu sein und „ich liebe dich" gehört zu haben! In Gegenteil, ich kann mich erinnern, wie ich auf den Stufen unserer Treppe saß, um auf meinen Dad zu warten. Nach acht Stunden kam meine Mutter, Dad hätte gerade angerufen, er sei zwar in Arizona, aber er verbringe seine Zeit lieber mit seiner Geliebten und ihren Kindern! Bestellt und nicht abgeholt, dieses Gefühl hatte ich sehr, sehr oft in meiner Kindheit! Ein verlassener, kleiner Junge ...

In den ersten 17 Jahren meines Lebens habe ich in ca. 21 verschiedenen Städten gewohnt. Also war ich immer der Outsider, Kumpels und gleichgeschlechtliche Freunde hatte ich selten. Zu Hause war ich der Älteste von fünf Kindern, der Rest alles Mädels. Also, da war auch nichts mit Männern. Irgendwie hat es mir gefehlt, also suchte ich mir selber Vorbilder. Als Kind der 70er gab es viele Machomänner als Vorbilder, leider! Ich denke jetzt im Nachhinein, das war der Beginn meiner Spirale des Unglücks!

Amerika ist ein Land, das in Angst lebt! Männer müssen stark sein, um ihre Frauen zu beschützen, denn die Welt ist so gefährlich. Nun war ich der älteste Junge in einem Haushalt, in dem die Frau meistens alleine gelassen wurde. Meine Mutter ist eine taffe Frau, aber eben eine Frau. In ihren Armen fühlte ich mich geborgen, aber nur bis ich nicht mehr klein war, dann musste ich alleine zurechtkommen. **Ich hatte ANGST!** Um diese zu überwinden, zog es mich immer zu den „bösen Jungs", denn wenn ich mit den Bösen abhing, dann mussten alle Angst vor mir haben und nicht anders herum.

Ich weiß noch, wie ich von einer Menge wütender mexikanischer Mitbürger gejagt wurde, vermutlich hatte ich irgend etwas Beleidigendes gesagt – ich war erst 7 Jahre alt und habe vieles nachgeplappert, ohne zu wissen, was ich sagte. Sie bewarfen mich mit Orangen, während ich auf ein Dach kletterte. Leider war mein Dad an diesem Wochenende zu Hause. Zuerst dachte ich: *„Mein Held, er hat mich gerettet!"* Von wegen! Ich bekam eine Tracht Prügel, nicht wegen meiner Worte, sondern weil ich weggerannt war, anstatt mich mit denen zu prügeln! Er wollte, dass ich ein Mann werde, doch ich war nur ein ängstlicher, kleine Junge!

Später wurde ich Soldat. Wenn ich ein Gewehr bei mir hatte, war ich der Stärkste! Während meiner Dienstzeit fing ich als Türsteher an. Es gab das Gerücht, dass ich 20 Männer mit einem Baseballschläger erledigt hätte; ich habe diese Geschichte zwar nie bestätigt, aber auch nie richtiggestellt. Wenn ich eine Kneipen betrat, wo sich die „bösen Jungs" aufhielten, wurde es immer still, und man flüsterte: *„Vorsicht! Pass auf, was du sagst, da kommt er!"* Ich habe es genossen! Aber tief in mir wuchs die ANGST, denn ich wusste die Wahrheit: Ich bin ein ängstlicher, kleiner Junge!

Was will ich mit all dem sagen? Das fehlende, gute Männervorbild in meinem Leben führte zum Nachahmen von falschen Männerbildern – ich wurde zum cholerischen A... Ich soff wie ein Loch, war immer leicht reizbar, Frauen waren nur Objekte, Trophäen zum Sammeln. Mein eigenes Verhalten war ein Hindernis für das Leben, dass ich gerne führen wollte. Ja, ich war genauso, wie mein Vater gewesen war, nur schlimmer, denn meine Kinder haben viel mehr von dem Mist abbekommen als ich.

Als Musiker stand ich auf der Bühne und „durfte" dieses falsche Männerbild weitergeben. Es gab Leute, die fanden es toll, wie ich flaschenweise Whisky in mich hineinkippte, als wäre es Wasser, und wie ich alle beschimpfte. Ich weiß, das ist eine Übertreibung, viele fanden mich einfach widerwärtig, aber ich habe trotzdem viele Fans gewonnen.

Trotz des Ruhms, des vielen Applauses, des „Respekts" und der Frauen wuchs meine Angst und damit die Depressionen. Ich hasste plötzlich mein Leben, also noch mehr „Alk", noch mehr ... noch mehr ... – die Spirale wurde immer steiler. Ein verwirrter, kleiner Junge!

Ich wollte nichts mehr! Dachte oft ans Sterben, doch ich hatte zu viel Angst. Habe es dennoch versucht! Ein paar Wochen später hatte ich meine erste, bewusste Begegnung mit Gott.

Wir diskutierten über die Corona-Maßnahmen. Ein Bekannter sagte, seine Oma liege im Altersheim im Sterben und dürfe sich nicht verabschieden, wegen der Maßnahmen. Ich hörte meine eigene Stimme sagen: *„Das ist Sch..., dass die Oma im Altersheim liegt und nicht zu Hause, wo sie hingehört..."* Alle guckten mich an, fragend. Ich fragte mich selber, wo das herkam. Dann überkam mich ein unbeschreiblicher Schmerz, ehrlich, ich dachte, ich würde sterben. Ich musste mich setzten und eine Stimme sagte: *„Dafür bin ich ans Kreuz gegangen, dass ihr so lebt!"* Ich

verstand die Ironie und erinnerte mich an die Sonntagsschule, denn **nur einer ist ans Kreuz gegangen: Jesus!**

Also begann ich nach ihm zu suchen, habe jedes Kreuz angebetet, vergeblich.

Dann las ich ein Buch, in dem erklärt wurde, dass Gott unser Vater ist und dass er eine persönliche Beziehung mit uns leben möchte. Ich entschloss mich, nicht mehr zu ihm zu sprechen wie zu einem Ding, sondern mit ihm. Ich sagte: *„Vater, ich bin ein kaputter kleiner Junge, der einen Vater braucht. Ich weiß, du lädst mich nicht zum Essen ein, aber wenn es dich wirklich gibt, bitte einmal eine Umarmung von dir wie von einem liebevollen Papa."*

Er hat mich umarmt! Es war so wundervoll, unbeschreiblich! Das Beste ist, ich weiß, dass ich jetzt einen Vater habe, der mich liebt! An dem Tag verschwanden alle meine Ängste und Depressionen! Wirklich ALLE!

Ich hatte jahrelang meinem Vater die Schuld gegeben, dass ich so war, wie ich war. Als ich meine eigene Tochter um Vergebung gebeten hatte, wurde mir klar, dass mein Vater nicht absichtlich so gewesen war, sondern er war selber ein Kind, das kein richtiges Vorbild hatte!

Mittlerweile habe ich meinen Stiefvater, den ich sehr schätze, auch schon in den Arm nehmen können, und wir haben uns gegenseitig Liebe zugesagt.

Ich halte mich jetzt an Jesus als mein Männervorbild, auch wenn es überhaupt nicht mit dem Bild von Mann übereinstimmt, das die Welt uns vorgibt. Jetzt habe ich einen liebevollen Vater, der mir Mut zuspricht und Hoffnung gibt!

Ich bin ehrlich, ich versteh immer noch nicht den Reiz, ein Mann zu sein, aber wer weiß, vielleicht liegt es daran, dass ich immer noch ein kleiner, gebrochener Junge bin.

Andrew James Witzke | Jg. 1967 | verheiratet, 2 Töchter | Buttenheim | Sänger | www.andrew-james-SDG.de, www.youtube.com/@AndrewJamesWitzke

Erstens kommt es anders, und zweitens als man denkt

Als Vater von vier Söhnen hatte ich so meine Vorstellungen von Familie und deren Entwicklung: Ein gutes harmonisches Familienleben trotz allerlei Herausforderungen, die Kids beteiligen sich am Gemeindeleben, kommen zum Glauben, machen eine gute Berufsausbildung, finden die passenden gläubigen Partnerinnen und heiraten zur geeigneten Zeit, und das Opa-Glück würde folgen ...

Ein großer Brocken Erziehungsarbeit war inzwischen geschafft. Unsere Jungs waren inzwischen 16, 14, 12 und 9 Jahre alt geworden. Es wurde Zeit zum Ausräumen der Kinderkleidung und Kinderspielsachen, die nun nicht mehr gebraucht wurden, denn bis zum ersten Enkelkind würde es sicher ja noch länger dauern. Auch meine Ehefrau bereitete sich auf einen neuen Abschnitt in ihrem Leben vor: Nach 16 Jahren Vollzeit-Mutter war der Wiedereinstieg ins Berufsleben geplant, denn ihre Altersversorgung wies noch deutliche Defizite auf.

Doch dann kam es „erstens anders, und zweitens als gedacht" – der Schock!

Beruflich war ich Geschäftsführer in einer christlichen gemeinnützigen Organisation. Die Räumlichkeiten der Geschäftsstelle befanden sich im Untergeschoß unseres Familienheims. Sofern ich mich nicht bundesweit im Außendienst bewegte, war es praktisch, morgens schnell die Treppe hinunter ins Büro zu gehen; schwer war es jedoch dann, den Feierabend zu finden und die Treppe auch wieder hochzugehen. So war es auch an jenem Herbstabend, dem 3. November 2006. Ich war noch mit wichtiger Korrespondenz und Projektvorbereitung beschäftigt, als zu später Stunde das Haustelefon klingelte. Am anderen Hörer war meine Ehefrau Gertrud: *„Kannst du mal in Michas Zimmer hochkommen, wir sollten was besprechen ..."* Ich hätte nicht gedacht, welche Energie und Dynamik so wenige Worte auslösen konnten. Es war, als ob ein Blitz bei mir eingeschlagen hätte.

Fast traumatisiert ging ich die Treppenstufen zum Zimmer meines ältesten Sohnes hoch, der kurz vor seinem 16. Geburtstag stand. Beim Öffnen seiner Tür bestätigte sich meine Befürchtung: Da saßen er und seine damals 15-jährige Freundin mit bedrückten Gesichtern auf der Bettkante, daneben meine Ehefrau. *„Wir waren heute in der Apotheke"*, sagte mein Sohn zögernd. *„Der Test ist positiv ..."*

Tausend Gedanken schossen mir durch den Kopf: Was hatte ich zuvor mit den beiden besprochen, beraten und zu Distanz ermahnt, und welche Versprechen hatte ich von ihnen gehört ... Doch war mir gleich bewusst, dass meine und die Reaktionen meiner Frau unser familiäres Verhältnis für sehr lange Zeit prägen würde – positiv oder negativ. *„Gemeinsam werden wir es schaffen ...“*, waren meine wenigen Worte, die ich mit brüchiger Stimme herausbekam; dann nahm ich die beiden in den Arm. Wie froh und dankbar war ich, als meine Frau die weitere Moderation übernahm.

An diesem Abend zerbrach mein Lebens- und Zukunftsbild nicht nur gedanklich, sondern auch emotional. Meine Gefühle gingen auf Talfahrt. Wenn solche Situationen in anderen Familien bekannt wurden, hatte ich oft gedacht: *„Na ja, bei denen ist so was kein Wunder, das war ja voraussehbar.“* Nun waren die eigenen aktuellen Zukunftsplanungen betroffen und eventuell durchkreuzt, und mir war klar, dass wir Gesprächsthema und Anlass für Tratsch in unserem Dorf sein würden. Die beiden jungen, zukünftigen Eltern waren noch in den Abschlussklassen der Realschule. Und die Apothekenangestellte, die ihnen den Schwangerschaftstest ausgehändigt hatte, war die Vorsitzende des Schulelternbeirats, bei dem ich als Elternvertreter ebenfalls beteiligt war. Es dauerte nicht lange, bis Sätze zu hören waren wie: *„Dass so was in einer so christlichen Familie wie bei euch passieren kann ...“* Aber es wurde auch Respekt gezollt. Vernünftige Personen meinten: *„Wenn so etwas im Dorf passieren sollte, dann bei euch, denn ihr versteht, damit gut umzugehen.“*

Erschwerend kam dazu, dass die Angehörigen der neuen „Verenkeltenschaft“ durch Scheidung und Familienstreit sehr unterschiedliche Positionen einnahmen und die Kommunikation erst wieder aufgebaut werden musste. Plötzlich waren wir auch mit Aussagen konfrontiert wie: *„Den jungen Leuten kann doch ihr Leben nicht verbaut werden“* oder: *„Da hilft nur noch der Arzt“*. Für mich und meine Frau stand dagegen fest: Auch das kleine Ungeborene ist ein Geschöpf Gottes und ein Geschenk – gemeinsam werden wir es schaffen, dass es ein gutes und entwicklungsfähiges Umfeld bekommt. Die geplante Berufstätigkeit meiner Frau wurde auf „Oma-Engagement“ umgestellt.

Es gelang, ein gutes Netzwerk unter den beteiligten Verwandten aufzubauen, und wir erlebten den Segen Gottes ganz real. Wo zuvor Funkstille war, wurde wieder miteinander gesprochen, beraten und geplant.

Bei Kindergeburtstagen fanden gestörte Beziehungen wieder zu einem neuen Miteinander.

Die Schwangerschaft verlief unkompliziert. Unmittelbar nach der letzten Prüfungsarbeit setzten bei der jungen Frau die Wehen ein. Die Geburt verlief gut und nach der Entlassung aus der Klinik am Mittag konnte sie mit der kleinen Angelina auf dem Arm schon an der abendlichen Schulentlassungsfeier teilnehmen und ihr Abschlusszeugnis in Empfang nehmen.

Durch die Betreuungsunterstützung der Omas und die Unterstützung des Landrats fand sich für die junge Mutter eine kinderfreundliche Ausbildungsstelle, die ihren Vorstellungen, nämlich Umgang mit Tieren, entsprach. Auch mein Sohn konnte seine mittlere Reife erlangen und in seinem Wunschberuf Industriemechaniker eine qualifizierte Ausbildung absolvieren. Die jungen Eltern erfuhren nach Angelinas Geburt enorm viel Unterstützung, z. B. Babysachen und auch Geldgeschenke.

Für mich als früh gebackenem Opa war es schön zu sehen, wie sich die kleine Angelina zu einem fröhlich pfiffigen Mädchen entwickelte und eine Bereicherung für ihre Onkels wurde, die sich rührend und fürsorglich um sie kümmerten.

Obwohl die Partnerbeziehung der jungen Eltern später auseinanderging, schafften sie es, als Eltern das gemeinsame Sorgerecht zum Wohl von Angelina auszuüben. Es gab keine Machtkämpfe oder Streitigkeiten, und Elternabende im Kindergarten sowie in der Schule wurden gemeinsam besucht und zum Wohl des Kindes entschieden.

Kaum zu glauben, inzwischen hat unsere Angelina ihren 16. Geburtstag gefeiert. Sie hat sich zu einer bildhübschen jungen Frau entwickelt, die Realschule erfolgreich abgeschlossen und hat mit ihrer Berufsausbildung in einer weltweit agierenden Firma für Spezialwerkzeuge begonnen.

Für mich steht fest: Ohne Angelina hätten wir als Familie ganz Wesentliches verpasst.

„Erstens kommt es anders, und zweitens als man denkt" drückt zwar die Herausforderung des Scheiterns aus und stellt Bisheriges in Frage, eröffnet aber auch Chancen für Neues und Wertvolles; entscheidend ist, was man daraus macht. Und drittens: Gottes Segen übersteigt auch eigene dogmatische Prinzipien. **Für ihn ist es kein Problem, auf „krummen Linien" gerade zu schreiben.**

Verlass dich auf den HERRN von ganzem Herzen, und verlass dich nicht auf deinen Verstand, sondern gedenke an ihn in allen deinen Wegen, so wird er dich recht führen (Sprüche 3,5-6 LUT).

Diese Zusage hat für mich eine ganz neue Bedeutung gewonnen.

Manfred Maag | Jg. 1957 | verheiratet, 4 Söhne, 1 Enkelin | Winterlingen | Geschäftsführer i. R. | Buch: „Neues Testament für Polizeibedienstete"

Vom einfachen Gamer zum gläubigen Gaming-Christ

Bis zu 6 Stunden täglich zocken, fast jeden Tag in der Woche; in der sonstigen Zeit des Tages für Schule und Ausbildung lernen, aber eigentlich in Gedanken schon vor dem Rechner, denn abends ist wieder ein „Clan-War" (im normalen Sport würde man von Spiel oder Match sprechen); an manchen Wochenenden dann Sachen zusammenpacken und auf zur Lan-Party, denn dort wurden Turniere gespielt – so sah es lange Zeit in meinem Leben aus. Ich war erfolgreich in der eSport-Szene – unter den Top-Teams in Europa Platz 3. Die Anerkennung von anderen Spielern war mir gewiss. Auf den Turnieren in Turn- oder Messehallen haben mir und meinem Clan viele beim Spielen zugesehen und gejubelt. Wir waren eine richtige Mannschaft, zu einer Zeit, in der das Online-Gaming eher noch in einer Nische war. **Schule und Ausbildung habe ich dabei komplett vernachlässigt.** Das war mir nicht wichtig. Dafür ist später noch Zeit, bzw. das geht doch so nebenher, war mein Ansatz.

Eine eindrückliche Erfahrung war dabei meine „Ehrenrunde" in der Abschlussklasse der Realschule, und das obwohl ich bereits einen Ausbildungsplatz sicher hatte. Der war natürlich dann weg. Als ich nach Hause kam, war die klare Ansage meines Vaters: *„Dann geh doch in den Wald zum Holzhacken, um Geld zu verdienen!"* – Sicherlich nicht der beste Moment unserer Beziehung, denn daraufhin bin ich erstmal zwei Tage lang nicht nach Hause gekommen. Dennoch ist es uns gelungen, uns zu versöhnen, und meine Eltern unterstützten mich auch weiterhin in all meinen Schritten. Dies ist eine Erfahrung, die ich mir von meinen Eltern mitgenommen habe, und auch in Zukunft an meine Kinder weitergeben möchte.

Rückblickend könnte ich mich also ärgern, dass dieses Kapitel in meinem Leben so viel Zeit unnütz verschlungen hat. Doch genauer betrachtet war die Zeit durchaus nicht immer nur sinnlos vertan, ich nahm auch viel mit, was mir in meinen späteren Lebensabschnitten geholfen hat.

Ein bekennender Christ war ich in dieser Zeit wahrlich nicht, ich würde sagen eher das Gegenteil. **In keiner Minute „verschwendete" ich auch nur einen Gedanken an Gott, sondern war immer darauf fokussiert, im nächsten Online-Match mein Bestes zu geben und mich mit meinen Clan-Kumpels auszutauschen.** Und das obwohl ich doch christlich aufgewachsen war, katholisch erzogen und sogar Messdiener. Doch nahm ich in meiner Jugend und als junger Erwachsener die starre Liturgie nur noch als Zwang wahr und ließ das alles schließlich hinter mir.

Der Glaube war tot!

Erst mit Mitte bis Ende 20, als ich meine heutige Frau kennen und lieben lernte, kam ich wieder in Berührung mit dem Glauben. Ich betrieb das Online-Gaming weniger exzessiv, es blieb aber immer noch ein Bestandteil meines Lebens. Ich fing an, meine Frau regelmäßiger in den Gottesdienst zu begleiten und begann, mich wieder mit dem Glauben auseinanderzusetzen.

Das war gar nicht so leicht. Immer wieder führten meine Frau und ich Gespräche, wie wir Gott mehr in unsere Beziehung und Ehe miteinbeziehen könnten. Meistens jedoch waren die Gespräche sehr ergebnisoffen, oder ich habe die Ergebnisse so nicht umsetzen können oder wollen. Ein richtiges Feuer für den Glauben hatte ich einfach noch nicht entwickelt. Mein Glaube fügte sich einfach in den Alltag mit ein, wo gerade Platz war, oder aus Liebe zu meiner Frau.

Im April 2022 änderte sich das an einem Wochenende. Knapp acht Jahre vorher war ich das erste Mal mit dem sogenannten „Charakterwochenende“ in Berührung gekommen, das mich irgendwie angesprochen hatte. Jedoch hatte ich immer wieder Ausreden für mich selbst gefunden, mich nicht tiefer damit zu befassen. Schließlich überwand ich mich, gemeinsam mit meinem besten Freund doch auf ein solches Charakterwochenende von 4M (Der 4te Musketier) zu gehen; es fand in Schottland statt. Anfangs schmunzelte ich noch über den Leitsatz: „Begib dich auf eine Reise, bei der 30 cm die längste Strecke sind: die Distanz zwischen deinem Kopf und deinem Herzen.“

Wir bereiteten uns gemeinsam vor und gingen im Schwarzwald wandern, stellten eine Ausrüstung zusammen, alles was man braucht, wenn man vier Tage draußen unterwegs ist und alles am Mann trägt. Doch im Vorfeld hätte ich niemandem geglaubt, der mir gesagt hätte, wie dieses Wochenende mein Leben verändern würde.

Mit ca. 150 Männern ging es in die schottischen Highlands. Am ersten Abend machten wir in unserer Kleingruppe noch blöde Sprüche: Die Abkürzung CW stehe ja nicht für „Charakterwochenende“, sondern eher für „Chilliger Wandertag“. Doch das verging mir spätestens am zweiten Tag. Sowohl körperlich als auch mental ging ich an diesem Wochenende über meine persönliche Grenze. Ich hatte viele Momente, in denen weder Kopf noch Körper weiterwollten. Und auch die äußeren Wettereinflüsse waren alles andere als ideal.

In einem solchen Moment passiert es: Eine für mich echte und unglaubliche Gotteserfahrung! Plötzlich hatte ich Psalm 23 im Kopf. Ich kannte ihn nicht auswendig, aber mir schossen Teile davon ganz klar in die Gedanken. Es fühlte sich an, als entzündete sich in mir ein riesiges Feuer. Ich hatte von einem Moment auf den anderen neue Kraft und Energie, spürte diese regelrecht in mir. Ich setzte meinen Rucksack, den zwischenzeitlich meine Gruppe für mich getragen hatte, wieder selbst auf und lief das Tempo wieder mit, ging am Ende sogar voran. Es war für mich eine Erfahrung wie nicht von dieser Welt. Am Sonntag bekannte ich mich in einer alten schottischen Kirche ganz neu zu Gott und dem Glauben.

Zurück aus Schottland hatte ich erst einmal einiges zu verarbeiten; dabei halfen mir meine Frau und ein paar andere nahe Menschen. Man fragte mich, ob dieses Wochenende etwas geändert habe in meinem Leben, und ja, das hat es. Selbst meine Frau bestätigte, dass ich als neuer Mensch aus Schottland zurückgekehrt war. Das ist jetzt etwas mehr als ein Jahr her und seitdem versuche ich, Stück für Stück mein Leben mit Gott zu führen, mich immer wieder neu auszurichten auf ihn, auch wenn das im Alltag schwerfällt. Doch das Feuer brennt immer wieder auf in mir, wenn ich mich für die Gemeinde, den Glauben oder die Familie engagiere.

Jetzt erst mache ich mir wieder neu bewusst, welche christlichen Werte ich bereits von klein auf vermittelt bekommen habe, diese aber nie wirklich mit Glauben in Verbindung brachte. Diese Werte versuche ich nun weiterzugeben. Ich engagiere mich in einer Jungschar, um den Kindern auch das ein oder andere mit auf ihren Lebensweg zu geben, denn ich habe erkannt, dass in jungen Jahren diese Grundsteine gelegt werden, die einen auch später noch durchs Leben tragen.

Anfang 2023 habe ich dann auch mit einigen Unterstützern „Feuerabende für Männer“ bei uns im Ort gestartet. Die Gespräche, die dort am Lagerfeuer geführt werden, oder auch die spannenden Lebensgeschichten, die geteilt werden, sind immer wieder ganz neu motivierend für die Männer, ein Leben im Glauben und mit Gott zu führen, und zeigen, dass es mehr gibt als den tristen Alltag und man seine Kraft immer wieder auftanken kann.

Jetzt erst kann ich auch die vielen positiven Aspekte aus meiner „Gamer“-Zeit sehen. Die Freundschaften, die dort entstanden sind, halten nun schon 20 Jahre. Bei allen hat sich das Leben verändert, das Entscheidende ist, wie man damit umgeht. Auch die Erfahrung rund um Teamzusammenhalt, zielgerichtete Kommunikation und gegenseitige Fürsorge, welche ich damals gesammelt habe, sind für mich Werte, von denen ich sowohl in meiner beruflichen Laufbahn als auch privat sehr profitiere.

Und immer wieder sehe ich in meinem Umfeld christliche Familien, für die es sehr schwer ist, wenn ihre Kinder viel Zeit mit Online-Gaming verbringen. Da versuche ich durch meine eigene Erfahrung Mut zu machen, auch die positiven Aspekte zu sehen, denn die Werte und Erfahrungen, die dort gesammelt werden, sind oftmals dieselben wie in einem ganz normalen Sportverein.

Durch meine neue Ausrichtung im Glauben komme ich immer wieder zu dem Schluss, dass es auf den Betrachtungswinkel ankommt. Wenn man sein Leben rückblickend betrachtet, kann man aus jeder Situation auch positive Aspekte mitnehmen.

Ich bin gespannt, welche Türen sich in der Zukunft noch öffnen, um Menschen teilhaben zu lassen. Viele Gedanken und Ideen sprudeln mir immer wieder durch den Kopf, wo ich mich einbringen kann, sei es im Gaming-Bereich, um auch dort Glaube und Hoffnung zu streuen, oder auch die Seelsorge zu vertiefen. Doch vorschnell werde ich nicht handeln, sondern meinen Weg im Gebet durch Gott bestätigen lassen, um rauszufinden, wo er mich gebrauchen kann.

Holger Kuscha | Jg. 1984 | verheiratet, 2 Kinder | Obersulm | IT

Mein Kampf um Liebe und Anerkennung

Mein Name ist Steffen Müller – Spitzname „Mülli". Ich bin in der Stadt Greiz in Thüringen aufgewachsen und bin der Jüngste von fünf Kindern. Als ich ein Jahr alt war, heiratete meine Mutter einen anderen Mann, bei dem wir Kinder alle aufwuchsen. Das Verhältnis zwischen meinen Eltern und uns Kindern war stets von der Alkoholsucht meines Papas geprägt! Er war ein totaler Choleriker, dennoch liebte ich ihn. Er hatte eine feste Arbeit, war aber jeden Abend ziemlich stark betrunken. **Aggression und Gewalt sowie Angst waren alltäglich.**

Wir wuchsen in sehr armen Verhältnissen auf. Obwohl beide Elternteile arbeiteten, hatten wir nur das Nötigste zum Leben. Ein ständiges Gefühl von Scham beherrschte mich, und durch Vaters zunehmende Gewaltübergriffe wuchs auch Hass in mir. *„Du bist nichts, du kannst nichts und du wirst niemals was sein"*, wie oft musste ich mir diese Worte anhören. Seitdem war mein Entschluss klar: Ich musste stark werden, denn ich wollte nicht länger als nötig ein Opfer sein und außerdem Menschen, die schwach sind, Schutz bieten können – dazu gehörte vorrangig meine Mutter –, vielleicht würde ich dann die Anerkennung und den Respekt meiner Familie und meiner Mitmenschen bekommen. Das war mein großes Ziel, das ich auch ab meinen 14. Lebensjahr in die Tat umsetzte.

Durch die Rocky-Filme animiert, betete ich eines Abends zu Gott: *„Lieber Gott, bitte gib mir die Kraft, die ich brauche, um meinen Traum von einem besseren Leben wahrwerden zu lassen. Bitte, lieber Gott, hilf mir, mach mich stark und berühmt."*

Von da ab veränderte sich mein Leben. Ich trainierte, wenn auch planlos, jeden Tag verschiedene Übungen mit selbstgebastelten Hanteln und war dabei euphorisch wie ein Besessener – auch wenn mir dabei nicht immer klar war, welche Muskelgruppen ich genau trainierte. Mit 15 Jahren fing ich zusätzlich noch mit dem Boxtraining an. Meine Lehre als Zimmermann brach ich wieder ab. Nach fast zwei Jahren Boxtraining beendete ich das Training wieder. Mein Körper bekam immer mehr die Form eines Bodybuilders. Das gefiel mir so gut, dass ich nur noch Bodybuilder sein wollte.

1994 kam meine Einberufung zur Bundeswehr. In der Günzburger Kaserne war ich so gut beim Sport, dass ich ein Bataillonssportfest gegen die Amerikaner im Kraft-Vierkampf gewann. Ich war zum ersten Mal

sehr stolz auf mich und bekam eine Sportkarriere bei der Armee angeboten. Ich wurde zum Hauptgefreiten befördert und bekam mehr Wehrsold, als mir eigentlich zustand. Die Sportkarriere lehnte ich ab, denn ich wollte Bodybuilding-Profi werden.

Es kam, wie es kommen musste: **Da ich fast jeden Wettkampf gewann, wurde ich süchtig nach immer mehr Erfolg.** Einige meiner Titel in allen drei namhaften Weltverbänden: Deutscher Meister und Weltmeister 1999 sowie Mr. Universum Gesamtsieger 2001 im Verband-NABBA, Deutscher Meister 2004 im Verband IFBB/DBFV sowie Internationaler Deutscher Gesamtsieger im Verband NAC 2012 und viele andere. Ich war gerngesehener Gast in verschiedenen TV-Shows und hatte auch einige Werbeverträge unterschrieben. Meinen Lebensunterhalt erwarb ich hauptsächlich als selbstständiger Trainer mit A-Schein und Fitnesslehrer-Diplom sowie geprüfter Sachkunde für den Sicherheitsdienst. Mit sogenannten Showauftritten verdiente ich zusätzlich meine Brötchen. Selbst die Presse war mir ständig auf den Fersen. Ein Auftritt in Belfast (Irland) brachte mir 2.000 Pfund Gage für eine

20-minütige Show ein. Ich schwamm auf der Erfolgswelle ganz oben, wurde ernst genommen und respektiert. **Mein Leben machte Spaß wie nie zuvor – ein tolles Gefühl.**

Auf und ab

Muskeln um jeden Preis, lautete meine Devise. Das bedeutete für mich nicht nur jeden Tag mehrere Stunden Training, sondern auch die Einnahme leistungssteigernder Substanzen. Durch falsche Freunde kam ich 2004 mit Drogen in Berührung und saß 2005 wegen Verdacht des illegalen Drogenhandels das erste Mal in Untersuchungshaft. Danach lebte ich vier Jahre von Hartz IV und hielt mich mit Gelegenheitsjobs über Wasser. **Sämtliche Werbeverträge, Sponsoren, Privatfahrzeuge und auch mein gesamtes Geld, das ich bis dahin verdient hatte, wurden beschlagnahmt und waren von einem Tag auf den anderen weg.** Ein katastrophaler Zustand, der mein Leben komplett aus dem Gleichgewicht brachte. Meine Mutter unterstützte mich, so gut es ging, und ich schämte mich so unendlich dafür. Dennoch trainierte ich weiter.

Im Sportstudio erzählte ich einem guten Freund von meiner ausweglosen Situation. Er zeigte Empathie und Herz und gab mir einen Werbeflyer für ein Stellenangebot, eine pornografische Produktionsfirma in Deutschland suchte dringend Darsteller und lockte mit sehr guten Verdienstmöglichkeiten. Mein Freund sagte: *„Genau das Richtige für dich. Du bist ungebunden, Steffen, und du brauchst dringend Geld. Da gibt es doch nicht viel zu überlegen.“* Die Entscheidung fiel mir nicht leicht, dennoch nahm ich das Angebot an. Mit dem Verdienst konnte ich die schwere Zeit ganz gut überbrücken. Dennoch spürte ich, dass es falsch war!

Durch das Bekanntwerden dieser dubiosen Filme schadete ich meinem Ruf auf privater Ebene immens, aber auch im Bodybuilding-Verband IFBB war jetzt ein weiterer Aufstieg schier unmöglich! Jetzt belächelte man mich auch schon beim Training im Sportstudio, und ein mieses Gefühl begleitete mich täglich bei jedem Gang in die Öffentlichkeit. Nein so konnte es nicht mehr weitergehen.

Nach ca. zwei Jahren beendete ich die Darstellertätigkeit wieder. Ich hoffte weiterhin auf eine neue Chance im Bodybuilding, in einem anderen Weltverband. Und wieder bat ich Gott um Hilfe: „Jesus, bitte hilf mir, und gib mir eine zweite Chance im Bodybuilding, in einem anderen Weltverband."

Eine neue Chance schien sich im Herbst 2009 aufzutun, als sich für mich ein Kontakt zur Bodybuilding-Szene in Hamburg ergab. *„Gott hat mich erhört"*, ich bedankte mich im Gebet. Ich nutzte die Chance und zog im November 2009 nach Elmshorn (Hamburg), um mit dortigen Partnern ein Comeback zu starten. Das schien auch zu funktionieren, immerhin gewann ich fast zwei Jahre später den Norddeutschen Meistertitel, ebenso einen Gesamtsieg bei der Deutschen Meisterschaft und wurde Dritter bei einer Mr. Universum-Wahl. **Doch das äußere Umfeld war alles andere als erfolgs-und gesundheitsfördernd.** Zwölf Monate musste ich in einem Bungalow mit 16 Quadratmetern leben. Von dieser Behausung aus arbeitete ich rund 200 Stunden monatlich bei einem Sicherheitsdienst und trainierte fünf- bis sechsmal pro Woche für mein Comeback. Meine Partner erwiesen sich mir gegenüber als unseriös, die körperliche und psychische Belastung bedeuteten für meine Gesundheit den kompletten Zusammenbruch. „Burnout" lautete die Diagnose. Vor meinem letzten Auftritt dort ging es mir so schlecht, dass ich fast dreieinhalb Liter Blut erbrach. Die Ärzte rangen um mein Leben, nur Gott und mein gesundes Herz retteten mich. *„Es wollte einfach nicht aufhören zu schlagen"*, so die Schilderung des behandelnden Arztes. Es folgte ein längerer Intensiv-Aufenthalt in einer Hamburger Klinik. Und wieder rief ich zu Gott: *„Bitte Jesus, hilf mir und sag mir, was ich tun soll?"*

Rückkehr

Mit Gottes Botschaft und auf ärztliches Anraten zog ich im Frühjahr 2012 zurück in meine Heimat. Nicht direkt nach Greiz, um nicht mit meinem früheren Umfeld in Berührung zu kommen, sondern ins nahegelegene sächsische Elsterberg. Hier, in der Nähe meiner Mutter, abseits von allem Leistungsdruck, unterzog ich mich einer Therapie, um wieder gesund zu werden. Sie zeigte kaum Erfolg, dafür machte mir eine „chronische Depression" das Leben zur Hölle. Nichts machte mehr Spaß, das Training war nur noch eine Tortur und fand kaum noch statt. Um meine Qualen ertragen zu können, leistete ich mir einen entscheidenden Fehler – ich griff abermals zu Drogen. „Einfuhr von Betäubungsmitteln" hieß es diesmal, das Resultat war verheerend: 6 Monate Untersuchungshaft, ein halbes Jahr draußen und anschließend zweieinhalb Jahre Strafhaft. Nun war ich komplett am Ende.

Und wieder schrie ich zu Gott: *„Wenn es dich wirklich gibt, bitte hilf mir!"* Zum Glück wendete ich mich in der Haft an einen ehrenamtlichen Helfer vom schwarzen Kreuz. Sein Name ist Matthias. Er half mir bei den wichtigsten Dingen für draußen und begleitete mich bei all meinen Ausgängen. Er ist ein Mann mit einem großen Herzen, und ich erzählte ihm viel über mein Leben, mein Versagen und meinen ständigen Kampf um Anerkennung und Liebe. Dabei rannen mir nicht nur einmal die Tränen über mein Gesicht. Daraufhin gab Matthias mir bei seinem nächsten Besuch eine Gideon-Bibel zum Lesen mit und meinte: *„Steffen, du bist ein guter Mensch, aber nur Gott kann dich da wirklich rausführen und dich wahrhaft frei machen."*

Auch wenn ich nicht viel von Gottes Wort in der Bibel verstand, merkte ich, dass Gottes Worte eine geheime Kraft besitzen.

Mein Versprechen an Gott

Nach der Haft kam die Depression wieder, diesmal schlimmer und heftiger als je zuvor. Ohne jeglichen Verstand griff ich auch jetzt noch zu Alkohol, Drogen und Anabolika; ich hoffte den körperlichen Verfall und mein Leid damit zu stoppen. Kein Sport mehr, nur noch Verzweiflung und Leid, trieben mich fast bis zum Selbstmord. Panik und ständige Angst machten sich in mir breit. Mein Verstand war nicht mehr vorhanden. Tagelang weinte ich verzweifelt in meiner Wohnung und wusste keinen Ausweg mehr, und die Gedanken an Selbstmord wurden immer bedrohlicher. Zum Glück reichte mein Verstand nicht mehr aus, um diesen teuflischen Plan in die Tat umzusetzen. Total verzweifelt, ging ich zeitig zu Bett und wieder kam mir Gott in mein Bewusstsein. Ich legte meine Hand aufs Herz und sprach zu Gott: *„Lieber Gott, ich kann nicht mehr. Ich will umkehren und mit dir, Herr, neu beginnen. Wenn es dich wirklich gibt und du mir hier raushilfst, Jesus, dann will ich dich loben und ehren auf ewig. Bitte komm in mein Leben und komm in mein Herz, sei von nun an mein Herr, Retter und Erlöser."*

Es dauerte eine Weile bis es mir besser ging, doch von dem Tag an änderte sich alles. Ich nahm zwar ärztliche Hilfe an und bekam Psychopharmaka, aber seither trinke ich keinerlei Alkohol mehr, nehme keine Drogen und auch keine leistungssteigernden Substanzen mehr – das war die Bedingung und mein Versprechen an Gott. Mit Jesus ist alles möglich!

Seit gut zwei Jahren wohne ich wieder in Greiz, in einer wunderschönen kleinen Wohnung direkt neben meiner Mutter, jetzt kann ich immer für sie da sein und ihr die Liebe geben, die sie mir ihr ganzes Leben lang gegeben hat! Ich fühle mich gesund und bin vollkommen frei von Leistungsdruck und innerlichen Zwängen. Seither bete ich jeden Tag, trainiere täglich in meiner Wohnung in vollkommener Ruhe und lese viele tolle Bücher – mitunter auch von Michael Stahl. Und natürlich die Bibel. Michael Stahl ist mein großes Vorbild und seit einiger Zeit auch mein Freund. Er hilft genau solchen Menschen wie mir, die es sehr schwer im Leben haben und den Mut und die Kraft aus Gottes Stärke ziehen wollen.

Mein Fazit

Ich war ganz oben am Gipfel des Lebens, doch meine großen Muskeln, meine unbändige Kraft und selbst die größten Bodybuilding-Titel der Welt konnten meine Sehnsucht nach Liebe, Frieden, Freiheit, Anerkennung und Geborgenheit nicht stillen! Nein. Nun ist Jesus die Mitte meines Lebens, der Gipfel und der Höhepunkt. **Er schenkt mir den Frieden und die Freiheit, den diese Welt nicht geben kann!** *Trachtet zuerst nach dem Reich Gottes und der Rest kommt von allein!* In Epheser 1,12 steht: *„Wir leben zum Lob seiner Herrlichkeit.“* Probiere es aus und schau zu, wie wundervoll sich dein Leben in Freiheit, Frieden und Liebe verändern wird – das ist die wahre Erfüllung! Nur Mut, Jesus liebt dich!

Steffen Müller | Jg. 1969 | ledig | Greiz | Lizenzierter Fitnesstrainer mit Diplom, Onlinetrainer | www.youtube.com/@steffenmuller603

Entdecke dein Vaterherz

Ich will ihnen ein ungeteiltes Herz und einen neuen Geist geben. Ja, ich nehme das versteinerte Herz aus ihrer Brust und gebe ihnen ein lebendiges Herz. (Hesekiel 11,9 HFA)

Liebst du dich? Du wirst vielleicht innerlich antworten: *„Was soll die Frage?“* Ich selbst hätte auf diese Frage wahrscheinlich *„Natürlich!“* geantwortet. *„Ich bin ganz zufrieden mit mir.“* Klar hat man so gewisse Eigenheiten, aber hey, niemand ist perfekt – so bin ich halt. Wenn jemand damit ein Problem hat, ist er selber schuld.

Vielleicht muss ich die Frage anders stellen: Kannst du dich ganz annehmen und alles, was zu dir gehört, bejahen?

Ich weiß nicht, ob du das auch kennst: **Viele Jahre habe ich mit dem Kopf geliebt.** Ich habe mich so verhalten, wie man sich halt liebevoll verhält. Ich war im Kopf liebevoller Ehemann und liebevoller Vater. Ich habe mir überlegt, wie ich jetzt liebevoll handeln könnte. **Doch mein Herz war offline.** Die meiste Zeit jedenfalls. Es gab immer wieder mal die wenigen besonderen und kostbaren Momente, in denen ich mit meinem Herzen in Kontakt kam.

Meine Kinder sahen mich selten weinen – es sei denn, ich hatte mir übel wehgetan; oder Deutschland war Fußballweltmeister geworden; oder jemand, der mir wirklich nahegestanden hatte, war gestorben.

Dann kam eine massive Lebenskrise und damit alle diese Gefühle der Hoffnungslosigkeit, Angst, Ohnmacht, Trauer, Hilflosigkeit. Ich empfand sie als Schwäche, weil diese Gefühle mir meine Kraft raubten. Damit konnte ich nichts anfangen, alle diese Emotionen nützten mir nichts und hinderten mich daran, produktiv zu sein, dass Leben zu genießen – fröhlich zu sein. **Ich hatte keinerlei Übung im Umgang mit diesen Gefühlen.**

Wenn sie in der Vergangenheit in mir hochgekommen waren, hatte ich ja meine Frau gehabt. Die hatte sich dann liebevoll darum gekümmert – sie kannte sich damit aus und wusste was zu tun war. Da konnte ich schwach sein, in ihrer Geborgenheit diese Gefühle rauslassen, bis es vorüber war. Sie hat sich um mich gesorgt wie eine liebevolle Mutter. (Das war ehrlich gesagt ziemlich unsexy. Ich bin nicht stolz darauf.) Bis meine Frau dann irgendwann sagte: *„Ich kann mich nicht mehr um deine negativen Emotionen kümmern, ich brauche die Energie für mich selbst.“*

Plötzlich wurde es für mich lebensbedrohlich – also nicht wirklich – aber emotional schon. Es kamen tiefe und sehr kindliche Gefühle in mir hoch. Ich schrie innerlich: *„Geh nicht weg, wer soll sich denn dann um meine negativen Gefühle kümmern? Du hast das doch gerne getan!“* Das hört sich jetzt vielleicht lustig an, und in der Nachbetrachtung ist es das auch irgendwie. Aber in der Situation damals war ich total überfordert. Ich sah nur eine schwarze Wand, war zutiefst verzweifelt und verunsichert. Heute bin ich ihr sehr dankbar dafür, dass ich mich auf diese Weise selbst meinen Gefühlen stellen musste.

Vieles in uns läuft völlig unterbewusst ab. Das Unterbewusste kann aber sehr gefährlich sein, weil man es nicht versteht und in (für die Seele) bedrohlichen Situationen zu irrationalen Übersprungshandlungen neigt – man kommt dem Wahnsinn nahe, so war es jedenfalls bei mir. Einige Männer sehen in der Krise als einzigen Ausweg den Suizid, und sie ziehen es dann auch durch. Wie traurig; man(n) bringt sich eher um, als sich helfen zu lassen.

In meiner Not habe ich angefangen, Selbsthilfebücher zu lesen und mir auch persönliche Hilfe geholt. **Wenn man das Unterbewusste ins Bewusstsein bringen will, braucht man Unterstützung von Profis** (Coach, Seelsorger, Therapeut). Allerdings sollte man bei der Wahl seines Helfers sehr achtsam sein ...

Warum war ich so unfähig mit diesen negativen Emotionen umzugehen? Hey, ich bin Manager, ich kann Menschen führen, Organisationen umgestalten, den Change herbeiführen, aber bei meinen eigenen Emotionen war ich absoluter Rookie. Warum? Weil es mir antrainiert oder vorgelebt wurde und ich als Kind Emotionen, wie z. B. Trauer, eher als weiblich kategorisierte. Meine Bezugspersonen waren von frühester Kindheit an Frauen. Die Mutter, die Oma, die Kindergärtnerin (damals durfte man das noch sagen), die Grundschullehrerin usw. Die Väter meiner Generation arbeiteten viel, waren wenig zu Hause und dann oft desinteressiert oder haben sich gar scheiden lassen, und man hat sie nur ab und zu am Wochenende oder bei einem Urlaub gesehen.

Wie definiere ich mich als „kleiner Mann“ in einer Welt umgeben voller Frauen? Ganz einfach: als Nicht-Frau. Alle diese Emotionen, allen voran die Trauer, wurden von mir als weiblich definiert und dann innerlich abgelehnt, weil ich ja ein kleiner Mann war und keine Frau. Hinzu kommt, dass viele Väter das genauso machten und die Frauen in meinen frühen Jahren dieses Nicht-Frau-Verhalten auch noch förderten. Du kennst ja die Sprüche: „Ein Indianer kennt keinen Schmerz", „Das ist doch halb so schlimm" etc. Bei Mädchen wurden Tränen viel eher toleriert, und ich behaupte, dass dies auch heute häufig noch so ist. Wer will schon einen weinerlichen Jungen?

Ich lernte also, diese Gefühle erfolgreich zu verdrängen, und entwickelte Strategien, um damit umzugehen: die Tränen herunterzuschlucken; weil Männer doch stark sein müssen – rational! Ich darf mich nicht so von meinen Gefühlen beeinflussen lassen, damit ich objektiv bleibe. **Ich schob diese negativen Emotionen weg und verlor dadurch den Kontakt zu ihnen und die Kompetenz im Umgang damit.**

Das ist einerseits hilfreich: Es hat mich präzise und erfolgreich gemacht und lässt mich in kritischen Situationen einen kühlen Kopf bewahren. Andererseits ging der Zugang zu einem Teil von mir selbst verloren. Diese Emotionen waren ja nicht weg, nicht für immer verschwunden. Ich hatte sie nur ins Unterbewusstsein verdrängt. Und sobald ein Anflug dieser Emotionen kam, spulte ich meine Verdrängungsstrategien und Abwehrmechanismen ab. Viele Männer machen dann Sport, arbeiten, saufen, rauchen, haben Sex, machen laut Musik oder hören noch lauter Musik, lenken sich mit ihrem Lieblingshobby ab, onanieren bis zum Umfallen und vieles mehr; die Strategien sind überaus vielfältig. Hauptsache, ich muss das nicht fühlen, was ich nicht fühlen will, und es geht irgendwann vorbei.

Als Schwabe habe ich in solchen Situationen dann meistens angefangen, etwas zu schaffen, um mich bloß nicht mit dem Gefühl zu beschäftigen. Das funktionierte über viele Jahre prächtig. Ein wichtiger Teil von mir wurde allerdings unterdrückt – ich lehnte ihn unterbewusst ab und **schaltete mein Herz mehr und mehr offline**. Ich funktionierte prächtig, feierte Erfolge und erarbeitete Statussymbole – konnte aber nicht vollkommen fühlen! Klar war ich mal wütend und auch mal traurig, ich fühlte Freude und hatte Hunger. Oft war ich aber gleichgültig und leidenschaftslos. (Willkommen in meinem langjährigen Gefühlsleben!) Ich liebte im Kopf und manchmal mit den Genitalien. Die entstandene Leere füllte ich mit eingeübten Ablenkungen, die mir keinen dauerhaften Frieden schenkten. **Ich war nicht *wirklich* fähig zu lieben, weil ich einen Teil von mir verleugnete und mich damit nicht selbst angenommen hatte.**

Ich will dich hier nicht mit blödsinnigen Umarme-deinen-Schmerz-Weisheiten langweilen – Schmerz ist einfach großer Mist! Die gute Nachricht ist, dass sich in Krisen ein Teil unserer Persönlichkeit – ein Teil von uns – zu Wort meldet und beachtet werden will. Dieser Teil machte mir eine Heidenangst, weil ich ihn jahrelang verdrängt, ignoriert und bekämpft hatte, ohne einen blassen Schimmer zu haben, wie man damit umgeht. **Doch um ganz zu werden, ein vollständiger Mann, musste ich mich diesen „unbrauchbaren" Emotionen zuwenden – ich musste durch den Schmerz durch.** Er war wie ein ungeliebtes Kind, dass ich sehr lange tief im dunkelsten Keller meiner Seele weggesperrt und den Schlüssel zur Tür weit weggeworfen hatte. **Diese Tür musste ich jetzt öffnen und hinschauen; Licht an diesen dunklen und verlassenen Ort bringen – Jesus genau dorthin einladen, denn da will er sein.**

Ich war selbst kein Kind mehr! Auch wenn ich mich emotional und auf andere Arten manchmal so aufführte. Als erwachsener und gestandener Mann war ich dazu fähig, mit diesen ungeliebten Emotionen umzugehen – ich war dem gewachsen. **Es ist so, als ob du dich diesem geschundenen und vernachlässigten Kind zuwendest.** Wie ein liebevoller Vater konnte ich nun diese Gefühle annehmen, in mein Leben integrieren und damit ganz werden. **Ich konnte all das vor Gott bringen, von ihm heilen lassen und damit mein Herz wieder online schalten.**

Ich wurde dadurch vollständiger, mit der ganzen Palette an Emotionen. Ich konnte lernen, mich wirklich anzunehmen und wahrhaftig zu lieben. **Dadurch wurde es mir erst möglich auch andere wirklich in aller Tiefe lieben zu können.** Ich lernte, die „negativen“ Emotionen wahrzunehmen, sie sagten etwas über mich – meine Angst, meine Hilflosigkeit, meine Ohnmacht wollen etwas mitteilen. Sie weisen auf etwas hin, was mir fehlt – ein unerfülltes Bedürfnis oder eine Sehnsucht. Sie sind wichtige Hinweise.

Falls es dir so ähnlich geht, wie es mir ging, ermutige ich dich: **Hör bitte genau hin, halte es aus und lauf nicht weg!** Das ist wahrhaftig männlich und mutig. Es kommen schmerzhafte Dinge ans Licht und du kannst sie annehmen. **Gott hat mich auf diesem Weg liebevoll begleitet.** So fasste mein verwahrlostes und einsames inneres Kind mit der Zeit wieder Mut und begann zu lächeln und mir zu vertrauen. **Dann passierte ein Wunder: Ich spürte mein Vaterherz!** Ich wurde berührt und ließ mich berühren, schämte mich meiner Tränen nicht und begegnete meinen Ängsten. Plötzlich waren viele antrainierte Ablenkungen nicht mehr notwendig, die für mich vorher unverzichtbar gewesen waren. Und ich startete mit Dingen, die ich schon längst von Herzen hatte tun wollen. **Ich wurde weicher und sanfter – ein bisschen mehr wie Jesus.** Endlich wurde ich ein ganzer Mann und lernte richtig zu lieben. Ich entdeckte mein Vaterherz. Dass wünsche ich auch dir von ganzem Herzen!

Thomas Fremdt | Jg. 1971 | verheiratet, 2 Kinder | Oberderdingen | Geschäftsführer Willow Creek Deutschland e.V. | willowcreek.de

Jeder Tag ist ein Geschenk

23. April 2015 gegen 10 Uhr. Die Tür geht auf. Eine Krankenschwester öffnet, fragt nach dem Namen und bittet sehr freundlich im Warteraum Platz zu nehmen. Meine Unsicherheit legt sich. Der Schalter im Kopf ist umgelegt und sagt mir ganz plakativ: Hier wird die nächsten Monate dein Zuhause sein.

Noch eine gute Woche vorher waren meine Frau Sieglinde und ich mit den Fahrrädern auf dem Berliner Mauerradweg unterwegs gewesen. Vier Tage fuhren wir durch traumhafte Landschaften rund um das ehemalige Westberlin, ca. 200 km auf dem früheren Grenzstreifen. Auf der Heimfahrt erste kleine Beschwerden und der Eindruck: *„Da bahnt sich 'ne Erkältung oder was Ähnliches an."*

Zu Hause in Thüringen kamen dann Schwäche und hohes Fieber hinzu. Als das Fieber weiter stieg, empfahl uns die Hausärztin, in die Notaufnahme zu gehen. Man behielt mich gleich in der Klinik. Getreu dem Motto „Jugend forscht" folgten täglich weitere Untersuchungen bei diversen Spezialisten und verschiedenste medizinische Behandlungen. Inzwischen fühlte ich mich aber wieder ganz fit. Lediglich an Kraft fehlte es noch etwas.

Dann kam der 22. April, der Tag, an dem ich auf ein Abschluss-Arztgespräch und meine Entlassung wartete. Nach geraumer Zeit kam der diensthabende Assistenzarzt zu mir und teilte mir mit, mein Aufenthalt im Krankenhaus würde sich noch einige Zeit verlängern. **Die Untersuchungen hätten ergeben, dass ich an akuter Leukämie erkrankt sei.** Spätestens als danach der Professor mit weiteren acht Ärzten zur Visite um mein Bett standen, wurde mir deutlich, dass mein Zustand scheinbar sehr ernst war. Um so erstaunlicher sein Vorschlag, noch einmal für eine Nacht nach Hause zu gehen und mit der Familie den Abend zu genießen. Wir nahmen den Vorschlag an und erlebten einen sehr emotionalen Abend gemeinsam mit unseren Kindern. Keiner wusste, was die Zukunft bringen würde. Am nächsten Tag, meinem 51. Geburtstag, wurde ich dann auf Station 500 der Uniklinik Jena aufgenommen.

Nun war ich also einer der etwa 25 Patienten, die im „gleichen Boot" saßen und von denen keiner wusste, ob er diese Station lebend verlassen würde. Einen Tag später folgte ein langes Gespräch mit dem Oberarzt über die Krankheit, die Chancen der Heilung, die Therapien und alles, was sonst noch zu bedenken war. Danach trat eine gewisse innere Ruhe bei meiner Frau und mir ein. Wir sahen uns hier trotz der Diagnose gut aufgehoben und hatten dazu noch das Vertrauen zu unserem himmlischen Vater. Ihm konnten wir uns ganz anvertrauen.

Es folgten die täglichen Blutentnahmen, verschiedene Untersuchungen und Vorbereitungen auf die erste Chemotherapie. Ich lag in einem Zweibettzimmer mit einem 10 Jahre älteren Herrn mit gleichem Schicksal. Es war ein gutes Verhältnis, auch zu dessen Frau und seinen Angehörigen. Gleiches Schicksal verbindet.

Es gab einen Tagesraum auf Station. Dort war der Treffpunkt beim Essen für die Patienten, die Gemeinschaft suchten und deren Zustand es zuließ. Häufig waren wir aber so verkabelt oder es ging uns so schlecht, dass man nicht die Kraft oder Möglichkeit dazu hatte. **Wir alle hatten ein gemeinsames Ziel, welches uns verband: Wir wollten gesund werden!** Aber viele zogen sich mit ihrem Schicksal auch auf ihr Zimmer zurück und mieden Gesellschaft. Wir anderen dagegen nahmen aneinander Anteil oder hatten auch eine kleine Skatrunde. Ich bekam fast täglich Besuch von meiner Frau oder den Kindern (von denen zwei in Jena in die Schule gingen), es kamen die Eltern, Kollegen aus dem CVJM und Freunde.

Dann folgte die erste Chemo-Woche, die ich noch recht gut wegsteckte, obwohl ich keinen Geschmack und keinen Appetit mehr hatte, unter ständigem Unwohlsein litt und kaum Kraft hatte. Die Blutwerte wurden in der Therapie „heruntergefahren", um die verseuchten Blutzellen abzutöten. Dadurch verlor der Körper jegliche Abwehrkräfte, und Bluttransfusionen gehörten zum Tagesgeschäft.

Jeden Abend machte ich mir meine Gedanken über den Tag. **Bei meinem Abendgebet fielen mir erstaunlicherweise sehr viele Dinge ein, für die ich dankbar sein konnte**, z. B. die hohen Standards in der Medizin; nette Pfleger, Schwestern und Ärzte, die sich um uns kümmerten; die Gespräche mit anderen Patienten; Spaziergänge mit meiner Frau; Besuche; das Blut, welches andere für mich spendeten (es wurden ca. 50 Liter in dieser Zeit). Mir wurde mehr denn je klar: Jeder Tag, den ich erlebte, war ein Geschenk!

Nach etwa sechs Wochen konnte ich das erste Mal auf „Heimaturlaub", also drei Wochen Erholung, bevor die 2. Chemo anstand. Für diese

Zeit gab es klare Vorgaben: Vorsicht vor Keimen; Wald- und Gartenarbeit streng verboten; das Meiden von Menschengruppen und keine Anstrengung. Allerdings hatte gerade die Heidelbeerzeit begonnen, die meine Frau und ich nutzten, um vormittags zwei Stunden in den Wald zu gehen und Heidelbeeren zu suchen. Wir genossen Gottes Schöpfung in vollen Zügen. Es war die beste Therapie: Waldluft, Vogelgezwitscher, Ruhe, Entspannung pur – ein Geschenk des Himmels! Es folgte aber auch der erste Schock für mich: die große Vorfreude auf eine echte Thüringer Bratwurst wurde zum Flopp, denn sie schmeckte nach nichts, da ich keinen Geschmack mehr hatte.

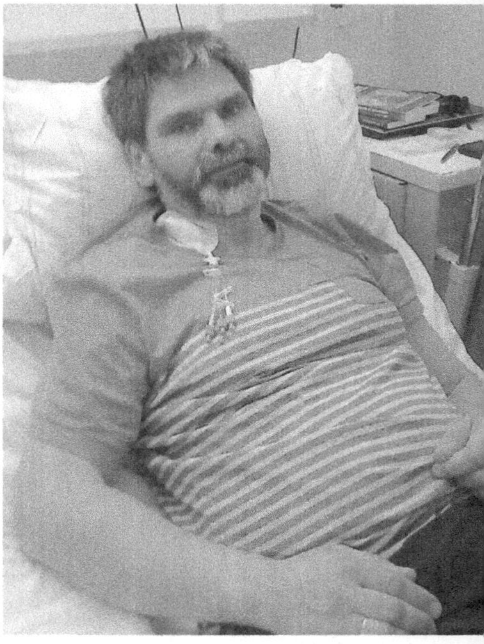

Der zweite Schock: Mein Zimmerkollege, mit welchem ich mehrere Wochen zusammengelegen hatte, lebte nicht mehr, als ich zurück auf die Station kam. Ein Schicksal, welches viele meiner Mitpatienten im Laufe der Zeit ereilte und mir wieder deutlich machte: Jeder Tag ist ein Geschenk! (Mehr als ein Drittel meiner Mitpatienten überlebten die Krankheit nicht.)

Irgendwann gehört man zum Inventar der Station, Behandlungen werden zur Routine, man wartet auf die nächste Chemo. Wenn ich sonntags Zeit und Kraft hatte, ging ich zum Gottesdienst in eine Kirche ganz in der Nähe. Für die Ärzte war das kein Problem: *„Was Ihrer Seele guttut, ist auch gut für Ihre Gesundheit"*, sagte eine Ärztin, als ich mich bei ihr abmeldete.

Immer wieder kamen Medizinstudenten mit Fragebögen für ihre Ausbildung an mein Bett. Daraus ergaben sich teilweise sehr intensive Gespräche, auch über den Glauben.

Als wir an einem Abend in kleiner Runde einen lustigen Film anschauten, beschwerten sich andere Patienten, weil wir zu laut lachten und dieses in „unserer Situation" nicht angebracht sei. **So mancher hatte wohl schon mit seinem Leben abgeschlossen?!**

Die zweite und dritte Chemo wurden in Bezug auf ihre Nebenwirkungen wesentlich unangenehmer. Manche Tage und Nächte waren sprichwörtlich „zum Kotzen“. Dabei gab es auch Wochen, wo ich keine Kraft mehr hatte und mir selbst Besuche zu viel wurden, eine Erfahrung, die ich bis zu diesem Zeitpunkt so noch nicht kannte. Ich sagte alle Besuche ab und wollte nur für mich sein. Mit gut gemeinten Wünschen und Bibelworten von christlichen Geschwistern konnte ich in dieser Zeit nicht viel anfangen. Sie waren mir keine Hilfe. Auch nicht irgendwelche biblischen Zusagen, die mich daran erinnern sollten, dass Jesus Kranke geheilt hat. Lediglich ein Bibeltext aus den Apokryphen, den mein Schwiegervater mir schickte, traf genau meine Situation, er steht in Jesus Sirach,38,1-6 (GNB): *Gib dem Arzt die Ehre, weil du ihn brauchst; denn auch ihn hat der HERR eingesetzt. GOTT, der Höchste, gibt dem Arzt das Wissen, und der König belohnt ihn mit Geschenken. Sein Können gibt ihm großes Ansehen, sogar mächtige Leute bewundern ihn. Der HERR bringt auch die Heilmittel aus der Erde hervor. Ein vernünftiger Mensch wird deshalb nicht zögern, sie zu gebrauchen. Hat nicht ein Stück Holz einmal bitteres Wasser trinkbar gemacht und dadurch GOTTES Macht erwiesen? GOTT hat den Menschen das Wissen um diese Heilmittel gegeben, damit sie ihn für diese Wunder preisen.*

Genau das war es, was in meine Situation passte! Ich vertraute den Ärzten und der Medizin, und ich war mir sicher, dass Gott mir damit helfen konnte.

Zum Heimaturlaub nach der dritten Chemo-Phase handelte ich die Genehmigung aus, eine Woche wegfahren zu dürfen, wenn eine zwischenzeitliche Blutkontrolle möglich sei. Ein älterer Professor sagte allen Vorbehalten zum Trotz: *„Es gibt nichts Besseres zur Genesung, als dem Körper und der Seele etwas Gutes zu tun!“* So fuhren wir ins Altmühltal und erlebten eine schöne Herbstwoche auf den Fahrrädern in der Natur. Zu diesem Zeitpunkt war bereits klar, dass ich keine Stammzellen benötigte. Auch das empfand ich als ein großes Geschenk!

Die vierte Chemotherapie wurde nochmal zum Härtetest für meinen geschwächten Körper. Durch eine Sepsis verschlechterten sich plötzlich meine Werte schlagartig und ich kam kurzzeitig auf die Intensivstation. Dort wurde mein Zustand wieder halbwegs hergestellt, und da sich ein Krankenhauskeim herausstellte, hatte ich die letzten anderthalb Monate den Luxus eines „Einzelzimmers“. Da diese Zeit genau in den Advent fiel, konnte ich das Zimmer adventlich ausgestalten, mit vier LED-Adventskerzen, einem kreativen Adventskalender meiner Frau, Gitarre für Adventslieder und diversen Postern an der Wand. Es war die ruhigste Adventszeit meines Lebens. Fast jeden Abend kam „Frauchen“ zum Abendbrot und blieb etwa drei Stunden da! Manchmal machten wir einen Abendspaziergang.

Zum Heiligabend 2015 durfte ich zum Kurzurlaub nach Hause, ebenso Silvester. Das erste Mal seit ca. 30 Jahren waren meine Frau und ich in der Gemeinde nicht für das Krippenspiel verantwortlich! Es war eine kurze, aber schöne Zeit, auch wenn ich gehofft hatte, zu diesem Zeitpunkt bereits dauerhaft zu Hause zu sein.

Danach blieben noch 14 Tage Stationsaufenthalt, bis ich als geheilt geltend das Krankenhaus verlassen konnte. Es folgte noch ein dreiviertel Jahr Genesungszeit zu Hause, Reha und später die schrittweise Eingliederung ins Berufsleben. In dieser Zeit verstarben noch weitere, mir liebgewordene Mitpatienten, die ihren großen Kampf gegen den Blutkrebs verloren hatten. Dadurch wurde mir immer stärker bewusst, welch großes Geschenk die „Gesundheit“ ist.

In den folgenden fünf Jahren gab es anfangs quartalsmäßige, später halbjährliche Untersuchungen der Blutwerte, die deutlich machten: Ich habe es geschafft. Dabei hatte ich selber nichts dazu beigetragen. Ich verdanke es einer großartigen medizinischen Versorgung in unserem Land, dem Krankenhauspersonal, vielen Menschen, die für mich beteten und natürlich einem gütigen Gott. Die Fragen: *„Warum gerade ich?“* oder: *„Warum lässt Gott das zu?“*, stellten sich für mich zu keiner Zeit. Sie bringen uns in schwierigen Situationen auch nicht weiter. Wir Menschen sehen häufig Gesundheit, Frieden, Wohlstand oder Glück als den „normalen Zustand“ an. Die Erfahrung mit dieser Krankheit hat meiner Frau und mir deutlich gemacht, dass es nicht so ist. „Jeder Tag ist ein Geschenk“ – das ist unser Fazit aus dieser sehr schweren, aber auch sehr wichtigen Zeit für uns.

Friedbert Reinert | Jg. 1964 | verheiratet, 6 Kinder, 9 Enkel | Erfurt | Referent im CVJM Thüringen

Als Punk verloren, von Jesus gefunden

Ich bin in einer ganz normalen Familie in Angermund bei Düsseldorf aufgewachsen. Wir lebten in einem Einfamilienhaus in der Nähe eines Waldes und es gab sogar einen schönen See. Mein Vater war Bauleiter; und meine Mutter Beamtin, bevor wir Kinder kamen, mein älterer Bruder und ich.

Schon als Kind war ich eifersüchtig auf meinen großen Bruder. Immer wenn mein Vater ihn für etwas lobte, was er gut konnte, wie technische Legosachen zusammenzubauen, ging es mir durch mein kleines Bubenherz. Im Laufe der Zeit entwickelte sich ein richtiger Hass in meinem Herzen gegen ihn und meinen Vater. Ich fühlte mich zurückgesetzt, sehnte mich nach einem Lob meines Vaters. **Ich hatte immer das Gefühl, nicht genug zu sein.**

Als ich einmal vor meinem Bruder aus der Schule kam, witterte ich meine Chance und zertrampelte ihm seine gebauten Legosachen! Im Teenageralter kam es immer wieder zu heftigen körperlichen Auseinandersetzungen zwischen ihm und mir, bei denen zweimal sogar Türrahmen zu Bruch gingen. Ich war voller Wut.

Das drückte sich auch in der Musik aus, die ich hörte, und wie ich mich kleidete. Ständig eine neue Haarfarbe, ein Irokesenschnitt, zerrissene Jeans, mit Chlorix gebleicht, hochgekrempelt, damit man die Dr. Martens-Boots sah. Ich war gerade mal vierzehn und Punk. **Alles in mir schrie nach Anerkennung.** Morgens an der Bushaltestelle machte ich mir manchmal um 7:30 Uhr ein Dosenbier auf. Oder ich rührte heimlich zum Frühstück ein Gramm Hasch in einen warmen Kakao, den mir meine Mutter machte, um dann „völlig dicht" in der Schule anzukommen.

Ich liebte die Provokation. In einem Duden schlug ich das Wort

Anarchie nach. Da stand: „Leben auf der Basis unbeschränkter Freiheit." Frei sein, das wollte ich. Nicht wie die Normalos! *„Bloß nicht sein wie die Masse!"*, dachte ich. *„Ich bin etwas Besseres, weil ich anders bin und nicht ins Klischee passe."* Stolz war ich. Ich musste immer aus dem Rahmen fallen, aber ich war wie ein leeres Glas. Ich lechzte danach, jemand zu sein, zu dem man aufschaute. Eines meiner Idole war Che Guevara. Ich las ein Buch über die kubanische Revolution, hatte Aufnäher, T-Shirts und Pullis mit seinem Gesicht drauf.

Im Sommer 1998 feierten meine Freunde und ich an einem See irgendeinen Geburtstag. Zwei junge Erwachsene kamen dazu, unterhielten sich freundlich mit uns und fragten, von wem die Musik sei; ich meldete mich. Er fragte nach dem Gesicht auf meinem Sweatshirt und ich erzählte ihm, wie Che Guevara heldenhaft den Diktator Batista gestürzt hatte.

Irgendwann sagte mein bester Freund: *„Guck mal, der sieht aus wie Hitler!"* Wir hatten auch schon einen im Tee und ich sagte etwas wie: *„Ah, stimmt!"* Er hatte echt so einen Scheitel, das war uns bis dahin gar nicht aufgefallen. Und wir fingen an, uns wegzulachen.

Auf einmal traf mich ein Schlag, ich ging zu Boden, sah nur noch Sterne und Blut, das aus meiner Nase kam. Es folgten Tritte gegen meinen Körper und ich hörte eine Art Nazi-Predigt. *„Ihr seid Kriecher!"* Es war „Rudolf-Hess-Gedenktag".

Einer meiner Freunde hatte damals etwas ganz Modernes, das hatte sonst niemand von uns, man nannte es „Mobilfunktelefon". Er rief die Polizei. Ich weiß nicht, was er denen sagte, aber sie kamen mit mehreren Mannschaftswagen in Vollmontur mit Helmen und Schildern angefahren. Das halbe Dorf kam, um zu sehen, was los ist. **In diesem Moment fühlte ich mich wie der glücklichste Mensch auf Erden.** Sie waren alle wegen mir gekommen. Ich hatte Aufmerksamkeit. Das ganze Blut auf meinem Sweatshirt, alle waren tief beeindruckt. Doch dieses Gefühl hielt nicht lange an. Am nächsten Tag traf ich mich mit meinen Freunden in einer Garage. Sie begrüßten mich beiläufig und niemand fragte, wie es mir geht.

Wir kifften immer mehr. Auf Spielplätzen, im Wald, in der Schule – überall hatten wir unsere Bong (Wasserpfeife) mit. Und dann besorgte ein Kumpel Ecstasy-Pillen. So etwas hatte ich noch nicht erlebt, ich war voller Glücksgefühle! Als ich jedoch vom Trip runterkam, fiel ich direkt in ein tiefes Loch. Es war schrecklich. Ich hatte nur noch einen Gedanken: *„Woher bekomme ich wieder eine Ecstasy-Pille?"*

Es war Sommer und meine Eltern wollten in den Urlaub nach Norwegen fahren, mein älterer Bruder auf eine Jugendfreizeit nach Spanien, und ich dachte mir: *„Ich bleib einfach zu Hause. Da hab ich sturmfrei und kann Leute einladen. Zwei Wochen die Bude leer!"*

Mein Vater gab sein OK, dass ich zu Hause bleiben könne, aber er und meine Mutter würden dann auch daheimbleiben. Und damit war mein Plan gelaufen. **Es gab nur einen Ausweg: mit auf diese Jugendfreizeit zu gehen, wo mein Bruder hinwollte.** Ich war so wütend darüber. Und dann nahm ich mir einfach vor: *„Denen werd ich es zeigen! Ich werd mich da einfach nur die ganze Zeit zudröhnen."*

Ich suchte aus der letzten Ecke im Schreibtisch mein Sparbuch und ging zur Bank. Damit ich für die zwei Wochen genug Gras und Ecstasy haben würde, gab ich mein Geld einem Kumpel, der es an einen Dealer weitergab. Das Abfahrtsdatum rückte näher, aber auf Nachfrage bekam ich nur zur Antwort, dass er das Dope noch nicht habe. Meine Bestellung kam nicht rechtzeitig an, und schließlich hatte ich weder Geld noch einen einzigen Krümmel Hasch. Ich kiffte zu der Zeit jeden Tag, und eigentlich war es für mich ein Kinderspiel, an etwas dranzukommen, ich kannte genug Leute, die mir etwas verkaufen konnten. Und jetzt das. Ich bin fast durchgedreht! **Jetzt musste ich da auch noch nüchtern hinfahren ...**

Missmutig packte ich meine Sachen und machte mich bereit für die Reise mit dem Bus nach Barcelona. Wenigstens war mein bester Freund mit dabei, der einzige gute Einfluss meiner Jugendzeit. Mit ihm hatte ich viel Spaß, er war ein echter Freund.

Wider meiner Erwartung waren die Christen wirklich total cool! Was sie erzählten, waren keine leeren Floskeln, sie glaubten und erlebten das wirklich. Es faszinierte mich, ihnen zuzuhören. Sie brachten mir echte Wertschätzung entgegen, liebten mich sogar, da war keinerlei Verurteilung. Und das, obwohl ich mir Mühe gab, eine coole Fassade aufrechtzuhalten. Endlich konnte ich beginnen, meine Masken fallen zu lassen. Mir wurde auf einmal klar, dass es kein Zufall war, dass ich nüchtern dort gelandet war, sondern dass Gott es so gemacht hatte. Er wurde Realität für mich, weil ich merkte, dass da wirklich jemand ist, der sich um mich kümmert und mich liebt, obwohl ich ihm den Rücken gekehrt hatte.

Ich wusste, dass ich schuldig vor Gott war. Ich fühlte mich wie der schlechteste Mensch auf Erden. Mein Gewissen war plötzlich hellwach. Ich hatte andere verführt, Drogen zu nehmen. Unrein fühlte ich mich. **Mir wurde klar, dass zwischen mir und Gott eine riesige Mauer stand.**

Irgendwie landete ich in einem Vier-Augen-Gespräch mit Hannes, dem Leiter, in einem ausrangierten Bundeswehrzelt. Ich kannte ihn schon von Teenie-Freizeiten, auf denen er mich liebevoll ertragen hatte. Und dann bat ich Gott um Vergebung und gab ihm den Platz in meinem Leben, den vorher ich selbst eingenommen hatte. Es fiel mir schwer, das mit Hannes mitzubeten. Ich wusste, dass ich nichts geleistet hatte. Ich hatte versagt und kam mit leeren Hände zu Jesus. Aber er hatte mich gesucht! Und mich von meinem hohen Ross heruntergeholt, wo ich geglaubt hatte, niemanden zu brauchen. Ich hatte nur Mist gebaut. Und auf einmal war ich sein Kind, weil er mich freigesprochen hatte. Ich hatte das Gefühl, dass eine große Last von mir abfiel, wie ein Rucksack, der vorher schwer auf meine Schultern gedrückt hatte. Nun war er weg! Auf einmal war auch die Leere in meinem Herz nicht mehr da. Ich hatte immer versucht – wie ein Staubsauger –, mein Herz zu füllen; aber alles war durchgesickert, so dass ich leer blieb. **Doch nun war etwas Lebendiges, Erfüllendes in mir.**

Ein Jahr später schrieb ich bei der Begründung zur Verweigerung des Kriegsdienstes: „*Als ich Jesus darum bat, die Mauer zwischen mir und Gott einzureißen und mir meine Schuld zu vergeben, spürte ich das erste Mal in meinem Leben Frieden.*" Endlich war ich angekommen. Ich musste keine Show mehr abziehen, weil ich bei Gott echt sein durfte. Ihm konnte ich zeigen, wie zerstört mein Innerstes war. Aber nun startete etwas ganz Neues.

Als ich nach Hause kam und mein Zimmer betrat, hatte ich den Eindruck, einen fremden Raum zu betreten. Anarchie-Zeichen an den

Wänden, eine umgedrehte USA-Fahne, all die Symbole und Slogans passten einfach nicht mehr. Ich war nicht mehr derselbe. Ich holte den ganzen Kram von den Wänden und füllte die Mülltonne vor dem Haus mit CDs, die mich viel Geld gekostet hatten. Meine Mutter stand daneben und war zutiefst erstaunt. Ich hatte niemandem von meiner Wendung erzählt. Ein Kifferkollege bemerkte die Veränderung und bohrte nach, was mit mir sei, aber ich hatte keinen Mut, das zuzugeben. Schließlich glaubte er, ich wäre verliebt und hätte eine heimliche Freundin. Ein bisschen stimmte es ja. Ich war verliebt in Jesus und erzählte es niemandem.

Zu Hause kehrte ohne große Klärungsgespräche Frieden ein. Einmal suchte ich das Gespräch mit meinen Eltern, weil meine Bekehrung nicht heimlich bleiben sollte. Ich glaube, ich gestand ihnen ein paar Dinge, genau weiß ich es nicht mehr, aber Heilig Abend 1999 lagen wir uns als Familie weinend in den Armen. Es folgten weitere schwere Gänge in meinem Leben, zu Menschen, bei denen ich mich entschuldigte. In der Schule entschuldigte ich mich bei einem Mitschüler, den wir übel geärgert hatten. **Vom coolen Punk wurde ich zum Freund der „Uncoolen".** Ich stellte mich immer wieder auf die Seite der Ausgestoßenen. Meine bisherigen Klassenfreunde mochten mich seitdem nicht mehr.

Eines Tages ging ich über den Schulhof und frage Jesus, was er möchte, das ich hier tun solle. Mir kam eine Schülergebetskreis in den Sinn. Ich ging mit zwei Freundinnen zum Direktor, berichtete ihm von der Idee und fragte nach einem Raum. Er war begeisterter als ich und schlug vor, in jeder Klasse Werbung dafür zu machen! Wir bekamen die erste Unterrichtsstunde frei, um einmal die gesamte Schule einzuladen. Damit hatte ich weder gerechnet, noch hatte ich große Lust, mich zum Depp zu machen, aber ich traute mich auch nicht, einen Rückzieher zu machen. Also willigte ich ein.

Am Morgen vor unserer Werbekampagne hatte ich die Hosen voll. Ich las einen Vers in der Bibel, den ich wirklich nötig hatte: „*... ihr werdet Kraft empfangen, wenn der Heilige Geist auf euch gekommen ist; und ihr werdet meine Zeugen sein, ...*" (Apostelgeschichte 1,8 ELB). So zogen wir durch jede Klasse. Tatsächlich meldeten sich zwei weitere Mädels, die auch Christen waren.

Nun war mein Ruf endgültig zerstört. In den Pausen wusste ich nicht, zu wem ich mich stellen sollte. Doch Jesus war mir persönlich sehr nah in dieser Zeit.

Im Biounterricht wurde auf einmal das Thema Evolution wiederholt. Die Lehrerin schaute bei ihrem Vortrag immer in meine Richtung. Ich glaube, es knackte mächtig in der geistlichen Atmosphäre in der Schule, und es kam etwas in Bewegung. Beim Beten in unserem Gebetskreis klapperte einmal stark die Tür. Ich ging schauen, aber weit und breit war niemand zu sehen. Drinnen wollten wir weiterbeten, aber wieder klapperte sie. Kein Windstoß. Wir spürten, wie die Mächte aufgewühlt wurden.

Einmal kam völlig überraschend meine halbe Klasse! Wieder hatte ich die Hosen voll. Ich sprach über Johannes 3,16 (ELB): *„Denn so hat Gott die Welt geliebt, dass er seinen einzigen Sohn gab, damit jeder, der an ihn glaubt, nicht verloren geht, sondern ewiges Leben hat."* Ich sagte ihnen, dass ich früher immer davon ausgegangen war, dass man gerettet wird, wenn man eine lange Liste von Regeln einhielte. Aber hier stand etwas ganz anderes. **Sein Leben Jesus anzuvertrauen ist das Einzige, was einen Menschen retten kann.**

Meine Mutter hat mir in dieser Zeit bei meinen ersten Schritten, wie man mit Gott lebt, sehr weitergeholfen. Ich habe sie gebeten, die Dinge hier aus ihrer Sicht zu schildern:

„Am 16.02.1983 hat Gott uns unseren zweiten Sohn geschenkt, Matthias (= Gottes Geschenk). Unsere Freude und Dankbarkeit waren groß. Als er 6 Monate alt war, wurde bei ihm eine minimale zerebrale Parese festgestellt. Zu irgendeinem Zeitpunkt waren bestimmte Gehirnzellen ausgefallen, so dass er auf Zehenspitzen gehen würde. Wir fingen sofort mit Krankengymnastik an (3 x am Tag, je eine halbe Stunde, 6 Jahre lang). Die Therapeutin sagte uns: *„Wir wissen nicht, ob es gelingt, dass andere Zellen im Gehirn lernen, die ausgefallenen Funktionen zu übernehmen, aber er wird sein ganzes Leben lang Konzentrationsprobleme haben."* Wir haben viel gebetet und geturnt und Matthias hat mit Gottes Hilfe gelernt normal zu gehen.

In seiner Schulzeit war dann aber das zweite Problem, das der Konzentrationsschwäche, klar zu erkennen. In der Grundschule wiederholte er die 2. Klasse. Er wollte unbedingt das Gymnasium besuchen, hat da die 7. Klasse wiederholt. In der 8. Klasse hatte er große Versagensängste und wechselte auf die Realschule. Trotz Lernen und Fleißigsein immer wieder zu versagen ist schlimm.

Diese Not hat wohl dazu beigetragen, dass Matthias im Alter von etwa 14 Jahren anfing zu kiffen. Alkohol und Drogen kamen in sein Leben; für uns Eltern erst versteckt, dann aber doch deutlicher zu erkennen. Äußerlich wurde er zum echten Punker, innerlich verwundet, angeschlagen, haltlos. Der Zugang zu ihm wurde für uns als Eltern immer schwerer, die Beziehung zu seinem Vater hatte eine gewaltige Schieflage. Ich selber konnte nicht viel tun, aber ich habe täglich zu Gott um Hilfe geschrien. Ein Anruf bei der Drogenberatung hat auch nicht weitergeholfen.

Am 05.10.1998 war ich sehr verzweifelt. Ich war allein zu Hause, mir war nicht nach „Stille Zeit" und Bibellesen. Ich saß nur da und habe geweint. Dann dachte ich: *„Und ich werde jetzt erst recht meinen täglichen Bibelleseplan lesen."* Ich schlug meine Bibel auf, aus Versehen an einer komplett falschen Stelle, und mir fielen die Zeilen ins Auge: *„Ich selbst will deinen Gegnern entgegentreten und deinen Söhnen helfen"* (Jesaja 49,25 LUT).

In diesem Moment saß der lebendige Gott, Jesus selbst, neben mir am Tisch. Ich habe noch mehr geweint, aber jetzt aus tiefer Dankbarkeit. Ab diesem Zeitpunkt habe ich Jesus immer und immer wieder an dieses Versprechen erinnert. Und er hat sein Wort gehalten. Im Sommer 1999 hat Matthias sein Leben Jesus übergeben und ihn in sein Herz aufgenommen.

Jesus lebt, ER ist absolut vertrauenswürdig, was ER verspricht das hält er. Auf sein Wort ist Verlass. Er ist der allmächtige Gott, der Himmel und Erde und jeden Menschen geschaffen hat. Er ist Herr über die ganze Welt und hat doch jeden einzelnen Menschen im Blick. Er hört unser Rufen und er kümmert sich. Wer sich auf ihn verlässt, ist niemals verlassen."

Matthias Klein | Jg. 1983 | verheiratet, 1 Kind | Glienicke/Nordbahn bei Berlin | Sozialarbeiter

„Was bereust du?"

Es war mein letzter Arbeitstag vor dem Sommerurlaub. Es ging nach Kirgistan, mit meiner 4-köpfigen Familie sowie meinen Eltern und meinem Bruder. Meine Frau war zwischen vier Koffern am Packen und hatte außerdem noch einen Termin beim Frauenarzt. Wir waren schwanger, und dies war der erstmögliche Termin, direkt nach dem Urlaub der Frauenärztin und vor dem unseren.

Ich war in einem sehr wichtigen Arbeitstreffen, und als ich danach einen Blick auf das Handy warf, sah ich vier verpasste Anrufe und eine WhatsApp-Nachricht von meiner Frau: *„Ruf mich bitte an."* Sofort wollten mir alle möglichen Gedanken durch den Kopf fliegen, aber ich ließ diesen keinen Raum und rief meine Frau unverzüglich an. Als ich ihre Stimme am anderen Ende der Leitung hörte, wollte ich sofort wissen, was geschehen war. Sie erzählte, dass die Frauenärztin einen Ultraschall gemacht hatte: *„Es gibt hier eine Überraschung! Es sind zwei zu sehen!"*

Unfassbar, es waren Zwillinge, was wir uns immer gewünscht hatten. Sogar in meinem Eheversprechen hatte ich schon die Zwillinge erwähnt. Alle Emotionen kamen hoch und ich explodierte vor Freude mitten auf der Straße auf dem Weg zu meiner Mittagspause wie ein kleines Kind. Unglaublich, es waren tatsächlich Zwillinge, und noch dazu die Traumkombination aus beiden Geschlechtern. Die perfekte Balance für unsere Familie, nachdem wir schon einen Jungen und ein Mädchen hatten. *„Gott ist gut"*, war mein einziger Gedanke über meinen Vater im Himmel.

Schon seit Beginn unserer Beziehung hatten wir immer von vier Kindern und einer Großfamilie geträumt, die wir selber nie gehabt hatten. Meine Frau war Einzelkind und ich hatte einen körperbehinderten Bruder. Wir hatten nicht die perfekte Lebens-Startrampe gehabt und kamen aus dysfunktionalen Familien, was es zu einem noch größeren Zeugnis macht, wo wir heute stehen und wie wir Familie leben dürfen. Jedenfalls war es nicht die leichteste Entscheidung gewesen, ein drittes Mal schwanger werden zu wollen.

Vermutlich geht es vielen Ehepaaren so, wie es uns ging. **Zwei Kinder klingt eigentlich ziemlich super für deutsche Verhältnisse.** Die Zimmeranzahl passt, das Auto passt, die Kosten halten sich in Grenzen und so langsam wird es wieder komfortabler. Man muss fast keine Windeln mehr wechseln, man kann endlich mal eine Nacht durchschlafen, die Kinder verstehen sich traumhaft und spielen zusammen, sodass man sie nicht jede Minute „entertainen" muss. Man hat mehr Energie, und zum allerersten Mal seit fünf Jahren waren zwei Nächte ohne Kinder wieder möglich.

Zu gut, um wahr zu sein, wäre da nur nicht das Wort „eigentlich". Eigentlich alles super, und viele Christen haben heutzutage auch zwei Kinder, doch eine Aufforderung aus der Bibel hatte uns nicht losgelassen: *„Multipliziert euch!"* Ich glaube, dass einige Bibelverse direkt in gewisse Situationen im Leben hineinsprechen und man in genau diesen Situationen auf die leise Stimme des Heiligen Geistes hören sollte, denn das Fleisch will immer wieder Raum einnehmen, obwohl es schon tot ist und keine Macht mehr hat. Und es war nicht nur Gott, der zu uns sprach. Wir erinnerten uns auch an einige Gespräche mit älteren Freunden, die zu uns meinten: *„Ach, hätten wir nur mehr Kinder ..."*

Meine Frau war sich so gut wie sicher: Wenn, dann sollte es nur noch eine Schwangerschaft werden. Gott sah unseren Wunsch und machte unseren Lebenstraum in einem großen himmlischen Paket wahr: Vier Kinder, Zwillinge und nur noch eine Schwangerschaft.

Schon Tage zuvor hatte ich mit Gott über die Zukunft geredet, und er hatte mich gefragt, ob ich weiterhin bereit wäre, Dinge sterben zu lassen. Es mussten schon viele Visionen in meinem Leben sterben. Ich war über ein Jahrzehnt selbstständig gewesen, aber nun angestellt und im vollzeitlichen Dienst an der Schule der Erweckung und im Jesus Haus Füssen. Das war eine komplette Umstellung und kam erst einige Zeit später in meinem Herzen hoch. Das Herz ist manchmal langsamer, und ich merkte, wie ein Schmerz nach dem nächsten hochkam. In meinem Freundeskreis gab es mehr junge Erwachsene ohne Kinder, was mich leider negativ beeinflusste. Ich sah, wie meine Freunde abends ausgingen, Visionen nachjagten, spontan in den Urlaub gingen und Zeit für die verschiedensten Aktivitäten hatten. Ich musste, besser gesagt, ich wollte jedoch nach Hause, um mit meinen Kindern tiefe Beziehungen zu bauen, zu spielen und sie ins Bett zu bringen.

Ich liebe meine Frau und meine Kinder über alles, ich investiere mich bewusst, intensiv und gerne in meine Familie, und doch war es extrem schmerzhaft, Visionen sterben zu sehen und Träumen nicht mehr nachjagen zu können. Vor allem für mich als Machertyp. Ich war als Musikproduzent selbstständig gewesen, hatte mein Hobby zum Beruf gemacht und schon einige weltliche Erfolge feiern können. Ich hatte meine eigenen Arbeitszeiten gehabt, machte Urlaub, wann ich wollte, durfte Künstler auf dem Weg nach oben begleiten, und nun fühlte es sich so an, als ob man von unten nach oben hinauf schaute zu den eigenen Leuten, die es geschafft hatten. Ich hatte eine Künstlerin gemanagt, die schon als Vorband für Christina Aguilera und Tom Jones spielte. Nun war es Geschichte. Ich hatte das erste Album von den O'Bros produziert, und nun sah ich, wie sie mit dem größten christlichen Rapper Lecrae gemeinsam einen Song veröffentlichten. Ein anderer alter Freund produzierte Songs für große etablierte Künstler, und wenn ich so nachdenke, hätte auch ich es sein können. Der Schmerz saß tief.

Viele Transformationsprozesse und Herzensoperationen gingen über mehrere Monate. **Ich suchte Gottes Nähe, um dies bewältigen zu können.** Nur mit Jesus kann man solche tiefen Prozesse gesund und kraftvoll navigieren, sodass man stärker daraus hervorgeht – mit der Hoffnung, dass uns alles zum Guten dient und wir von Herrlichkeit zu Herrlichkeit gehen, auch wenn es nach unseren menschlichen Maßstäben anders aussieht. Bei Gott sieht Erfolg nämlich oft anders aus, als in unseren Köpfen. Ich habe Gottes Sicht Stück für Stück wieder gewinnen können und machte mich eins mit Gottes Plänen für mich und meine Familie.

Noch bevor ich wusste, dass wir Zwillinge erwarteten, hatte mich der Heilige Geist gefragt, ob ich bereit wäre, weitere Jahre zu sterben, weitere Jahre Visionen und Träume abzulegen, weitere Jahre für kleine Kinder die Zeit zu opfern und sie zu lieben. In dieser Nacht, in der ich viele Tränen vergoss, gab ich Gott und meiner Familie mein neues Ja. Später ist man immer schlauer, und so wusste ich nun, wieso Gott mir diese Fragen gestellt hatte: Weil nun zwei Kinder statt einem dazukommen würden.

Zurück zum letzten Arbeitstag und dem Sommerurlaub, der auf uns wartete. Voller Freude und Leichtigkeit ging es nach Kirgistan, in die Hauptstadt Bischkek. Es war ein schöner, jedoch auch anstrengender Urlaub: viele Köpfe für zweieinhalb Wochen unter einem Dach bei teilweise 45 Grad Celsius.

Es war eine Nacht, bei der ich nicht so einfach einschlafen konnte. Die Klimaanlage brummte, die Kinder schliefen auf dem Boden, meine Frau neben mir, und plötzlich hörte ich eine Frage, die mir der Heilige Geist stellte: *„Was bereust du in deinem Leben?“* Ich musste nicht lange überlegen, ehrlich gesagt musste ich gar nicht überlegen, und aus den Tiefen meines Inneren kam die Antwort spontan, fast ohne zu zögern: *„Hätte ich meine Kinder nur später bekommen!"* Ich brach in Tränen aus, schluchzte unter der Decke und versuchte leise zu sein, sodass ich meine Familie nicht aufweckte. Ich biss in die Decke und schrie innerlich, um den Schmerz zu mindern. Wie konnte das nur sein? Ich liebte meine Kinder über alles, ich würde doch alles für sie tun. Und es schmerzte mich so sehr, diese Antwort von mir selber zu hören.

Es war ein Moment, in dem der Heilige Geist mich überzeugte. Ich würde alles für sie tun, und doch war da noch ein tiefer Schmerz versteckt. Wirklich alles? Auch wenn man alles für die Kinder tun würde, heißt das nicht gleich, dass es nicht weh tut. Es tut sehr weh, denn du gibst dein Leben für das deiner Kinder. Du opferst alle deine Träume und all deine Zeit, damit sie ihren Träumen nachjagen können und großartiger als du werden. Du bist hier, damit sie auf deinen Schultern bauen können. Dieses „Sein" ist schmerzhaft und verlangt dir alles ab.

Ich unterhielt mich mit meinem Vater im Himmel, während ich versuchte meine Tränen und mein Schluchzen unter Kontrolle zu bekommen. Ich würde alles genauso in meinem Leben wiederholen, außer diese eine Sache. **Es war der wohl schmerzhafteste Moment meines Lebens.** Ich hatte meine Kinder verleugnet und mich über ihr Leben gestellt. Wie, wie, wie konnte das nur sein? Ich wollte doch schon immer ein junger Vater werden, und nun lebe ich diesen Traum. Ein Traum, der jedoch viele andere Träume kostete.

Die Minuten vergingen wie Stunden, es war ein Moment, der mein Leben markierte. Ich war schockiert und im selben Moment glücklich, dass der tiefste Schmerz ans Licht kam. In meinem Weinen bat ich um Vergebung, dass ich solch einen Gedanken hatte und mein Ego sich versteckt hatte. Ich betete um himmlische Wiederherstellung meines Inneren. Ich wusste, dieser Prozess war notwendig, um Jesus ähnlicher zu werden. Jesus wollte diesen Schmerz mit Liebe und Wahrheit ausfüllen, doch hierzu musste er erst ans Licht kommen. Ich wusste, dass in dieser Nacht etwas Übernatürliches passierte, was ohne Gottes Kraft nie passiert wäre: Ich wurde frei von mir selbst.

Es geht immer tiefer in Jesus, es geht immer tiefer in die Freiheit. Dies geschieht nur mit 100-prozentiger Ehrlichkeit zu sich selbst. Keine Masken, kein Fake. Gott will das echte Wahre. Gott will dir begegnen, da wo du stehst. So ist er auch mir mit seiner unerschöpflichen Gnade und transformierenden Kraft begegnet. Er hat meinen Schrei erhört, meine tiefen Wunden geheilt. Er hat meine Gedanken neu positioniert und meinen Geist geschärft. Ich habe zwar immer noch Visionen, aber doch spricht Gott nun zu mir auf eine neue Art und Weise darüber.

Ich bin freier, meine Motive sind gereinigt, mein Herz ist reiner als je zuvor und ich weiß, dass es nichts Besseres gibt, als sich in seine Kinder zu investieren und sich selbst dafür zu opfern. Was wertvoll ist, kostet dich auch sehr viel.

Ich bin glücklich zu nennen und ich bereue nichts. Alle Ehre Jesus, unserem Herrn.

Kinder sind ein Geschenk des HERRN; wer sie empfängt, wird damit reich belohnt. Die Söhne, die man im jungen Alter bekommt, sind wie Pfeile in der Hand eines Kriegers. Wer viele solcher Pfeile in seinem Köcher hat, der ist wirklich glücklich zu nennen! (Psalm 127, 3-5 HFA)

Daniel Walt | Jg. 1990 | verheiratet, 4 Kinder | Pfronten | Vollzeitdienst Schule der Erweckung und im Jesus Haus Füssen und Musikproduzent | www.linktr.ee/bringhopegivelove

Ein paar Stunden wie ein ganzes Leben

Nach der Session bei einem Männerevent und während der Zeit der Stille unternehme ich eine Wanderung zur Burgruine Botenlauben. Ich habe Zeit, viel Zeit. Der Start vom Zeltplatz führt mich durch das dünne Gestrüpp im Wald zu einem bereits vor langem gefällten Baumstamm, der ganz mit Moos bewachsen ist. Sofort schießt mir ein Gedanke in den Kopf: *„Gestalte ein Herz."* Gesagt, getan, fotografiert und weiter mit dem Spruch:

Vor allem aber behüte dein Herz, denn dein Herz beeinflusst dein ganzes Leben (Sprüche 4,23 NLB).

Während ich weiterlaufe, fliehen zwei junge Rehe; auch eine unscheinbare Raupe und viele Insekten entgehen meinem Blick nicht. So, als ob Gott mir gerade die kleinen Dinge zeigen möchte, an denen ich mich erfreuen soll. Beim Fotografieren entdecke ich, dass der Autofokus nicht an war. *„Oh, das Herz ist sicher unscharf."* Oder anders ausgedrückt: *„Deine Einstellung des Herzens stimmt nicht."* So kam mir das vor. Und zur Bestätigung der Liebe Gottes entdecke ich viele Blätter, die sich mir alle in Herzform entgegenstrecken. **Wie liebevoll ist Gott.**

Nach einem schwierigeren Abstieg und als ich den Golfplatz hinter mir habe, frage ich einen Mann, ob denn auch eine Brücke käme, um über die Saale zu kommen. *„Ja, einige!"* Ich merke, ich bin hilfsbedürftig, nicht nur ohne Handy. Und, ups, meine Trinkflasche habe ich auch verloren. So ein Mist! Sofort spüre ich ein Durstgefühl. Die Brücke führt erst über ein Bächlein, frisch und plätschernd.

Denn bei dir ist die Quelle des Lebens, und in deinem Lichte sehen wir das Licht (Psalm 36,10 LUT).

Mit dieser grandiosen Verheißung laufe ich über die Saale und beobachte Fische. Sie sind in ihrem Element – bin ich in meinem Element?

Ein „Not aus" ist in meinem Leben nicht wichtig, Not gibt es nicht, eher Abhängigkeiten – von Gott, aber auch von falschen Gedanken und Bildern.

Mein Weg durch die Straßen wird schwieriger als das Querfeldein im Wald. Die Richtung ist schwieriger zu halten. Ich freue mich über ein Hinweisschild: „Zur Ruine 800 m" und erreiche den Start des Aufstiegs. Immer wieder kommen Abzweigungen, oft drei Möglichkeiten, ich laufe und laufe. Bis ich zu einer alten, wunderbaren Steinbank komme, auf der ich mich zur Ruhe setzen soll.

Bei Gott allein findet meine Seele Ruhe, von ihm kommt meine Hilfe (Psalm 62,2 NGÜ).

Das tut gut! Eine Maus huscht über den Weg, mal schnell, dann kurz wartend. Sie scheint zu wissen, wohin sie möchte. Ich weiß es auch, nur der Weg dorthin ist irgendwie „verbaut".

Vieles ist in meinem Leben wie belegt, als ob es nicht dazugehört. Und doch ist es da und sieht oft nach außen so aus, als ob es gut sei. So wie das Blatt mit den Spitzen dran. Ich entdecke wieder ein Schild „Ruine". Voller Tatendrang lege ich los, bis mein Blick durch die Bäume streift und die ersehnte Burgruine auf der anderen Seite, dem anderen Berghügel entdeckt. **Ich bin immer wieder falsch abgebogen – wie im richtigen Leben auch so oft. Warum frage ich Gott nicht auch**

bei Kleinigkeiten, wenn er doch selbst die Anzahl meiner Haare kennt?

Doch nun will ich es wissen, wo mein jetziger Weg hinführt, und das Reh vorne inspiriert mich noch mehr. Auf dem Gipfel findet sich allerdings nur ein Schild, dass dort mal eine Burgruine gewesen sei. Ganz schön enttäuschend – aber Enttäuschungen gehören zum Leben. Die Frage ist: Wie gehe ich damit um, ziehen sie mich runter oder motivieren sie mich neu? Und was darf ich daraus lernen?

Nun aber schnell zu meinem Ziel; der Weg ist gut zu finden und ich erreiche die majestätisch thronende Burg: Wunderbare Türme, schöne urige Treppen und ein sagenhafter Blick. *„Oh Papa, wie schön!“*

Doch der Herr ist meine sichere Burg geworden, mein Gott ist der Fels, bei dem ich Zuflucht finde (Psalm 94,22 NGÜ).

Blauer Himmel, Sonnenschein, und ich darf auf der Burgmauer sitzen und meine Gedanken formulieren. Es tut gut, trotz Umwegen das Ziel nicht aus den Augen zu verlieren und es zu erreichen. Immer den Blick auf Jesus, das klappt oft nicht. Wie häufig lenken andere Motive den Blick weg. Hilf mir, Papa!

Wir wollen alles ablegen, was uns beim Laufen hindert, uns von der Sünde trennen, die uns so leicht gefangen nimmt, und unseren Blick auf Jesus richten, den Wegbereiter des Glaubens, der uns ans Ziel vorausgegangen ist (Hebräer 12,1-2 NGÜ).

Und sofort erscheint am Himmel das Zeichen von zwei übereinander liegenden Kondensstreifen, weiß auf blau: Das Kreuz!

Weiter geht es zur nächsten Ruine. Das Eichhörnchen bringt mich erst mal zum Anhalten, der Weg am Anfang ist langweilig. **Und im Leben gibt’s auch Strecken, die ich einfach nur aushalten muss.** Doch es kommt ein klasse Weg – wie eine Allee. Eine moosdeckte Treppe, die wie in den Himmel führt. Und immer wieder Herzblätter, ich bin ganz gerührt. In der Unterführung steht ein Wort: Freiheit.

Zur Freiheit hat uns Christus befreit! So steht nun fest und lasst euch nicht wieder das Joch der Knechtschaft auflegen! (Galater 5,1 LUT).

Da spielt es auch keine Rolle, dass die Ruine nur aus ein paar Steinen besteht. Ich bin hoch motiviert von den Zeichen Gottes. Der bemooste Wald begeistert mich und der Weg zurück ins Camp ist viel kürzer als gedacht. Ich überquere den Golfplatz und schlage mich in den Wald, der von unten so ganz anders aussieht. **Nur „mein" Herz finde ich nicht.**

Also Planänderung. Ich trinke viel im Männercamp und mache mich auf dem gleichen Weg wie morgens auf die Herz-Suche. Es klappt nicht auf Anhieb, aber ich finde es wirklich und gestalte es weiter, als gefülltes Herz und mit dem Zusatz: „Ich geb dir mein". Ich bin erfüllt: voll mit Heiligem Geist, voll mit Jesus, voll mit Papa-Gott. Ich bin verliebt und neu fokussiert. Und die verlorene Flasche liegt plötzlich vor mir. Juhu!

Es war nicht die Suche nach meinem Herzen, sondern nach seinem Herzen – und das führt immer über mein Herz:

Denn der HERR ist gut zu dem, der ihm vertraut und ihn von ganzem Herzen sucht (Klagelieder 3,25 HFA).

Rainer Zilly | Jg. 1967 | verheiratet, 4 Söhne, 3 Schwiegertöchter, 1 Enkelin | Remchingen | Grafik-Designer und Referent für Öffentlichkeitsarbeit im CVJM Baden | www.kreativ-agentur-zilly.de

Bewahrung – immer wieder neu

Ein Vorzeigemensch war und bin ich nicht. Ich habe viele Fehler gemacht: Verletzungen hervorgerufen, Sorgen bereitet und – auch wenn es mir in den damaligen Situationen und Gegebenheiten nicht bewusst war – Unmengen an Leid verursacht, für Menschen die mich liebten und die auch ich im Grunde liebte. Gedanken der Nutzlosigkeit, Angst und vor allem der Sinnlosigkeit waren mein Alltag.

Am Abend des 08.11.2018 waren mein Kollege und ich als Notfallsanitäter auf dem Weg zu einem Einsatz. Aus unbegreiflichen Gründen fuhr plötzlich ein PKW direkt auf unsere Fahrbahn. Ein Aufprall war absolut unvermeidbar. Ich schrie auf. Gleichzeitig ging mein Kollege voll auf die Bremsen. Ich bekam nur noch mit, wie alles um mich herum knallte. Es pfiff in meinen Ohren und ich prallte mit meinem Kopf gegen die Windschutzscheibe. Meine Hand durchstieß dabei den Airbag. Bruchteile von Sekunden … mein Kollege am Steuer verhinderte, dass wir mit dem Rettungswagen auch noch gegen Laterne und Ampelpfeiler prallten … dann kamen wir zum Stehen. – Meinen vollen Respekt und tiefste Dankbarkeit von Herzen dir gegenüber, Steffen! Hättest du nicht so hervorragend reagiert, wäre dieser Unfall um einiges fataler ausgegangen.

Fakt ist, ich war bei diesem Unfall nicht angeschnallt und der Aufprall geschah mit hoher Geschwindigkeit. Ich hätte locker aus dem Auto geschleudert werden können. Dennoch saß ich halbwegs unbeschadet auf meinem Sitz. **Heute weiß ich genau: Es war Gottes Bewahrung, und das nicht zum ersten Mal!** Dies war der dritte Autounfall in meinem Leben. Später erfuhr ich in einem Gespräch mit meiner Mama, dass er mich bereits in meiner Kindheit vor einem weiteren Autounfall bewahrt hatte. Nun, viele Jahre nach diesen Unfällen, weiß ich: Es war kein Zufall! Es war mein himmlischer Vater!

Nun ein Sprung ins Jahr 2022. Ich war an einem Punkt angekommen, an dem ich nicht mehr leben wollte. Am 10. Juni hatte ich vor, meinem Leben ein Ende zu setzen. Ich hatte einen Plan und wollte diesen am Abend heimlich, still und leise durchsetzen.

Es war der Geburtstag meiner Mama. Mit ihr hatte ich am Mittag telefoniert. Während des Gesprächs versuchte ich ganz „normal“ zu klingen und gratulierte ihr noch.

Abends stand sie plötzlich vor meiner Tür und vereitelte meinen Plan, indem sie sagte: *„Ich habe ein ganz ungutes Gefühl und werde dich heute nicht alleine lassen, hier ist etwas zu essen."* Zugleich überreichte sie mir einen Beutel mit asiatischem Essen.

In jenem Moment wurde mir erst bewusst, dass ich mir das Leben ausgerechnet am Geburtstag meiner Mama hatte nehmen wollen, die mich trotz aller Umstände liebevoll in diese Welt geboren hatte. Wie weit war ich gekommen, um so undankbar zu sein? Nicht nur gegenüber meinem Leben, sondern zugleich auch gegenüber meiner Mama. Ihren Geburtstag mit meinem Sterbetag zu verbinden, was wären das an jedem weiteren Geburtstag für unerträgliche Qualen für sie gewesen? Ich mag es mir nicht vorstellen. Gott hatte mich ein erneutes Mal vor Schlimmerem bewahrt, was ich heute mit Gewissheit sagen kann!

Ich habe noch viel aufzuräumen in meinem Leben. Doch seit dem Tag meiner Taufe am 29. April 2023 in Israel weiß ich, dass Gott an meiner Seite steht! Seitdem nehme ich ihn bewusst wahr. Er beschenkt mich täglich aufs Neue! Vor allem mit meiner wundervollen Partnerin und ihren zwei Söhnen, die ich unendlich liebe. An diesem Tag begann mein neues Leben, meine zweite Chance, und dafür bin ich jeden Tag dankbar!

Steven Schmidt | Jg. 1991 | ledig | Halle an der Saale | Notfallsanitäter

Am beruflichen Wendepunkt – Krisenzeit oder Gottes Führung?

Nach über 21 Jahren beruflicher Verantwortung im CVJM war mir klar, dass ich mich beruflich neu orientieren sollte. Ich war knapp 50 Jahre alt und hatte als Geschäftsführer eines internationalen Jugendverbandes in Deutschland viel Positives mitgestalten, ein großes Netzwerk aufbauen und meine persönlichen und beruflichen Kompetenzen ausbauen können. Ich hatte spannende, erfüllende, abwechslungsreiche und herausfordernde Jahre erleben dürfen. Neben einigen Tiefpunkten, Fehlern die ich gemacht hatte, und Enttäuschungen, die ich verarbeiten musste, ging es für mich tendenziell beruflich und auch privat immer positiv aufwärts. Dafür war ich zu der Zeit, und bin es immer noch, sehr dankbar.

Ich war überzeugt, dass Gott mich bis dahin an den richtigen Arbeitsplatz gestellt hatte. Während einer Wanderung zeigte er mir dann, dass der Zeitpunkt zu kündigen gekommen war. Ich stimmte die Entscheidung mit meiner Familie und mit Freunden ab. Ohne zu wissen, was danach kommen würde, kündigte ich beim CVJM Deutschland und wir vereinbarten gemeinsam mein Arbeitsende. Zunächst hatte ich ein Jahr, schlussendlich zwei Jahre Zeit, um mich auf die Veränderung in meinem beruflichen Leben einzustellen. Das war am Anfang spannend und ich spürte eine neue Freiheit. **Bis dahin war ich beruflich und persönlich im „ICE-Tempo" unterwegs gewesen.** Ich fragte mich: *„Wie kann es beruflich weitergehen? Was möchte Gott von mir?"*

Ich überlegte, prüfte Alternativen, sprach mit Gott, nahm Beratung in Anspruch und traf danach eine Entscheidung. Tief in mir hatte ich immer den Wunsch gehabt, selbständig zu sein, mit viel Freiheit und ausreichenden finanziellen Möglichkeiten. Aber in welchen Bereich sollte das gehen?

Kurz vor meiner Verabschiedung beim CVJM fand ich eine Unternehmensberatung, in der ich als selbständiger Berater beginnen konnte. Der Inhaber und ich kannten uns schon viele Jahre. Ich war mir irgendwann sicher: Das soll es sein.

In einer geplanten Auszeit war ich dann auf der griechischen Insel Lesbos als ehrenamtlicher Mitarbeiter im Flüchtlingscamp Moria und in Mytilini eingesetzt. Diese sechs Wochen waren für mich emotional absolut herausfordernd. Nie hatte ich so viel Not, Elend, persönliche Verzweiflung, Gewalt und Hoffnungslosigkeit erlebt. Ich hatte den Eindruck, dass ich im „Vorhof der Hölle“ gelandet war. Ich verstand dort in tieferem Sinne, warum soziales und diakonisches Handeln in unserer Welt für den einzelnen Menschen so wichtig ist. Und das, obwohl ich nicht persönlich betroffen war, sondern die, die aus unterschiedlichen Gründen ihre Heimat verlassen und den „falschen Pass“ für die EU hatten. Zur Erholung verbrachte ich danach einige Wochen in einer christlichen Kommunität am Thuner See in der Schweiz. Dort lernte ich, mein Leben und meine Abhängigkeiten von Menschen und äußeren Umständen neu zu bewerten. Und ich erlebte, dass es für mich auch möglich ist, mein Leben mit normaler Geschwindigkeit zu gestalten.

Nach unserem Familien-Sommerurlaub rückte der Tag meines Einstiegs als selbständiger Berater immer näher. Ich hatte die ganzen Monate Kontakt gehalten, Probe gearbeitet, mit dem Inhaber vieles im Vorfeld abgestimmt, gebetet sowie den Einstieg und meine Aufgaben geplant. Nach den Monaten der Auszeit war ich ausgeruht, vorbereitet und hoch motiviert. Ich war überzeugt und Gott dankbar, dass ich so eine klasse Ausgangsposition hatte.

Am Tag, an dem ich beginnen sollte, quälten mich allerdings Selbstzweifel. Ich hatte keine Kraft, keine Lust und ich konnte im wahrsten Sinne des Wortes nichts tun. Ich war wie blockiert. An Arbeiten war nicht zu denken. Nach der langen Zeit der Vorbereitung und Vorfreude, fragte ich mich und Gott: *„Was soll ich jetzt tun?“* Ich erlebte in den nächsten Tagen eine nie zuvor erfahrene innere Leere und war emotional getroffen. Mein fester beruflicher Rahmen war weg. Ich war unsicher und hatte Angst, was als Nächstes zu tun war. Ich rang mit Gott und musste schlussendlich dem Inhaber und den anderen Partnern erklären, dass ich nicht mit in das Geschäftsmodell einsteigen konnte. Das war schwer und sehr belastend für mich.

Einige Wochen später hatte ich eine Idee. Vielleicht hatte ich zuvor den falschen Fokus gehabt? Möglicherweise wäre Personalberatung das bessere berufliche Thema für mich. Wollte Gott mir dadurch etwas zeigen? Ich versuchte den richtigen Weg zu finden und traf eine Entscheidung für eine Firma im Bereich Personalberatung. Hier konnte ich meine Stärken im Bereich Personal beruflich nutzen. Danach ging alles ganz schnell. Der Einstieg, die Einarbeitung, die finanzielle Beteiligung am Unternehmen, neue Verantwortung und viel Freiheit mit verhältnismäßig wenig Verantwortung für Menschen.

Kurze Zeit später fand ich meinen Beratungs- und Lebensauftrag: begleiten, fördern, ermutigen. Erste Erfolge stellten sich schnell ein. Es fühlte sich alles einfach herrlich an, ich freute mich und war Gott gegenüber zutiefst dankbar über die neuen beruflichen und persönlichen Perspektiven. Auch familiär gab es einen sehr positiven Nebeneffekt. Ich war im Gegensatz zu früher (als ich über 15 Jahre lang mehr als 120 Tage im Jahr außerhalb von unserem Wohnort unterwegs gewesen war) viel zu Hause. Das tat besonders unserer Tochter und unserer Familie gut. Ich war weniger angespannt und konnte viele Dinge tun, für die ich mir zuvor einfach zu wenig Zeit genommen hatte.

Ich war überzeugt, dass ich das Richtige gefunden hatte. Es war herausfordernd, aber mit viel persönlicher Freiheit verbunden. Es ging voran und ich erhielt mehr und mehr Aufträge. Doch nach einigen Monaten kamen erneut leichte Zweifel in mir auf. Zwar hatte ich viel Freiheit in der Selbständigkeit, aber mir fehlte die Führungsverantwortung.

In dieser Phase hat mich eine Anfrage der Diakonie Bethanien tief bewegt, die sich im Nachhinein als Gottes Führung herausstellte. Es ging um ein Beratungsmandat und gleichzeitig um die Frage, ob ich mir vorstellen konnte, die zu besetzende Leitungsposition selbst zu übernehmen. **Ich wurde dadurch vor eine Entscheidung gestellt: Freiheit oder (Führungs-)Verantwortung?**

Wieder musste ich mich mit einer Unsicherheit auseinandersetzen. Wieder hatte ich in mir große Spannungen auszuhalten. Nach so kurzer Zeit kam erneut die Frage auf: Was ist die richtige Entscheidung für meine berufliche und unsere familiäre Zukunft? Es folgte über viele Monate hinweg ein Entscheidungs- und Bewerbungsprozess. Dieser war für mich emotional und neben dem Aufbau meiner Selbständigkeit sehr anstrengend.

Die Entscheidung, die ich bzw. wir getroffen haben, hatte wesentliche Konsequenzen:

- Wir mussten alle das bisherige vertraute persönliche Umfeld aufgeben.
- Für mich war es eine mir unbekannte Branche und damit berufliches Neuland.
- Wir würden in eine Region umziehen, in der wir uns nie vorgestellt hatten zu leben und einen kompletten Neuanfang wagen.
- Ich musste die gerade seit einem Jahr gewonnene Freiheit aufgeben.
- Ich hatte eine für mich nie dagewesene und unvorstellbar große Verantwortung für Menschen zu übernehmen.

Ohne unsere geliebte Tochter, die sich nach 18 gemeinsamen Jahren zu einer Ausbildung ins Ausland verabschiedete, zogen wir um. Der Ortswechsel und der berufliche Einstieg waren geschafft. Wir spürten, das neue Umfeld kann passen, dennoch vermissten wir das für uns gewohnte Leben lange und manchmal schmerzhaft. Wir freuten uns gleichzeitig auf die Chancen, die ein Neubeginn mit sich brachte. Der Aufbau des neuen Umfeldes war schwieriger als gedacht. Dafür war das berufliche Umfeld für mich so passend, wie ich es mir nie hätte vorstellen können.

Wir durchlebten in dieser Zeit viele schmerzhafte und menschliche Verluste. Unsere Trauzeugin, unser Pastor, mein Schwiegervater, meine Schwägerin, mein Cousin und weitere Verwandte sind in der Zeit nach unserem Ortswechsel verstorben. Mit etwas Abstand dann noch meine eigenen sehr geschätzten und geliebten Eltern.

Wenn ich zurückblicke, war es eine extrem herausfordernde Zeit für mich und für uns als Familie. Heute bin ich dankbar für das Erlebte und für die inneren und äußeren Kräfte, die mir von Gott, meinem himmlischen Vater, immer rechtzeitig zur Verfügung gestellt wurden. Sein Zeitplan und seine Führung waren für mich lange nicht zu erkennen, aber er hat immer rechtzeitig eingegriffen und weitergeführt.

Heute weiß ich, dass ich für meine aktuellen beruflichen und persönlichen Aufgaben über lange Zeit optimal von Gott vorbereitet wurde. Dazu gehörten die vielen Höhen und Erfolge, aber auch die Tiefen und großen Herausforderungen, die ich hatte durchleben müssen. **Ich habe den Eindruck, dass Gott mir über die Jahre soziales und diakonisches Handeln aufs Herz gelegt hat.** Heute arbeite ich mit großer Dankbarkeit und Freude in der Diakonie Bethanien, um mit vielen anderen unseren Leitgedanken „Leben helfen“ umzusetzen. Wer mehr über uns wissen möchte, kann gerne unter diakonie-bethanien.de nachschauen.

Matthias Ruf | Jg. 1966 | verheiratet mit Maike, eine Tochter, ein Schwiegersohn, plus „Herzenskinder“ | Diakonie Bethanien, Vorsitzender der Geschäftsführung, www.diakonie-bethanien.de

In einem Jahr komplett verändert

Bis zum Alter von 16 Jahren verlief mein Leben nicht wirklich ungewöhnlich. Ich war ein etwas aufmüpfiger Teenager, aber alles im Rahmen. Mit 16 fing ich meine Ausbildung zum Industriemechaniker an, lernte meine erste Freundin kennen und spielte erfolgreich Fußball – soweit alles normal, das Leben schien gut zu mir zu sein. **Doch dann fing es an, immer steiniger zu werden ...**

In meinem Ausbildungsbetrieb wurden mir so gut wie keine relevanten Ausbildungsinhalte vermittelt, was sich auch in der extrem schlechten Zwischenprüfung widerspiegelte. Außerdem konnten die Eltern meiner Freundin mich nicht leiden und wollten mich loswerden. Ich war ihnen nicht gut genug für ihre Tochter. Auch gesundheitlich ging es mir immer schlechter und die Arbeitsausfallzeiten nahmen zu.

Mit 18 dann der erste große Knall: Ich brach meine Ausbildung nach dem 2. Lehrjahr ab. Und: Als ich gerade mit meinen Freunden im Urlaub war, bekam ich eine SMS von der Nummer meiner Freundin, dass die Beziehung beendet sei und sie mich nicht mehr sehen mochte. (Wie sich später herausstellte, war die Nachricht von ihren Eltern verfasst und nicht von ihr selbst.) **Ich war am Boden zerstört, meine Welt zerbrach und ich wusste nicht mehr, was eigentlich passierte und wie es weitergehen sollte.**

Doch es wurde noch schlimmer. Eines Abends klingelte das Telefon, meine Mutter nahm ab, schrie laut auf, fing an zu weinen und war fassungslos. Meine Tante war am anderen Ende und teilte mit, dass mein Onkel sich das Leben genommen hatte. Ich war zutiefst erschüttert. Mein Onkel war wie ein zweiter Vater für mich gewesen, ich hatte quasi meine Kindheit bei dieser Familie verbracht, und meine beiden kleinen Cousins sind für mich wie Brüder. Jahrelang kam ich nicht mit diesem Ereignis klar.

Durch eine verschleppte Erkrankung und ihre Nachwirkungen mit 12 Kilo Gewichtsverlust brach ich dann psychisch komplett ein. Ich fand zwar einen neuen Ausbildungsplatz, jedoch war nichts mehr wie zuvor. Ich war nicht mehr derselbe, war ein anderer Mensch geworden, geplagt von Panikattacken und wöchentlichen Arztbesuchen. Über die Jahre nahm ich 40 bis 50 verschiedene Medikamente ein. Man versuchte mit aller Gewalt einen gebrochenen jungen Mann wieder arbeitsfähig zu bekommen, doch es sollte einfach nicht mehr so werden, wie es gewesen war.

Bis zum Alter von 25 änderte sich nicht viel an meinem Zustand. Ich beendete zwar meine Ausbildung, wurde danach auch als Industriemechaniker übernommen und war wirklich gut in meinem Beruf, aber dennoch wurden die Ausfallzeiten nicht weniger, sondern immer mehr. Man versuchte mit verschiedenen Medikamenten eine stabile Basis zu schaffen, was nicht gelang. Man schickte mich in eine Reha, die keinerlei Wirkung auf mich hatte (außer, dass ich mit einem Tattoo nach Hause kam). **Mit 25 wurde mir dann von meinem Arbeitgeber verständlicherweise wegen zu häufiger Ausfallzeiten gekündigt.** Es war für mich eher eine Erleichterung, als dass es mich heruntergezogen hätte. *„Es hat auch etwas Gutes“*, dachte ich. *„Nun kann ich mich endlich um mich kümmern, wieder gesund werden und dann neu anfangen.“*

Doch es wurde noch absurder. Bei einer Untersuchung der Nase riet man mir, ich solle mal ein Gerät tragen, das meinen Schlaf aufzeichnet, da ich durch die Nase kaum Luft bekam und dies möglicherweise meinen gestörten Schlaf verursache. **Ich landete schließlich in einem Schlaflabor und erhielt die schockierende Diagnose „Narkolepsie“**: Eine seltene Schlafkrankheit, bei der Betroffene immer wieder in Sekundenschlaf fallen. Laut den Symptomen stand ich erst am Anfang dieser Krankheit, denn ich hatte bisher keinen Sekundenschlaf und auch keine Schlafticks gehabt; eigentlich habe ich fast nie geschlafen zu dieser Zeit.

Erneut schickte man mich zur Reha, und die ersten Tage dort waren schockierend, zu sehen, wie Menschen neben mir einfach immer wieder für ein paar Sekunden einschliefen, wie sie einfach bewusstlos wurden, sobald sie starke Emotionen zeigten (eine sogenannte Kataplexie, bei welcher der Körper zusammenfällt, aber bei vollem Bewusstsein bleibt). Es war wirklich beängstigend. Der Arzt meinte zwar, bei mir müsse es sich nicht in diese Richtung entwickeln, aber es könne natürlich passieren.

Nun saß ich also mit Mitte zwanzig da in Bayern, nach jahrelangem Kampf gegen Depressionen auch noch mit einer neuen angsteinflößenden Diagnose und lebenden Beispielen vor Augen, wie mein Leben die nächsten Jahre aussehen könnte. **Aber aufgeben war nie eine Option.** Ich hatte mir geschworen, nie den Weg meines Onkels zu gehen und meiner Familie so viele Schmerzen zu bereiten. Es blieb also nur: annehmen und weiter machen. Akzeptieren der Situation.

Ich betete schon lange nicht mehr, Gott hatte mir ja früher auch nicht geholfen. Und obwohl ich das Vaterunser auf meinem Arm trug, hatte ich keine Hoffnung mehr, dass Gott meine Gebete überhaupt erhören würde. Dennoch habe ich nie daran gezweifelt, dass es Gott gibt. Aber ich fühlte mich nicht gehört, und deshalb sprach ich auch nicht mehr zu Gott.

Nach der Reha wusste ich nicht mehr weiter, und man gab mir nicht viel Hoffnung mit auf den Weg. Mein Leben trudelte vor sich hin, die Jahre verstrichen, ich versackte in meinem Zimmer, kam kaum noch raus.

Es folgte eine katastrophale Beziehung, die schrecklich war und schrecklich endete. Ich hatte noch nie etwas derartig schlimmes Zwischenmenschliches erlebt. **Doch aus diesen Scherben und diesem untersten Tiefpunkt heraus tat ich dann einmal etwas Richtiges: Ich meldete mich auf einer Online-Dating-Plattform an.**

Mir wurde eine Frau angezeigt. Sie war wunderschön und ein absoluter Blickfang, also klickte ich auf ihr Profil. Die Beschreibung war sehr ausführlich und die Frau wusste, was sie wollte: einen gläubigen Christen! *„Nun ja, ich bin ja gläubig“*, dachte ich, *„und ich habe ja auch das Vaterunser tätowiert, also – perfect match!“*. Ich schrieb sie an … Keine Reaktion … Ich schrieb noch einmal, und tatsächlich, nach Tagen des Wartens kam eine Antwort. Die ersten Tage schrieben wir stundenlang; viele tausende Worte tippten wir in unsere Handys. Bei unserem ersten Treffen fingen wir dann an, über den Glauben zu sprechen, was es bedeutet mit Gott zu leben. Ich musste feststellen: Weder kannte ich Gott, noch war ich gläubig, und ich hatte keine Ahnung, was es überhaupt bedeutete. Zu wem hatte ich eigentlich jahrelang gebetet? Doch so schockierend es zunächst auch war, wie sie lebte und wie sie über Gott sprach, es faszinierte mich und ich wollte mehr davon kennenlernen.

Einige Tage nach unserem Treffen nahm sie mich mit in einen Gottesdienst. Okay – eine komplett andere Welt! Mein Bild von Kirche wurde in den ersten Sekunden gesprengt. Lichtershow, moderne Lieder, überall junge Leute, bei den Liedern rissen Menschen die Arme nach oben, manche beugten sich auf den Boden. Wo war ich hier eigentlich gelandet? Ich hatte noch harte Holzbänke, Weihrauch und Orgel im Kopf. Doch ich war offen für diese ehrliche Art. Ich wusste nach meiner letzten Beziehung: **Ich brauchte eine klare Veränderung, etwas, das mich neu machen würde.**

Die kommenden Wochen waren unfassbar schön. Wir erlebten viel zusammen, hatten tolle Gespräche und ich durfte viel aufsaugen und lernen. Ich fing an, Predigten zu hören, Gottesdienste zu besuchen und mich mit Gott zu beschäftigen – ihn kennenzulernen.

Doch nach zwei Monaten beendete sie unsere Freundschaft, weil sie zu starke Zweifel hatte: An meinem Glauben und ob ich jemals Gott ganz in mein Leben lassen würde; an vielen Dingen rund um meine Vergangenheit und Zukunft. Es tat sehr weh und ich war niedergeschlagen. Doch etwas blieb, und das war die Neugier auf Gott. Ich hatte mir das Ziel gesetzt, die Bibel in einem Jahr komplett zu lesen, ich hatte ja viel nachzuholen. Und ich musste Gott mein Leben geben, ihm vertrauen und alles andere hinwerfen.

Durch das Lesen der Bibel veränderte sich einiges: Meine Denkmuster wurden anders, mein Verhalten veränderte sich und auch meine Gesundheit. Ich betete wieder regelmäßig und hörte Predigten online an. Vieles war so neu und unverständlich, und ich hatte ja auch niemanden, mit dem ich darüber hätte reden können. Trotzdem veränderte sich vieles, und auch gesundheitlich ging es mir spürbar besser. Ich konnte wieder aktiver am Leben teilnehmen. Vor allem innerlich gewann ich zunehmend Ruhe und Frieden, je mehr ich von Gottes Wort las. Doch sobald ich mein eigenes Ding machte, spürte ich auch deutlich, dass die alten Gewohnheiten und Sünden wieder an mir zogen, mich ausbremsten und Unruhe stifteten.

Die Zeit verging bis Weihnachten, als ich einen Traum hatte, der mir sagte, dass diese Frau und ich noch nicht am Ende unserer Reise angekommen waren. Ich schrieb ihr also und wir fingen wieder an uns zu treffen, denn auch sie spürte, dass ich mich verändert hatte. Doch wir wollten Gott in den Mittelpunkt dieser Reise stellen, und er sollte mit uns entscheiden, ob das funktionieren konnte. Nach drei Monaten weiterem Kennenlernen, vielen Gebeten und vielen Erlebnissen wurden wir ein Paar – für mich das erste große Wunder von vielen in diesem Jahr.

Gott arbeitete an mir und alles in meinem Leben veränderte sich so rasant, dass ich oft gar nicht mehr wusste, wo oben und unten war. Gesundheitlich ging es mir wohl nie besser seit meinem 16. Lebensjahr, Gott schenkte mir Heilung, sowohl körperlich als auch seelisch. Ich durfte ihn von Tag zu Tag mehr kennenlernen. Jeder meiner Ärzte hatte mir gesagt, dass diese Krankheit nicht heilbar sei und sie sich eher verschlechtern würde. Doch Gott trotzte all dem und schenkte mir seine Gnade. Ich spürte so viel Dankbarkeit und Liebe, und das verwunderte mich, denn ich hatte immer gedacht, Glaube passiere in meinem Kopf. *„Aber spürbar? Nein, Quatsch."* Doch jetzt durfte ich erfahren: Wow dieser Gott ist wirklich spürbar, nahbar, erlebbar. Er ist keine Fantasie, nein, er ist Realität, spürbare Realität. Verrückt ...

Mittlerweile nahm ich auch an einem Hauskreis teil, was mir sehr half, zu sehen und zu hören, wie andere Menschen Gott kennenlernen, wie er zu ihnen spricht, welche Gaben und welche Weisheit er ihnen schenkt.

Mitte des Jahres wurden wir eingeladen, auf einer Freizeit mit Teenagern die Bibelarbeit zu machen. Der Typ, der vor sechs Monaten noch nichts mit Gott zu tun hatte, sollte nun Bibelarbeit mit Teenagern machen? Ja, Gott hat Humor. Wir stellten uns der Herausforderung, und ich war nervös; ich hatte doch keine Ahnung. Doch Gottes Crashkurs in diesen vergangenen sechs Monaten hatte mich vorbereitet, und wir erlebten eine unglaublich gesegnete Zeit, in der wir Gott in diesen jungen Menschen sehen durften. Es hat mich verändert, zu sehen, wie

junge Menschen Gott lieben und wie ihr Herz für ihn brennt. Einen Vers durfte ich dort für mich entdecken, der mir bis heute immer wieder Kraft schenkt (Johannes 1,12-13 (NLB):

All denen aber, die ihn aufnahmen und an seinen Namen glaubten, gab er das Recht, Kinder Gottes zu werden. Sie wurden dies weder durch ihre Abstammung noch durch menschliches Bemühen oder Absicht, sondern dieses neue Leben kommt von Gott.

Wow, was für eine Aussage! Das Recht, ein Kind Gottes zu sein!

Ich bin Gott so dankbar für den Menschen, den er in meine kaputte Welt geschickt hat, um mich durch ihn zu verändern und zu bekehren. Diese Reise ist noch lange nicht zu Ende, und es gibt auch heute noch viele Höhen und Tiefen in meinem Leben, auch gesundheitlich. Doch die Heilung im Herzen und die Heilung meiner Seele, die Liebe Gottes und das Recht ein Kind Gottes zu sein, hat alles in meinem Leben verändert und ich liebe es und bin ihm auf ewig dankbar!

Ich liebe es auch, Lobpreis zu machen, Gott anzubeten und mit seiner Kraft den Tag zu bewältigen. Morgens wache ich mit Lobpreisliedern im Kopf auf und singe sie.

Ende des Jahres hatte ich die Bibel tatsächlich einmal durch. Doch Gott kennenzulernen wird nie enden, auch nicht, wenn man die Bibel gelesen hat. Gott spricht immer weiter zu uns, und die Bibel zu lesen ist keine einmalige Sache, sondern eine Lebensaufgabe, denn darin ist das Wort unseres großen Gottes. Ich freue mich jeden einzelnen Tag auf die Reise mit Gott und was er noch so alles für mich vorbereitet hat.

In einem Jahr mit Gott hat er mir ein völlig neues Leben geschenkt. Ich bin gesund und werde dieses Jahr wieder arbeiten gehen. In meiner Schwäche ist Christus stark. Und für ihn ist nichts unmöglich. Danke Vater für deine Gnade!

Jedes Mal sagte er: „Meine Gnade ist alles, was du brauchst. Meine Kraft zeigt sich in deiner Schwäche.“ Und nun bin ich zufrieden mit meiner Schwäche, damit die Kraft von Christus durch mich wirken kann (2. Korinther 12,9 NLB).

Markus Gartner | Jg. 1993 | in einer Beziehung | Ellmendingen | Industriemechaniker

Überforderung und Neuanfang

Gottes Licht zeigt uns den Weg durch unsere Finsternis, aber lediglich den nächsten Schritt.

Weckruf_ Es gibt Momente im Leben, die einer unerwarteten Backpfeife gleichen, welche dich mit einem schmerzhaften Knall aus allen Nebensächlichkeiten in das Hier und Jetzt katapultiert. Auf einmal bist du da, hellwach, und schaust einer Realität ins Auge, die vielleicht schon länger da, dir aber in der Härte ihrer Konsequenz nicht wirklich bewusst war. Genauso ein Moment war es.

Mitten in der Nacht stürmte ich – nach Luft schnappend – auf unseren Balkon. Mein Herz raste. Ganz klar, hier lief etwas schief – gewaltig schief. Und ich dachte immer wieder: *„Wie konntest du nur so dumm sein?!"* Ich hatte Panik, und einen kurzen Moment lang überkam mich Todesangst.

Gefährliche Nacht_ Im Laufe dieses Abends hatte ich zu viel getrunken. Das kam zu dieser Zeit häufiger vor, als ich eigentlich wollte. Ich war kein Alkoholiker, merkte aber wohl, dass ich immer öfter mit den Grenzen spielte. An diesem Familienabend hatte sich das Leben gelöst und entspannt angefühlt. Diese sorglosen Momente waren selten geworden. So spürte ich zunehmend die wohlige Wärme und Leichtigkeit, die mir der Alkohol bescherte und atmete auf. Um dieses Gefühl noch mit in die Nacht zu nehmen, warf ich mir unnötiger Weise noch eine doppelte Dosis Tilidin (ein Schmerzmittel auf Morphium-Basis) ein. Diese Tabletten halfen mir häufig mit den Spätfolgen meiner Breakdance-Karriere klarzukommen und machten mich schneller fit, wenn ich Probleme mit dem Rücken hatte. Aber vor allem genoss ich dieses benommene Gefühl und die damit verbundene Entspannung, denn an diesem Abend hatte ich eigentlich keine Schmerzen.

Jesus hilf mir_ Starke Schmerzmittel in Kombination mit Alkohol sind bekanntlich keine gute Idee – was ich nach dem Schlafengehen schon bald merken sollte. So stand ich nun auf dem Balkon, hoffte und betete, dass die Folgen dieses Medikamentenmissbrauchs bereits ihren Höhepunkt erreicht hatten und mit Hilfe meiner Stoßgebete schnell wieder abklingen würden. Denn schließlich würden sich weder der Alkohol noch das Morphium aus meinem Blut wegzaubern lassen. Währenddessen kreisten meine Gedanken. Niemand würde etwas davon haben, wenn ich tot wäre.

Die Fassade_ Wie konnte es soweit kommen? Ich bin Vater von drei gesunden Kindern – tollen Kindern. Meine Frau ist großartig, und eigentlich lief unsere Ehe richtig gut, obwohl meine Frau wegen meinen zunehmend depressiven Zügen zu dieser Zeit immer häufiger ratlos war. Wir standen finanziell und beruflich gut da. Viel von dem jugendlichen und unbändigen Drang, sich behaupten zu müssen, mit den dazugehörigen Unsicherheiten, hatte ich lange schon abgelegt. Mittlerweile war ich ein gestandener, geachteter und bewährter Mann und eigentlich gut in allem, was ich anpackte. Buch geschrieben. Haus gebaut. *Summa summarum war ich, für alle klar erkennbar, eine Erfolgsgeschichte.*

Am Abgrund_ Wenn ich damals mein Leben und meine Familie anschaute, hätte ich dir mit vielen logischen Argumenten sagen können, warum ich eigentlich der *glücklichste Mann der Wel*t sein sollte, aber in diesen Tagen war ich es einfach nicht. Die mir bis zu diesem Zeitpunkt nicht wirklich bewusste Realität: Ich war „völlig am Arsch“. Ausgebrannt von dieser ...

... Rushhour des Lebens_, der Lebensphase, in der man mehrere Kleinkinder zu Hause hat, verbunden mit schlaflosen Nächten. Verantwortung im Job, Verantwortung in der Familie. „Mann“ erschließt neuen Wohnraum und größere Transportmöglichkeiten. Täglich verändert sich etwas. Oft sind die Kinder krank oder verrotzt, nörgelig oder fordernd. Aus der Partnerschaft wurde in dieser Zeit eine Familie mit allem Drum und Dran: den Terminen, Aufgaben und Absprachen; wer, wen, wann, wo abholt und wer noch schnell ein Brot fürs Abendessen besorgt, ... Unbemerkt und langsam hatte mich all das ausgelaugt. Und obwohl ich meine Kinder liebte, machte mich ihr Verhalten und diese Dauerbelastung häufig wütend. Ich hatte keine Kraft mehr, ihr kindisch-irrationales Verhalten zu ertragen und Dinge wieder und wieder sagen zu müssen. So verschwanden mehr und mehr die schönen Momente und scheinbar blieben lediglich die anstrengenden übrig – zumindest meinem Gefühl nach. Oft habe ich in dieser Zeit versagt. Ich war ungeduldig, wurde wütend und laut. Alles schien ein einziger Kampf zu sein, und dabei sehnte ich mich doch nur nach einer Auszeit von all diesem Druck. Nach Leichtigkeit und Entspannung.

Versagt_ Ich war überfordert! „Not ready“ für diese Lebensphase. Und der Grund war, dass ich in einem wesentlichen und essentiell wichtigen Punkt versagt hatte: Ich hatte versäumt, mich um mich selbst zu kümmern. Nicht ohne Grund soll man sich im Flugzeug bei einem Druckabfall zuerst selbst die Sauerstoffmaske aufsetzen, bevor man anderen hilft. Dieses Sich-selbst-Helfen ist kein Egoismus, sondern Logik. Im Eifer dieser turbulenten Zeit hatte ich diese überlebenswichtige Logik vergessen. Lebenswichtige Bedürfnisse hatte ich den stets fordernden Notwendigkeiten geopfert – mit der Folge, dass ich und meine Liebsten litten.

Und obwohl ich bis dahin diese Rushhour immer als Ausrede benutzt hatte, um mich nicht um mich selbst zu kümmern, wurde mir nun schmerzhaft klar: Genau das wäre meine Verantwortung gewesen – *ICH hatte versagt.*

Flucht_ Natürlich muss ein Mann die Kraft haben, seine Bedürfnisse zurückzustellen, ansonsten wird er nie erfolgreich. Aber das darf kein Dauerzustand sein. Irgendwann dringen unsere Bedürfnisse an die Oberfläche und fordern ihren Tribut. Wir können diesen Bedürfnissen dann auf eine gute Art und Weise begegnen, so, dass wir neue Kraft schöpfen, oder wir wählen den Quick-Fix, die Abkürzung, was der Psychologe in der Stressforschung dann „Fluchtmechanismus" nennt. Männer greifen hier gerne auf Medien wie Reels, Pornografie, Computerspiele; teure Anschaffungen, Überstunden, Alkohol, Drogen oder sogar auf den Kick einer Affäre zurück. Nur um seiner gestressten Seele eine „Auszeit" zu gewähren, setzt „Mann" in diesen Momenten alles Erreichte aufs Spiel – so wie ich mit meinem Schmerztabletten-Alkoholmix.

Diese Fluchtmechanismen sind gefährlich und kostspielig.

Rückschritt statt Fortschritt_ Man kann diesen Preis so formulieren: Auch wenn es dir während dem Kick besser zu gehen scheint, nach dem Kick wird es dir schlechter gehen. Und diese Abkürzung, mit der du deinem Bedürfnis nach Leichtigkeit oder Abenteuer zu begegnen versuchst, hinterlässt dich kraftlos, nicht gestärkt. Während meinen Stoßgebeten wurde mir bewusst: *ICH muss etwas verändern!*

Angriff und Neuanfang_ Aus dieser Kraftlosigkeit aufzuerstehen, würde länger dauern und mehrere Schritte erfordern, aber die Alternative war eine zerstörte Familie – egal wie glänzend oder strahlend die Außenfassade funkelte.

Ich musste mir Kraftquellen erschließen, entdecken oder zurückerobern und den Quick-Fix-Lösungen den Kampf ansagen.

„Aber wo fange ich an?"

Sport_ Etwas ratlos fing ich mit dem Offensichtlichen an. Ich bin der Überzeugung, dass es vielen Menschen besser geht, wenn sie regelmäßig Sport machen. So fing ich wieder an, Rad zu fahren und zu laufen. Das musste natürlich abgesprochen werden. Zwei bis drei Mal die Woche war ich draußen. Bei Wind und Wetter. Manchmal kurz, manchmal länger, so wie es eben ging. Manchmal hatte ich beim Joggen, das Gefühl ich würde meinem „alten Ich" davonlaufen. Ich erbrachte keine Meisterleistungen, wurde aber fitter. Die frische Luft und die regelmäßige Auszeit taten mir gut. Auch meine Ernährung änderte ich ein wenig. Bei all dem erlebte ich zwar keinen „Big Change", aber meine Stimmung besserte sich.

Freundschaft_ Wenn wir als Familie in dieser Phase andere trafen, war das oft bei Familien- und Kinderaktionen. Immer wurden Gespräche von Kindern unterbrochen. Solche Treffen waren mehr etwas für die Kinder, als für uns Erwachsene. Aber ich brauchte Freunde bzw. Aktionen mit Freunden – ohne Kinder. Da meine Frau dienstagabends arbeitete, machte ich mit einem Freund einen regelmäßigen Männerabend aus. Seit Jahren ist dieser Termin nunmehr fix. Diese Abende am Lagerfeuer oder im Heimkino sind von einfachen Dingen geprägt: Gesprächen, Feuer, guten Serien, Fleisch und Getränken; je nachdem worauf wir Lust haben. Zusätzlich verbrachte ich die letzten drei Jahre öfters mal ein Wochenende mit Freunden. All das hat immer zu entscheidenden Impulsen in meinem Familienleben geführt und mich gestärkt, voranzugehen.

Wochentagebuch_ Aber das reichte noch nicht. Da die Tage, Wochen und Monate rasend schnell verflogen und dann in Vergessenheit gerieten, habe ich später angefangen, eine Art *Tagebuch* zu schreiben. Ich notierte mir *einmal* wöchentlich, was gut gewesen war. Dadurch erlebte ich mein Leben intensiver und bewusster als zuvor. Und es fiel mir leichter, das Schöne und Gute in dieser Zeit zu lokalisieren.

Coach_ Gleichzeitig organisierte ich mir einen professionellen Coach! Einmal im Monat habe ich mit diesem Coach einen Fixtermin. Ich erwarte bei diesen Treffen keine weltverändernden Aha-Effekte, aber sie helfen mir, bei den mir wichtigen Themen am Ball zu bleiben.

Kurze Auszeiten_ Neben all dem gönne ich mir seit geraumer Zeit kurze Auszeiten: Fünf bis zehn Minuten, in denen ich mich zwinge nichts zu tun, außer zu atmen. Herausfordernd, wenn man eher zur

Fraktion „Macher" gehört. Atemübungen, damit hättest du mich früher jagen können; aber ich habe bemerkt, dass damit das Rattern in meinem Hirn eine Pause bekommt. Und dank dem Impulsgeber meiner Sportuhr ist diese Pause leicht umsetzbar.

Der Weg, die Wahrheit und das Leben_ Das sind wohl die wichtigsten Schritte, die ich in den letzten vier Jahren gegangen bin. Schritte die mir Gott nach und nach irgendwie gezeigt hat. Wie genau? Kann ich dir nicht einmal sagen. Es sind vielleicht einfach nur Gedanken, die man bekommt, wenn man Zeit hat oder sich diese nimmt. Zudem hatte ich in den Monaten davor in meinem reichen aber gleichzeitig übervollen Leben wohl aus dem Blick verloren, dass Jesus nicht nur das *Leben* und die *Wahrheit* ist. Dieser Jesus ist erst einmal ein *Weg*, den man betritt um dann beständig die Schritte zu gehen, die ER einem nach und nach zeigt. Während dieser *Nachfolge* erkennt man dann Wahrheiten, die anfangs vielleicht erst einmal so klingen: *„Du hast ein Problem"*, aber *„du bist geliebt"*. Später folgt das, was die Bibel als *Leben in Fülle* beschreibt. Wie sieht es heute bei mir aus?

Glücksmomente_ Letztes Pfingsten: Nach einer vollen Schulphase verwandelte sich unser Garten mit den ersten Vorboten des Sommers zu einer Ruhe-Oase. Die zwei neuen Hängematten waren ein Glücksgriff, und die Familie chillte im Garten. Wir spielten Karten, meine Jungs tobten auf dem Trampolin und ich las hin und wieder in einem Buch, während die Hängematte hin und her baumelte. Die Kinder waren entspannt.

Zu meinem darauffolgenden Geburtstag konnte ich meine Kinder sogar dazu überreden, eine Wanderung mit mir zu machen. Als wir im Auto Richtung Karlsruhe unterwegs waren, die Sonne wohlig den Innenraum wärmte und meine Kinder lachend vor sich hin blödelten, spielte Spotify einen Song von Zoe Wees. Auf einmal kam mir ein Gedanke, den ich wohl das letzte Mal als kleines Kind gehabt hatte: *„Das alles ist fast zu schön, um wahr zu sein."* Ich war glücklich und mir schossen Tränen in die Augen. *„Ich bin auf dem richtigen Weg – Danke!"*

Anonym

Wenn Gott redet – oder auch nicht

Meine Kindheit und mein Heranwachsen waren nicht ideal. Ich hatte einen Stiefvater, den ich schon in sehr jungen Jahren als Vater nicht akzeptieren konnte. Anscheinend wollte ich nicht mit einem gestörten Vaterbild aufwachsen, also hielt ich es für besser, keinen Vater zu haben und ihn als den zu sehen, der er war: der Mann meiner Mutter. Dafür habe ich einen Zwillingsbruder, und das hat Gott schon von Anbeginn gut gemacht. **Wir waren immer zu zweit und ich musste, ganz gleich was es war, nichts alleine bewältigen.**

Nach meinen ersten beruflichen Verirrungen lernte ich in meinen jungen Zwanzigern jemanden kennen, der ungefähr in meinem Alter war, Bobby. Er hatte Theologie in der Schweiz und den USA studiert und war in Deutschland kurze Zeit als Pastor tätig. Ich war suchend, habe mich viel mit spirituellen Themen beschäftigt, hatte aber mit Kirche nichts am Hut. Die war für mich ein bedeutungsloser Verein und hatte mir nichts zu sagen. Mein Freund Bobby akzeptierte mich mit meinen Meinungen, betete im Stillen und erzählte mir von Gott. So kam es, dass ich mich mit 24 Jahren bekehrte, aus heutiger Sicht allerdings nicht richtig. Ich suchte einen Vater, weil ich keinen hatte. Darum wandte ich mich auch an Gott den Vater. Ich erkannte zwar an, dass Jesus für meine Sünden gestorben war, doch das fand nur im Kopf statt. Jesus habe ich erst in den letzten 10 Jahren wirklich erkannt und liebgewonnen. Doch damals war ich voll und ganz vaterfixiert – und ER ist darauf eingegangen.

In den Anfängen meines Glaubenslebens konnte ich mit der Bibel nicht viel anfangen. Ich fand es oft sehr schwierig, darin zu lesen. Lieber habe ich Predigten gehört und ein Buch über den Heiligen Geist gelesen. Ich war ganz begeistert, weil darinstand, wie es möglich ist, in einer Beziehung zu Gott zu leben. Dann erzählte ich einem Journalisten in meinem Alter davon, der neugierig war. Irgendwann hatte ich das Gefühl oder den Eindruck, als ob Gott im Inneren zu mir spräche und mir sagte, dass ich dem Journalisten dieses Buch schenken solle. Doch dagegen wehrte ich mich. Ich war notorisch pleite, und wenn ich dieses Buch weggeben würde, hätte ich keine Anleitung mehr, wie ich mit Gott in eine Beziehung kommen konnte. Das war mir wichtig.

Ich saß mal wieder in einem der Sonntagabend-Gottesdienste (für junge Leute) und der Pastor Heiner Rust predigte. Während des Gottesdienstes sagte er auf einmal, dass er für einige Leute etwas auf dem Herzen habe. Er ging durch den Gottesdienstraum zu verschiedenen Leuten, legte ihnen die Hand auf die Schulter und sagte zu ihnen, was Gott ihm für sie aufs Herz gelegt hatte. Einige waren mehr als getroffen – das war an den Reaktionen nicht zu übersehen.

Ich war in dieser Gemeinde völlig unbekannt, war nur Gast und saß immer in der letzten Reihe. Ich stand mit niemandem in Beziehung, hatte keine intensiveren Gespräche geführt, und mir war auch nicht anzusehen, ob ich gläubig war oder nicht. Über meinen Eindruck mit dem Buch hatte ich mit niemandem geredet, auch nicht mit Bobby. Wie auch – ich wollte doch nicht für verrückt erklärt werden, dass ich der Meinung sei, Gott habe zu mir gesprochen.

Als der Pastor fertig war, ging er zurück zu seinem Rednerpult. Plötzlich guckte er nach hinten, wo ich saß. Er schaute mich an, kam dann einen der beiden Gänge ganz nach hinten durch, bis er hinter mir stand. Dann legte er seine Hand auf meine Schulter und sagte:

„Tue, was der Herr dir gesagt hat. Und fürchte dich nicht, denn er ist mit dir."

Jetzt hatte ich nicht nur den Eindruck, dass Gott zu mir geredet hatte, sondern auch noch eine Begegnung gehabt, wie sie der Autor in seinem Buch über den Heiligen Geist beschrieben hatte. Ich spürte deutlich die Kraft des Heiligen Geistes. Denken konnte ich nichts mehr – zu groß war das plötzliche Chaos in meinem Kopf. Aber dass die Erde sich mal kurz auftut und ich darin versinken könnte, das habe ich mir gewünscht. Die ganze Gemeinde hatte sich zu mir umgedreht, zu dem, der nicht tat, was Gott ihm gesagt hatte, der nicht gehorsam war. So fühlte es sich an –heute weiß ich, dass es ein Problem meines Innenlebens (oder doch des Stiefvaters) war. Aber die Art, wie der Pastor das in Gottes Namen gesagt hatte, das war liebevoll gewesen. Es war weder beschämend noch tadelnd, sondern eher einladend und ermutigend. Leider fühlte es sich für mich in diesem Moment nicht so an.

Es dauerte noch einige Tage, dann verschenkte ich das Buch. Das war so eindrücklich, dass ich heute, nach 30 Jahren, noch den Namen des Journalisten weiß, obwohl ich danach nie wieder Kontakt mit ihm hatte.

Wie Gott mit mir geredet und es noch einmal bestätigt hatte, das war schon ein Ding, und ich freute mich, wenn auch mit viel Verwirrung und innerem Chaos. Danach reifte innerlich die Entscheidung in mir, mich taufen zu lassen, obwohl ich als Kind in der katholischen Kirche bereits getauft worden war.

In dieser Gemeinde, zu der ich heute noch gehöre, war es üblich, dass man einen Taufbegleiter hatte. Da ich immer noch niemanden kannte, wurde mir ein Ehepaar zugeteilt. Wir haben uns vor der Taufe einmal zum Kaffee getroffen. Im Taufgottesdienst lasen sie dann einen Taufspruch für mich vor. Er steht in Psalm 32, Vers 8:

„Ich sage dir, was du tun sollst und zeige dir den richtigen Weg. Ich leite dich mit meinen Augen."

Kawumm! Jetzt redete er schon wieder.

Direkt nach der Taufe hatte ich nur eine einzige Frage, nur ein Thema beschäftigte mich, und ich musste das sofort mit meinen Taufbegleitern klären. Ich lief nach dem Gottesdienst an allen vorbei, allen die mir gratulieren wollten und sonst irgendwie im Weg standen. Nur eines wollte ich wissen: *„Habt ihr dieses Bibelwort rausgesucht, weil es euch gut gefallen hat? Oder habt ihr diesen Taufspruch für mich von Gott erhalten?"* Sie hatten ihn von Gott erhalten.

Der Schöpfer der Welt, der alles gemacht hat, der allwissend, allmächtig und allgegenwärtig ist: Der würde mir sagen, was ich tun soll! Glückseligkeit machte sich in mir breit. Und sie wurde breiter und breiter. **Mein Herz jubelte! Gottes Reden war für mich möglich und real.**

Leider hielt Gott sich danach oft mehr im Verborgenen, als dass er mir Antworten gab. Oder lag es an meinem Hören? Dass man das Hören fortwährend sensibilisieren muss, sollte ich erst noch erfahren.

Der Kontakt mit Bobby brach irgendwann ab. Meine Lebensumstände wurden immer prekärer und schwieriger, und gefühlt bekam ich wenige bis keine Antworten, obwohl meine Fragen immer mehr wurden. Irgendwann erinnerte ich mich, dass Bobby mir erzählt hatte, Gott habe in der Bibel auf dem Berg Morija seine bedingungslose Gegenwart zugesagt. Das ist der Ort, wo Salomo den ersten Tempel gebaut hatte und wo heute noch Mauerreste der Außenmauer der Tempelanlage des 2. Tempels stehen – in Jerusalem.

Ein philippinischer Missionar, den meine damaligen Schwiegereltern kannten, bot eine Israelreise mit ihm als Reiseleitung an. Nach Israel zu reisen ist nicht ganz günstig, und Geld hatten wir eher in Form von Schulden als Guthaben, aber ich brauchte Antworten und Hilfe. Wenn Gott schon nicht mehr redete, obwohl er es mir zugesagt hatte (vielleicht waren aber auch über all dem Frust meine Ohren und mein Herz verschlossen), wenn er mir also keine Antworten gab, dann würde ich eben dahin reisen, wo er gesagt hatte, dass er gegenwärtig sei – ohne Vorbedingungen. Wenn er irgendwo gegenwärtig war, dann käme ich eben dorthin.

Wir reisten nach Israel, und für mich gab es nur ein einziges Motiv: Gott zu begegnen. Meine Motivation enthielt neben Trotz auch ein gewisses Maß an Überheblichkeit. Aber mein Innerstes schrie und sehnte sich nach ihm. Er hatte es mir doch zugesagt. Ich dachte, ich könne ihn dort an diesem heiligen Ort an seinem Wort festmachen.

Als ich an die Klagemauer ging, wuchs dann doch die Ehrfurcht vor diesem großen Gott. Sicherlich trug auch der ganze Rummel drum herum seinen Teil dazu bei, dass ich wieder geerdet war und mit der gebotenen Ehrfurcht zu ihm kam. So stand ich nun dort an der Mauer und fragte – ganz kleinlaut: „Bist du hier?" Erstmal passierte nichts und ich wartete. Dann kam Leben in meinen Verstand und ein Gedanke wurde sehr präsent:

„Ja, ich bin hier. Aber du musst nicht hierherkommen, um mit mir zu reden. Du kannst überall zu mir kommen."

Dann war es still. Nur einmal hat er es gesagt. Und ich wusste schlagartig, dass es stimmte.

Und doch war ich erstmal wieder frustriert. Gott lässt sich nicht nötigen. Dennoch sieht er das Herz an. Mir blieb keine Wahl: Wenn ich mehr von ihm wollte, dann musste ich dranbleiben und warten. Während des weiteren Aufenthalts in Israel zog immer mehr Frieden in mein Herz ein, ich hatte viele Zeiten der Stille und auch ein- oder zweimal das Gefühl, dass er gegenwärtig war, aber richtig gehört habe ich nichts.

Und so reiste ich wieder nach Hause. Meine Probleme wurden größer, aber nach und nach drang auch sein Reden durch. Es war wie ein Training. Ich suchte offene Kirchen und versuchte, dort in die Stille zu kommen, ihm zu begegnen und sein Reden zu hören. Aber meistens waren es eben nur Zeiten der Stille, zumindest von seiner Seite. Zwar wurden die persönlichen Probleme größer, aber irgendwann änderte sich etwas – und ich kann nicht einmal sagen, wann das war oder woran es lag. Gott griff ein, er half und er redete auch. Zuerst wollte ich hauptsächlich Antworten für meine Lebensumstände. Doch das starke Suchen nach Antworten ließ mit der Zeit nach, und ich freute mich, wenn ich einfach

nur seine Gegenwart erlebte und er sprach. Und dann merkte ich, dass es mir viel mehr bedeutete, wenn er von sich aus redete und ich seine Nähe erlebte, als wenn er mir irgendwelche Fragen beantwortete.

Gott redet. Er redete im Alten Testament sogar durch einen Esel; er spricht durch die Schöpfung; er spricht durch sein Wort, die Bibel. Er hat in und durch Jesus gesprochen, und Jesus hat uns den Heiligen Geist gegeben, durch den spricht er auch. Es ist ein Zeichen von Beziehung, miteinander zu reden. Nur dass es mit Gott bzw. mit Jesus nicht so ist wie mit einem menschlichen Gegenüber. Es ist anders.

Oliver Münch | Jg. 1969 | verheiratet, 2 Kinder | Wedemark & Spalt | Physiotherapeut | aktuelle Entwicklung: Seminarprojekt „Gottes Stimme hören“

Erst mal beten ...

Ich weiß nicht, wie es dir geht, wenn du an Gebet denkst. Im Gegensatz zu meiner Frau tue ich mich persönlich damit manchmal etwas schwer, und ich denke, dass ich nicht der einzige Mann bin, den es herausfordert, Zeit im Gebet zu verbringen.

Der Beginn des Jahres 2023 stellte für meine Frau Hanna und mich den Beginn eines großen Abenteuers dar. Wir sollten die Leitung der Programmarbeit eines christlichen Vereins auf Korsika übernehmen, was bedeutete, dass wir auch dorthin ziehen würden. Doch bevor wir wirklich in Calvi am Strand stehen konnten, stand uns noch so Einiges bevor. Es galt, zwei Umzüge zu meistern: Zum einen mussten wir unser gesamtes Hab und Gut einlagern und zum anderen mit einem kleinen Rest nach Korsika umziehen.

Mir war von Anfang an klar, dass dies eine recht stressige Angelegenheit werden würde, weswegen wir frühzeitig mit der Planung begannen. Doch obwohl wir einen Zeitpuffer eingebaut hatten, liefen die Dinge nicht, wie sie sollten, und es wurde am Ende eng. Wir mussten unsere Abreise sogar um einen Tag verschieben. **Für mich war das alles recht frustrierend, da ich genau eine solche Situation hatte vermeiden wollen und es sich für mich wie Versagen anfühlte.**

In dieser Zeit erlebte ich aber auch drei Situationen, die mit Gebet zu tun hatten, und an denen ich euch teilhaben lassen möchte. Es sind keine großen Begebenheiten, eher Alltagssituationen, in denen ich aber Jesus und sein Eingreifen wirklich erfahren durfte.

Für unsere Sachen, die wir in Deutschland lassen wollten, konnten wir bei Bekannten zwei Räume anmieten. Wir hatten schon Einiges ins Lager geräumt, auch Sachen, die ich dann doch noch gerne mitnehmen wollte. Ich war mir eigentlich sicher, dass ich genau wusste, wo die betreffenden Sachen innerhalb des Lagers waren, doch eine der Boxen war einfach nicht aufzufinden, obwohl eigentlich alles recht ordentlich sortiert war.

Nach einiger Zeit des Suchens begann ich, an mir selbst zu zweifeln und war schon ziemlich frustriert. Als Hanna es mitbekam, fragte sie mich nur, ob ich denn schon gebetet hätte, um die letzte Box zu finden. Dies hatte ich in der Tat noch nicht getan und war ehrlich gesagt noch gar nicht auf die Idee gekommen. Etwas widerwillig und mit einigem

Zweifel, dass das wirklich einen Unterschied in meiner Situation machen würde, habe ich dann kurz gebetet, dass ich doch endlich diese Box finden möge. Ungelogen: Keine 30 Sekunden später hatte ich sie in den Händen. Ein Zufall? Eher unwahrscheinlich. Es war vielleicht keine große Sache, aber ich habe mich überführt gefühlt, dass ich nicht selbst auf die Idee gekommen war, zu beten und Jesus um Hilfe zu bitten.

Neben den Umzügen wollte ich auch noch mein Motorrad verkaufen, da ich es nicht so ohne Weiteres hätte mitnehmen können und es aus Kostengründen auch nicht unterstellen wollte. Ich hatte es online angeboten und zwei Wochen vor Abreise auch einen Käufer gefunden, der die Maschine verbindlich kaufen wollte. *„Prima, dann kann ich das jetzt auch von meiner Liste streichen“*, dachte ich. Aber natürlich sollte es nicht so einfach sein! Der Interessent entschied sich am Schluss doch noch gegen den Kauf, und das, nachdem ich schon zwei anderen abgesagt hatte.

Das Ende vom Lied war, dass das Motorrad drei Tage vor Abfahrt immer noch vor der Tür stand, ohne konkrete Lösung. Obwohl ich dafür wirklich keine Zeit hatte, musste ich mich jetzt zusätzlich auch noch um eine Bleibe für das „Moped“ kümmern. Nach einigem Hin und Her tat sich eine Möglichkeit auf, es anderthalb Stunden entfernt auf einem Hof unterzustellen. Einziger Haken war, dass ich mir nochmal einen Anhänger für den Transport hätte mieten müssen und ungefähr einen halben Tag an Zeit verloren hätte, den ich nicht hatte.

Wieder war ich frustriert und gestresst und es fiel mir schwer, zuversichtlich zu bleiben. Und wieder fragte Hanna mich, ob ich denn schon für die ganze Situation gebetet hätte. Ich fühlte mich ertappt, da ich das tatsächlich noch nicht bewusst getan hatte, und das, obwohl ich doch eine Woche zuvor das konkrete Erlebnis im Lager gehabt hatte! Wir nahmen uns dann einen Moment und beteten gemeinsam für eine bessere Lösung für das Motorrad. Und tatsächlich, innerhalb weniger Stunden fanden wir eine andere Unterstellmöglichkeit in unmittelbarer Nähe, die mir zudem auch noch kostenlos angeboten wurde. Du kannst mir glauben, dass das für mich ein totales Wunder war!

Nachdem diese Geschichte nun auch in trockenen Tüchern war, blieb noch der „finale Endgegner": das Packen des Autos. Auch hier hatten wir uns eigentlich ganz gut vorbereitet, indem wir ein grobes Probepacken des Autos einige Tage zuvor durchgeführt hatten. Als es dann soweit war, begann es zu regnen – das Allerletzte, was wir jetzt gebrauchen konnten. Aber ich hatte tatsächlich aus den letzten Erfahrungen gelernt, und so beschlossen Hanna und ich, dieses Mal direkt zu beten, mit dem konkreten Anliegen, dass der Regen aufhören möge. Recht zuversichtlich, dass sich das Wetter in absehbarer Zeit ändern würde, war ich dann doch recht verärgert, als es nur um so stärker zu regnen begann. Damit hatte ich nicht gerechnet. Gott hatte uns doch nach Korsika gerufen, warum sollte er uns jetzt auf der Zielgeraden noch Steine in den Weg legen?

Nach einem weiteren Innehalten hatte Hanna die Eingebung, die Zufahrt zur überdachten Anwohnergarage zu nutzen, zu der wir glücklicherweise Zutritt hatten, obwohl wir keinen Stellplatz gemietet hatten. Letztendlich erwies sich auch diese Situation als Segen, denn das Packen zog sich in die Länge und die Garagenzufahrt bot uns eine beleuchtete und trockene Möglichkeit in den Abendstunden.

Hier wurde unser Gebet nicht so erhört, wie wir uns das vorgestellt hatten, sondern uns wurde etwas viel Besseres gegeben, da Jesus schon wusste, wie lange alles dauern würde.

Diese drei dicht aufeinanderfolgenden Erlebnisse haben mich wirklich nachdenklich gemacht. Einzeln betrachtet waren das keine großartigen Situationen oder krassen Wunder, aber ich wurde dennoch herausgefordert, mein Gebetsleben zu reflektieren. Von meiner Persönlichkeit her bin ich eher der praktische Typ und gehe lösungsorientiert an Herausforderungen heran. Ich denke, dass auch ein gewisser Stolz mit im Spiel ist, Dinge alleine schaffen zu wollen. Doch wie viel schwieriger machen

wir uns das Leben, wenn Gebet nur der letzte Strohhalm ist, nach dem wir greifen, anstatt die erste Reaktion auf eine Herausforderung?

Gebet sollte nicht die letzte Option sein, wenn alles andere nicht funktioniert hat, sondern es sollte immer der erste Schritt sein. Sich eine Minute zu nehmen und die Situation kurz und knackig vor Jesus zu bringen, würde meine persönlichen Fähigkeiten, mit Herausforderungen umzugehen, ja nicht schmälern.

Es gibt nichts, was zu klein oder zu unbedeutend ist, als dass man dafür nicht beten könnte. Probier es aus und schau, was passiert! Jesus ist der, der den Durchblick hat und alles sieht und weiß. Ihm zu vertrauen und in alle Situationen mit hineinzunehmen ist auf keinen Fall Zeitverschwendung!

Philip Mähler | Jg. 1992 | verheiratet | Calvi/Korsika | Programmleitung in der christlichen Ferienanlage Pinea Corsica | Instagram: berlinerbaengel und unrefinedleather

Vollbremsung

Da lag ich nun – auf dem Boden der riesigen Sporthalle am Rande von Bethlehem im Westjordanland. Mir war sofort klar, was passiert war! **Mit einem für mich deutlich hörbaren Schnalzen war meine Achillessehne gerissen. Der erste Schock saß tief.** Die Mitspieler versammelten sich allmählich um mich und schauten betroffen zu mir herunter.

Nach einem unglaublich beeindruckenden Rundgang am Nachmittag durch die Altstadt von Jerusalem, hatte am Abend Kicken auf dem Programm gestanden. Nach intensivem Aufwärmen, da ich lange nicht mehr gespielt hatte, spielte ich sicher eine halbe Stunde im Feld – Vollgas, versteht sich. Dann ließen meine Kräfte nach und ich wechselte ins Tor. Dann ein Ball, ein schneller Schritt und – eine der beiden stärksten Sehnen meines Körpers war gerissen, ohne jegliche Fremdeinwirkung.

Gestützt auf zwei Brüder aus der Männerreisegruppe wurde ich ins Gästehaus zurückbegleitet. Dabei schossen mir Fragen durch den Kopf: *Wie sollte das mit meinem kleinen Bauernhof weitergehen – gerade jetzt, in der Hauptanbauzeit Ende April? Wie sollte es in meinem Beruf als Persönlicher Assistent weitergehen? Mein Freund und Chef Christopher ist ein junger Mann mit einer Autismus-Spektrum-Störung, der auf plötzliche, tiefgreifende Veränderungen oftmals verstört reagieren kann. Wie sollten seine Eltern meinen Ausfall überbrücken?*

Johnny, der Leiter des Hauses, brachte mir in seiner ruhigen, väterlichen Art zwei Krücken und fuhr mich gleich auch ins nächstgelegene palästinensische Spital zur Erstversorgung. Auf der Rückbank begleitete uns Jan, unser „Mannschaftsarzt".

Dieser Krankenhausbesuch ließ mich in eine für mich ganz neue Welt eintauchen. Direkt vor uns wurden zwei junge Männer verarztet; beide mit blutüberströmten und zerschlagenen Gesichtern. Die für mich ungewohnte Lautstärke, in der die Menschen miteinander kommunizierten, die ausgeprägte Gestik, die nahezu jedes Wort unterstrich, der Sound der arabischen Sprache und die vom mitteleuropäischen Standard stark abweichende Infrastruktur des Spitals waren für mich echt abenteuerlich. Da ich keine großartigen Schmerzen verspürte, konnte ich mich voll auf das Beobachten der Menschen und der Vorgänge in der Ambulanz konzentrieren. **Ich spürte keinerlei Angst; von Anfang an war mir klar: Ich bin in den besten Händen!** Was ich wissen musste, übersetzte mir Johnny. Auch dass die beiden jungen Männer in eine Massenschlägerei verwickelt gewesen waren.

Mir wurde eine „Kabine" – ein mit Vorhängen abgeschirmter Bereich – zugewiesen. Als der Vorhang beiseite gezogen wurde, staunte ich nicht schlecht, denn die Liege war noch mit allerlei blutigen Mullbinden und gebrauchtem Verbandsmaterial belegt. Mit einer einzigen Handbewegung wischte ein Pfleger die Überreste der Behandlung meines Vorgängers in einen Eimer, zog ein neues Papier über die Liege und schon war sie für mich bereit.

Es wurde mir ein offener Schalengips zur Stabilisation für die Nacht gemacht. Ob ich mich in diesem Spital auch der Operation unterziehen sollte, wollte ich lieber noch nicht sofort entscheiden. Johnny riet mir damit zu warten. Er werde versuchen, einen Arzt zu kontaktieren, der auch schon seine Frau operiert hatte.

Während Johnny sich bei der Anmeldung um die Rechnung kümmerte, drang vom Ende des langen Ganges ein extrem lautes, arabisches Streitgespräch zu uns in die Eingangshalle. Plötzlich standen mehr als zehn Männer vor uns, die Hälfte von ihnen waren Beduinen mit traditionellen Gewändern und Kopfbedeckungen, aber noch beeindruckender waren ihre großen (Hirten)Stäbe. Nach meiner Einschätzung waren die beiden Hauptkontrahenten – ein Beduine und ein Mann im Anzug – in der letzten, verbalen Eskalationsstufe angelangt.

Bei der Fahrt zurück ins Gästehaus klärte Johnny uns auf: Der Beduine hatte vehement gefordert, dass ihm die Projektile ausgehändigt würden, welche gerade während des Streits im OP nebenan aus einem seiner Familienangehörigen herausoperiert wurden. Der Arzt hingegen machte lautstark deutlich, dass diese als Beweisstücke der palästinensischen Polizei übergeben würden. Der Wortführer und vielleicht auch Stammesführer der Beduinen wollte sie haben, um Rache üben zu können, wie uns Johnny erklärte.

Am nächsten Morgen weckte mich Johnny mit der freudigen Nachricht, dass wir in einer Stunde einen Termin bei dem Arzt bekommen hätten. Er hatte offensichtlich ordentlich seine Beziehungen spielen lassen. **Der Mann in Weiß kniff mir einmal kräftig in die Wade** (physikalische MRT-Untersuchung); **der Schmerz ließ mich aufschreien.** Dann sagte er mit einem Lächeln: *„In einer halben Stunde habe ich einen Termin frei; da werden Sie operiert."*

Sofort wurde ich dafür vorbereitet. Wie in einem klassischen Hollywood-Streifen aus den 80ern wurde ich im Krankenhausnachthemd auf einem Rollbett durch lange Gänge zum OP geschoben. Über mir zogen die weißen Neonlichter vorbei. In mir ein vertrauensvolles Lächeln. Ich war nicht allein!

Um bei der Anästhesie ins Rückenmark entspannt bleiben zu können, fehlte mir vermutlich die Routine, denn der Mann hinter meinem Rücken sagte mehrmals: *„No, no, relax, Mr. Moosbrugger, relax."*

Da lag ich nun in Bauchlage auf dem OP-Tisch und wartet auf den großen Augenblick. Indes lauschte ich den fröhlichen, arabischen Gesprächen, die von meinem Fußende her zu hören waren. Irgendwann dachte ich mir: *„Jetzt könnten sie dann langsam anfangen."* Kurz darauf sagte eine freundliche Stimme zu mir. *„We're just finished, Mr. Moosbrugger."*

Bewegungslos, doch sicher und geborgen, lag ich schließlich in meinem palästinensischen Krankenbett und sah vor mir meine Zehen unter der Decke hervorstehen, die ich jedoch noch nicht bewegen konnte. So ließ ich mich auf die Fragen ein, die mir im Kopf herumschwirrten:

Hatte ich mich wirklich wieder beweisen müssen? Hätten nicht 50 % Einsatz auch gereicht, um Spaß zu haben? Mit 52 noch auf 25 machen, echt jetzt ... Dann kamen mir die ersten Worte meines Lebensverses in den Sinn: *„Es sei aber fern vom mir, mich zu rühmen ..."* (siehe Galater 6,14). Dieser Punkt war wohl an mein Ego gegangen.

Wie genau war ich eigentlich in diese Situation gekommen?

Die Geschichte nahm im Juli 2005 ihren Anfang. Genau sieben Jahre nach meiner Entscheidung, Bauer zu werden, bezogen Andrea, meine Verlobte, und ich unsere kleine Farm, ein älteres Bauernhaus inmitten einer wunderschönen Waldlichtung in sanfter Berg-Lage, das unser Zuhause für die nächsten 18 Jahre sein würde. Ich wollte aus diesem Anwesen nach den Regeln der Permakultur ein kleines Paradies auf Erden schaffen. Diese Vision wurde zu meinem persönlichen Lebensinhalt und nahm mich voll in Beschlag. Zwei Motive lagen meinem Plan zugrunde: Einerseits wollte ich durch einen möglichst hohen Grad an Selbstversorgung unser irdisches Leben absichern und andererseits wollte ich durch mein Wirken auf dem Anwesen gesehen werden; ich wollte zeigen, wie es wirklich geht! Damals verstand ich jedoch zwei Sachen noch nicht: zum einen, dass es auf dieser Welt nicht nur um mein irdisches Leben geht (vgl. Matthäus 16, 25) und zum anderen, wie geliebt ich seit jeher bin. So kam es, wie es kommen musste, denn es lief nicht so, wie ich mir das in meiner Theorie vorgestellt hatte. **Ich übernahm mich mit dem Hof und es sammelten sich über die Jahre viele „Baustellen“ an.**

Der Besitzer des Anwesens war zurecht unzufrieden mit meiner Hofführung. Ich konnte meine eigenen Erwartungen nicht erfüllen, und seine schon zweimal nicht. So endete jeder seiner Besuche bei uns beiden in Enttäuschung und innerer Wut.

Das Haus war schon sehr in die Jahre gekommen und stellte zusehends eine gesundheitliche Gefährdung dar. Ich informierte ihn darüber und wir vereinbarten einen Besichtigungstermin nach meiner Reise. Einen Tag vor meinem Abflug nach Israel hatte er jedoch vor dem Haus gestanden und es war zu einer verbalen Auseinandersetzung mit meiner Frau gekommen, da ich nicht zu Hause war. Aus meiner Sicht entluden sich in diesem Streit unerfüllte Erwartungen, der Schmerz über nicht gelebte Träume, verweigerte Problemwürdigungen, mangelnde Wertschätzung und auch viele angestaute, persönliche Verletzungen und Enttäuschungen auf beiden Seiten. Als ich nach Hause kam, hatte meine Frau immer noch Tränen in den Augen.

Trotz allem versuchte ich, dieses Thema daheim zu lassen. Ich wollte diese besondere Reise nicht damit belasten. Das gelang mir auch recht gut; einzig am See Genezareth holte mich diese Sorge wieder ein und mir wurde sowas von klar: So will und kann ich nicht mehr weitermachen! Konnte es sein, dass sich diese immensen Spannungen, in die ich mich in den letzten 18 Jahren mit meiner Vision hineinmanövriert hatte, in meinem linken Fuß entladen hatten?

Da lag ich nun und spürte, wie sich das wiederkehrende Gefühl langsam in meinen Beinen hinunterarbeitete. Ich musste eine Nacht im Spital bleiben. Im Zimmer war ich durch dunkle, schwere Vorhänge von meinem Nachbarn getrennt. Nur durch einen schmalen Schlitz konnte ich sehen, wer den Raum betrat. Ständig kamen und gingen palästinensische Polizisten. Gegen Abend kreuzte auch noch eine Hand voll Security-Typen auf, alle „aufgepumpt“ und mit Glatze. Natürlich war kein einziges Wort all der Gespräche zu überhören, verstanden habe ich keines. Die ganze Nacht durch saß ein bewaffneter Polizist am Fußende seines Bettes. Ich durfte bis zum Morgen den Polizeifunk mithören.

Der Uniformierte selbst spielte ununterbrochen an seinem Handy.

Am nächsten Morgen stand Johnny wieder lächelnd vor meinem Bett. Er hatte schon die notwendigen Medikamente besorgt, kümmerte sich um die Formalitäten meiner Entlassung und um die Rechnung. Beim Heimfahren erklärte er mir auf meine Frage, wer denn mein Zimmernachbar gewesen sei, dass es sich bei diesem Mann um einen Verbrecher gehandelt habe.

So war ich in den beiden Krankenhäusern den Auswirkungen von Hass und Gewalt begegnet, dem Schrei nach Rache und Vergeltung und einem Mann, der sich eines Verbrechens schuldig gemacht hatte. *„Du musst verstehen, dass sie immer noch in der Devise ‚Auge um Auge, Zahn um Zahn' gefangen sind; sie haben nichts anderes"*, erklärte mir Johnny (ein palästinensischer Christ) die Hintergründe.

Zu keinem Zeitpunkt in meinem Leben war mir bewusster, was für einen großartigen GOTT ich habe:

Ich traf auf Hass und Gewalt – Jesus Christus gab uns ein neues Gebot, dass wir uns lieben sollen, so wie er uns geliebt hat (vgl. Johannes 13,34).

Ich traf auf Vergeltung – Jesus Christus selbst hat uns aufgetragen, einander zu vergeben, damit auch uns vergeben werde (vgl. Lukas 6,37).

Ich traf auf Verbrechen und Schuld und auf „Wiedergutmachung" durch eigenes Handeln (Einhaltung von Fastenvorschriften und Gesetzen) – Durch Jesus Christus bin ich aus Gnade errettet! (vgl. Epheser 2,5).

Liebe, Vergebung, Gnade; ich bemerkte, dass ich die Tragweite dieser drei Worte kaum erfassen konnte.

Dann traf mich eine Frage mitten ins Herz: Was, wenn Jesus Christus nicht geboren wäre? Ich wäre genau wie die Welt, weil ich auch nichts anderes hätte als das, was die Welt hat! Diese Erkenntnis wurde mir im Geburtsort unseres Erlösers geschenkt.

Als ich daheim sechs Wochen meinen Fuß belastungsfrei halten musste, schrieb ich eine E-Mail an meine Cousine Karin in Israel:

> *Mir wurde das Geschenk zuteil, dass mein Leben am Abend des fünften Tages meiner Israelreise eine Vollbremsung hinlegte: Achillessehnenriss. ... Schon in den ersten Tagen in Israel wurde mir klar, dass ich so nicht mehr weiterleben will und kann.* ***Ich habe immer noch aus den falschen Motiven heraus gelebt:*** *Gesehenwerden, Anerkennung, den Menschen*

gefallen – dies waren immer noch Bestandteile meines Lebens. Nun liege ich da und erlebe, wie der HERR meinen Lebenskompass neu einstellt.

Ich war immer in den besten Händen, in Gottes Händen! Er stellte mir in Israel die zwei besten Männer zur Seite, die sich mit ihren Gaben um alles kümmerten. Reiner Zufall, dass Jan Unfallchirurgie auf Englisch studiert hatte und so mit den palästinensischen Ärzten fließend kommunizieren konnte?

Gottes Fürsorge ging auch zu Hause weiter, denn mein Bruder Elmar kommt jetzt schon über fünf Monate nahezu jeden Tag auf den Hof, um Altlasten zu beseitigen und das Anwesen wieder in Schuss zu bekommen. Ich hatte ihn ursprünglich nur für eine Woche angefragt.

Es kam auch zu dem Besichtigungstermin des Hauses, den wir vor meiner Reise vereinbart hatten. Dabei konnte ich vor dem Besitzer und seiner Familie mein Scheitern eingestehen, was mich sehr befreite. Aufgrund der gesundheitlichen Gefährdung im alten Haus sind meine Frau, unserer Tochter Ciara Sophia und ich mittlerweile ausgezogen und wir leben jetzt in einer Wohnung unten im Tal.

Wie die Geschichte ausgeht, weiß ich nicht. ER schon! SEIN Wille geschehe!

Erich Moosbrugger | Jg. 1971 | verheiratet, 1 Tochter | Bildstein/Österreich | Bauer, Permagoge (Permakultur als Form der Landbewirtschaftung und Pädagoge) und persönlicher Assistent von einem jungen Mann mit Autismusspektrumsstörung

Auch „Gipfelstürmer brauchen ein Basislager“ *

Es machte „Click“ und ich hatte eine Mail in meinem Postfach. Es war der Anfang einer wunderbaren Geschichte und der Beginn einer wundervollen Ehe, die immer schöner wird, gelegentlich jedoch auch „harte Arbeit“ bedeutet. **Denn eine gute Ehe fällt nicht vom Himmel – ...**

Vorher ging es mir richtig dreckig: Fünf Jahre zuvor hatte sich meine Exfrau von mir getrennt, ohne Vorwarnung. Unsere Kinder waren zu dem Zeitpunkt sechs Monate sowie drei und sechs Jahre alt, zudem hatten wir einen Beagle-Welpen. Ich befand mich gerade in einer Rekonvaleszenzphase nach einer schweren Rückenoperation. Unsere Eigentumswohnung hatte ich nach der Trennung verkaufen müssen, um den Unterhalt zahlen zu können. **In dieser Zeit lebte ich bei meinem Freund und Arbeitskollegen in einer Blockhütte im Garten.**

Nach einer Gerichtsverhandlung, in der es um das Aufenthaltsbestimmungs- und das alleinige Sorgerecht ging – die Mutter wollte 300 km von unserem Wohnort wegziehen –, musste ich auch noch die Prozesskosten zahlen und jahrelang abstottern. Auch durfte ich nach einer Anzeige meiner Exfrau meine Kinder über ein halbes Jahr lang nicht sehen. Es suchte mich sogar die Kriminalpolizei an meiner Arbeitsstelle auf, die für mich so wichtig und damals der Mittelpunkt meines Lebens war. Diese Situation schnürte mir die Kehle zu. Manches Mal konnte ich kaum mehr reden – für einen Fachlehrer an einem großen Schulzentrum ein Unding. Deshalb sollte ich mich bei einer Vertrauensärztin melden.

Die Amtsärztin sagte mir: „In diesem Zustand kann ich sie nicht auf die Schüler loslassen. Sie sind ja total fertig und durcheinander.“ So schickte sie mich in eine psychosomatische Klinik nach Scheidegg im Allgäu. **Dies war der absolute Tiefpunkt in meinem Leben.** Ernsthaft überlegte ich mir, ob ich untertauchen, nicht mehr arbeiten und keinen Unterhalt mehr zahlen sollte. Doch das hätte mein Leben ruiniert, an dem ich sehr hing. Und was wäre ich dann für ein Mann gewesen? Das kam also für mich nicht in Frage. Außerdem hatte ich ja Verantwortung für meine wunderbaren Kinder.

Nach dem Klinikaufenthalt, der mir sehr gut tat, reichte ich die Scheidung ein. Ich wollte wieder meine eigenen Entscheidungen treffen und aktiv nach vorne gehen.

Nach einem Kinobesuch – es lief der Musikfilm „Wie im Himmel" – kam ein Mann, den ich nur flüchtig kannte, auf mich zu und fragte mich, ob ich ihn zu einer Zeltmission (Evangelisation) begleiten wolle. Dort war alles neu für mich. Zuerst sang ein Chor: Gospel Alive. Wir saßen ganz vorne in der ersten Reihe. Von Anfang an faszinierte mich dessen Chorleiter. Mit minimalen Finger- und Handzeichen dirigierte er diesen großen christlichen Chor.

Kurz danach sagte mir der Mann, der mich zur Zeltmission eingeladen hatte, dass er gerne zu einer Chorprobe von *Gospel Alive* gehen wolle, und fragte, was mit mir wäre? Ich sträubte mich sehr und hatte starke Bedenken mitzugehen, denn ich hatte in der Schule im Fach Musik zur Benotung vorsingen müssen. Die Note 5 und einen roten Kopf hatte ich noch verkraften können, doch die Höchststrafe war das schallende Gelächter meiner Mitschüler gewesen – eine sehr demütigende Erfahrung.

Genau weiß ich nicht mehr, weshalb ich dann doch zur Chorprobe mitging. Vielleicht war es die Aussicht auf Gemeinschaft. Zudem: Was konnte mir schon passieren? Mehr als ablehnen konnte man mich ja nicht. Nach der dritten Probe forderte der Chorleiter uns Neue auf, mit in die Kirche zu gehen, um einzeln am Mikrofon vorzusingen. Das englische Lied, das zu singen war, kannte ich schon von der Schule her und es klappte. Nun war ich Mitglied eines fantastischen Chors. Was für ein Wunder. Von nun an sang ich im Bass, umgeben von Männern. Nur durfte ich nicht direkt vor einem Mikro stehen – ...

Es waren zehn wunderbare Jahre, die ich in diesem Chor singen durfte. Highlights waren Tourneen nach Frankreich (La Rochelle, Paris) und Ostdeutschland (Stettin), vor allem aber das Miteinander und das Gefühl, dazuzugehören, sowie die Andachten und das gemeinsame Hören auf Gottes Wort.

Auf der bereits erwähnten Zeltmission predigte an jedem Abend Roland Schwamm von der Deutschen Indianer Pionier Mission. Dieser Mann führte nach dem dritten Abend ein langes Gespräch mit mir. Ich erzählte ihm meine ganze Lebensgeschichte. Und dort übergab ich im Juni 2005 mein Leben Jesus Christus, meinem Herrn. Das Leben unter der Führung Jesu ist kein Selbstläufer. Es basiert zum einen auf seiner Gnade und zum anderen auf dem Zusammensein mit Gleichgesinnten und dem Lesen der Bibel.

Circa ein halbes Jahr später lag dann dieses zu Beginn erwähnte Mail im Postfach meines Rechners. Ich hatte mich auf einem christlichen Partnerportal angemeldet. Es war eine mysteriöse Nachricht. Eine Frau hatte sich gemeldet mit einem undeutlichen schwarz-weiß Foto und der Nachricht, dass sie sich gleich endgültig von dem Portal verabschieden würde, zuvor aber noch etwas Dummes machen wolle, indem sie irgendeinem Mann schrieb – und das war ich. Trotz der Ankündigung, sich gleich abmelden zu wollen, schrieb ich ihr zurück, nur leider kam nie eine Antwort von ihr. Sie war wie angekündigt wieder vom Portal verschwunden. Sehr merkwürdig, dachte ich.

Beim Schwimmen im Freibad traf ich einen Freund, dem ich die Geschichte erzählte. „Diese Frau kenne ich, ich habe sie sogar schon mal getroffen, leider nur einmal", sagte er. „Wenn du magst, dann gebe ich dir ihre Daten." Sofort meldete ich mich bei der Frau unter ihrer privaten E-Mail-Adresse. Überrascht und verärgert darüber, dass das Portal, bei dem sie sich aus Neugier angemeldet hatte und mit dem sie nach einer ersten Erfahrung nichts mehr zu tun haben wollte, scheinbar ihre privaten Daten herausgerückt hatte, meldete sie sich bei mir. Nach dem Hin- und Hersenden einiger Mails kamen wir überein, dass wir uns treffen wollten. Und so vereinbarten wir ein Date bei einem Konzert von Gospel Alive. Wir würden uns schon erkennen, sie hatte ja ein Bild von mir.

Sie erschien in einer weißen Hose, was mich irritierte, denn ich mag keine weißen Hosen (sie werden bei mir immer so schnell schmutzig). Zuvor hatte ich eine Karte mit der Aufschrift „4 You" und mit Herzen darauf zur Reservierung für sie in die 10. Bankreihe der Kirche gelegt. In der Pause setzte ich mich neben sie und wäre am liebsten sitzengeblieben, um das weitere Konzert in ihrer Gegenwart zu genießen. Schweren Herzens löste ich mich wieder und ging zum Podest auf meinen Platz.

Danach trafen wir uns noch zwei, drei Mal; dann brach ich auf, um den Jakobsweg nach Santiago de Compostela zu gehen. Ich lief die 800 km von der französischen Grenze bis nach Santiago in 32 Tagen. Auf diesen Pilgerweg hatte ich mich 10 Jahre vorbereitet und wollte ihn unbedingt alleine gehen.

Nach einem Jahr des Kennenlernens heirateten wir im Sommer 2010 unter der Voraussetzung, an uns arbeiten zu wollen, wenn es schwierig werden würde. Und es wurde schwierig, denn wir sind grundverschieden. Und so bedeutet(e) Ehe für uns neben all dem Schönen auch „harte Ar-

beit", die ohne Gott als Dritten in unserem Bund mit Sicherheit gescheitert wäre. Einer meiner Grundsätze ist: Sei ehrlich, teile mit und achte auf deine Gefühle – also: teile ehrlich dem anderen deine Gefühle mit.

Für uns war es Gottes Fügung und Führung, dass er uns zusammengebracht hat. Nun hatten wir ein sicheres Basislager, eine kleine Familie mit unserem Baumwollhund Banjo und – das Wichtigste – mit Jesus im Bund. Die Beziehung zu ihm verfestigt sich immer mehr, seit wir regelmäßig die Predigten von Olaf Latzel hören. Gemäß dem Motto: Auch „Gipfelstürmer brauchen ein Basislager!", in dem Jesus Christus der Mittelpunkt ist und von dem wir gemeinsam zum Gipfelkreuz aufbrechen.

* (Bowlby 1972, S. 6)

Dieter Imm | Jg. 1956 | verheiratet, 3 Kinder | Untermünkheim | Fachlehrer für Sport und Technik, jetzt Rentner

Aus der Rebellion zurück zu Gott

Im Sommer 2020 schloss ich mein Grundstudium an der North Texas-Universität ab, musste aber dortbleiben, um meinen damaligen Job weiter ausüben zu können. Die vorhergehenden sechs Monate hatte ich damit verbracht, dem Covid-Virus aus dem Weg zu gehen und darum zu kämpfen, mein Aufbaustudium antreten zu können. Ich weiß noch, wie ich im Sommer hinten auf der Ladefläche eines Trucks saß, in den Himmel blickte und sagte: *„Gott, hier bin ich wirklich glücklich. Wenn möglich, würde ich hier gerne für immer bleiben."* Doch kurz darauf bekam ich den Bescheid, dass ich im Zentrum für Gesundheitswesen an der Texas Tech University angenommen wurde, das fünf Stunden von meiner bisherigen Uni entfernt ist. **Ich nahm es Gott übel, dass er mich von dem Ort wegholte, wo ich glücklich war.**

Ich konnte glücklicherweise bei einer Familie in Plainview in Texas wohnen, rund 45 Minuten von Lubbock entfernt. Sie nahmen gewöhnlich Gäste aus dem Ausland bei sich auf, zum Beispiel Lehrer aus Südkorea, die an einem Austauschprogramm teilnahmen. Aber da der internationale Reiseverkehr im Jahr 2020 unterbrochen war, hatte die Familie ein freies Zimmer für mich, wo ich unterkommen konnte, während ich mich in der neuen Stadt einleben würde.

Mein Aufbaustudium begann ich im August. Meistens waren meine Tage mit Unterricht ausgefüllt, und wenn ich heimkam, schaute ich Filme an oder machte Musik. Für ein paar Monate war diese Routine ganz schön, aber das Pendeln war ermüdend.

Während meiner Zeit dort schloss ich mich der Story Church in Lubbock an, wo ich eine geistliche Heimat fand. Obwohl ich das Glück hatte, viele neue Leute kennenzulernen, kämpfte ich mit Einsamkeit. Die Familie, bei der ich wohnte, sah ich nur selten, weil ich schon sehr früh am Morgen losmusste und erst spätabends wieder zu Hause war. Wenn ich mal früher heimkam, schaute die Familie fern oder war gerade mit einem eigenen Projekt beschäftigt. Also zog ich mich auf mein Zimmer zurück.

Das Gefühl, meine Dozenten beeindrucken zu müssen und meine Eltern stolz auf mich machen zu wollen, war erdrückend. Und der Wettbewerb mit meinen Kommilitonen war für mich eine Qual. Unsere Truppe begann mit zwölf Studenten, und wir waren nur zwei Männer.

Wir mussten im Hörsaal Masken tragen und durften nicht direkt nebeneinandersitzen, wonach man sich sehnte. Aber wir hatten auch Missgunst aufeinander. Wir wollten beweisen, dass wir hierhergehörten, wussten allerdings, dass wir während der Pandemie doppelt so fleißig lernen mussten, um erfolgreich zu sein. In meinem ersten Jahr wurde ich ein sehr ängstlicher junger Mann. Ich debattierte mit Gott und hatte den Eindruck, als wäre meine Zeit dort vergeudet.

In meinem zweiten Jahr in Lubbock legte ich mir viele (vielleicht ungute) Gewohnheiten zu. Ich fand einen Job auf dem Campus, wodurch das Pendeln wegfiel. Darüber freute ich mich und ich wollte versuchen, das zweite Jahr besser hinter mich zu bringen. Es gab viele Gerüchte, wonach das 2. Jahr das schwerste sein würde, und es stimmte. **Meine Frustration gegenüber Gott führte zu Rebellion, und ich bildete mir sogar ein, ich hätte das Recht dazu.**

Zwar wendete ich mich nicht vom Glauben ab, ging auch weiter zu den Gottesdiensten in der Story Church, zur Bibelstunde und studierte die Bibel für mich selbst, doch besonders im 2. Jahr verschloss ich mein Herz vor dem Herrn. Ich war deprimiert, und wollte in meinem Trotz auch gar nicht davon frei werden. Der Gedanke, dass ich in Lubbock „feststeckte“, lähmte mich. Ich spürte auch den Druck, weitermachen und mein Studium abschließen zu müssen. Mir war klar, dass ich es für den Rest meines Lebens bereuen würde, sollte ich keinen Abschluss erlangen. Bei einigen Prüfungen fiel ich durch und weinte viel. Als Ablenkung beschäftigte mich mit weltlicher Kultur und dachte, das wäre mein Fluchtweg.

Auf der anderen Seite traf ich zu der Zeit eine wunderbare Frau und wir lernten uns sehr gut kennen. Wir konnten uns gegenseitig ermutigen. Zwar hatten wir fast nichts gemeinsam, aber unsere Zuneigung zueinander war sehr stark. Ich

denke, Gott erlaubte, dass ich mit ihr zusammen war, weil mir diese Beziehung im Natürlichen sehr half, auch wenn ich letztlich nicht geistlich davon profitierte.

Ich hielt mich nicht mehr an Gottes Urteil und Rat und meine Seele war wie tot. Es war, um es nett auszudrücken, eine interessante Erfahrung, der einzige „Schwarze" im gesamten Studiengang zu sein, denn die nigerianische Studentin fehlte meist. Ich fühlte mich wieder einsam, und weil ich der einzige Afroamerikaner war, sah ich mich auch noch in der Opferrolle und bildete mir ein, dadurch läge noch mehr Druck auf mir. Ich hatte Angst vor prüfenden Blicken und Zurechtweisungen, die aber in Wirklichkeit von meinen Dozenten nie kamen.

In meinem 3. Studienjahr lernte ich eine wertvolle Lektion über Verantwortung und darüber, dass man sich an die Gesetze des Landes halten muss (solange sie nicht Gottes Wort widersprechen). Mein Rebellieren gegen Gott hatte nun auch im Natürlichen Auswirkungen. Ich gefährdete damit mein gesamtes Studium und kann Gott nur für seine unendliche Barmherzigkeit danken.

Das 3. Jahr war außergewöhnlich, und ich war fest entschlossen, es gut zu beenden. Ich überwand die Herausforderungen der ersten beiden Jahre. Auch auf der Arbeit gab ich alles und stellte sicher, dass ich integer und ehrlich war. Mir war bewusst, dass einige meiner Kollegen keinen so hohen Standard hatten wie ich, allerdings war ich stolz darauf. In meinem Stolz bildete ich mir ein, ich könne selbst darüber entscheiden, welche Regeln ich befolgen wolle und welche nicht. Aber egal, wer du bist, wenn du gegen die Regeln verstößt, hast du dich schuldig gemacht. Das Ganze gipfelte darin, dass die Polizei ins Spiel kam. Die Einzelheiten will ich hier nicht ausbreiten, aber ich musste vor einen Richter treten, der die Bedingungen zur Freilassung festlegen sollte. Dank der Barmherzigkeit Gottes brauchte ich nicht ins Gefängnis, aber was ich erlebt hatte, reichte aus, dass ich *„Nie wieder!"* sagte.

Mir wurde klar, dass, obwohl ich meine Arbeit mit Integrität erledigt hatte, mein Herz voller Rebellion war. **Ich hatte im Herzen gegen Gottes Gesetz verstoßen, was dazu führte, dass ich im Natürlichen das Gleiche tat.**

Ich tat Buße wegen meiner Selbstsucht und Undankbarkeit in Bezug auf die Gelegenheiten, die Gott mir bot, Gutes über mich selbst zu erfahren und meine Fertigkeiten wirklich zu beherrschen. Ich denke, ich

gab mein Bestes, aber schöpfte nicht alle Möglichkeiten aus, die mir zur Verfügung standen. Gott nutzte meine Wüstenerfahrung, um das Böse aus meinem Herzen zu entfernen. So fing ich an, wieder Freude zu haben, und war entschlossen, das Studium abzuschließen. Auch meinen Job wollte ich gut machen. An die Gesetze des Landes und an Gottes Gesetze wollte ich mich nun halten.

Im 4. und letzten Studienjahr beendete ich mein Studium und musste noch ein Jahr an einer HNO-Klinik in meiner Heimatstadt arbeiten. Der Wechsel von der Schulbank in die Arbeitswelt fiel mir schwer, aber er gelang mir, und ich verspürte die ganze Zeit Freude, weil ich an Gottes Barmherzigkeit aus dem 3. Studienjahr dachte. Ich war wirklich erleichtert.

Ich habe Gott mein Herz wieder zugewandt. Wenn ich mich zu ihm wende, erlebe ich, dass ich geliebt werde und sein Sohn bin. Dann sehe ich mein Leben aus einer anbetenden Perspektive. Darum sei auch du ermutigt, ihm dein Herz zu öffnen.

Miguel McQueen | Jg. 1998 | alleinstehend | Dallas/Fort Worth, Texas, USA | Gehörspezialist

Brücken zum Leben

Mittlerweile blicke ich auf nahezu 30 Berufsjahre als Krankenpfleger auf einer Intensivstation zurück – und damit auch auf unzählige Begegnungen mit Patienten und ihren Angehörigen, auf Mut machende Genesungsverläufe, aber auch auf Leiden, Sterben und manche Fragen.

Schwere Unfälle sowie komplizierte chirurgische Eingriffe münden immer wieder nach wochenlanger Intensivtherapie in der Entscheidung, wie sinnvoll es noch ist, mehrere Organsysteme maschinell aufrechtzuerhalten, und führen infolgedessen dann auch zu einem Angehörigengespräch, wenn das angestrebte Therapieziel nicht mehr erreichbar zu sein scheint.

Nicht selten muss ich dann miterleben, während meine Augen auf einen Überwachungsmonitor gerichtet sind, wie die QRS-Komplexe der grünen EKG-Kurve breiter werden und langsam in eine Nulllinie übergehen; die sonst typische Blutdruckkurve abflacht, schließlich einen langen roten Strich zeigt, und die Pulsoxymetrie ein blaues Fragezeichen als Symbol für einen nicht (mehr) messbaren Wert aufweist. Der Monitor bildet äußerlich sichtbar den Sterbeprozess eines Patienten ab, und schließlich tritt die unabänderliche Situation ein: Der Patient, der wertgeschätzte Vater, die geliebte Mutter, der Mensch in Zimmer X auf der Intensivstation ist tot. Die zuletzt das „Leben" bestimmende Maschinerie wird abgeschaltet. Die Monitoralarme, die Geräusche des Beatmungsgerätes und anderer zur Intensivtherapie eingesetzten Gerätschaften machen einer vollkommen gegensätzlichen Atmosphäre Platz: Ruhe, „Totenstille".

Diese Momente, wenn eine Biografie zu Ende geht, gehen an niemandem völlig spurlos vorbei. Eine Botschaft für Sterbende zu haben, bedeutet für mich etwas ganz Besonderes! Mehr als dankbar schaue ich auf die Tage zurück, an denen mich DER, der von sich sagt: *„Ich bin die Auferstehung und das Leben"*, dazu gebraucht hat, Leidende und Sterbende auf die Begegnung mit IHM in der Ewigkeit vorzubereiten. Wie gut, ihnen dann Gottes Zusage ins Ohr flüstern zu dürfen: *Fürchte dich nicht, denn ich habe dich erlöst!* (siehe Jesaja 43,1). Und wie gut, dass andere da sind, die mir in diesen herausfordernden Momenten des Lebens durch ihre Gebete den Rücken stärken!

Dass ich heute eine Botschaft für Menschen in dieser notvollen Situation in meinem Herzen trage und sie mit ihnen teilen kann, ist insofern bedeutsam für mich, als dass ich mich selbst als kleiner Junge oft in den Schlaf geweint habe, weil ich den Tod als das „große, schwarze Unbekannte" so sehr fürchtete. **Nun darf ich anderen eine Hilfe sein, darf ihnen Brücken zum ewigen Leben bauen.**

Apropos „Brücken zum Leben" – wie kam es eigentlich dazu, dass ich diese Brücke finden durfte, und wie kam es zu der ersten, 2013 produzierten Lebensbrücke-CD des C. H. Lebensbrücke e.V. sowie zu „zerbrochen und wertvoll" der zweiten CD im Jahr 2019?

In dem kleinen Dorf, in dem ich aufwuchs, waren die einzigen beiden Freizeitangebote für den Kinder- und Jugendbereich ein Fußballverein und ein Kinderchor – beide wurden nicht meine Zukunft. In Erinnerung wird mir für immer bleiben, wie der Chorleiter suchend durch die Reihen ging, um den ausfindig zu machen, der die Töne unpassend traf. Leider blieb er immer vor mir stehen. Nach einer möglichen Teilnahme beim Eurovision Song Contest, um für Deutschland an den Start zu gehen, fühlte sich das nicht an, und auch nicht nach CD-Produktionen.

An meine Kinder- und Jugendzeit erinnerte ich mich vor kurzem wieder, als ich für die Jubiläumsfeier anlässlich des 10-jährigen Bestehens von „Projekt 58,7 STREETWORK", einem Arbeitszweig des C. H. Lebensbrücke e. V., gebeten wurde, einen Impuls an die Gäste und Jugendlichen weiterzugeben. Die Worte aus Jesaja 43,1 bildeten dabei nicht nur die Grundlage für diesen Impuls, sondern auch den Refrain des Liedes „Kartons", eines Songs, den ich geschrieben habe, und der von einem Musikertrio an diesem besonderen Tag live gespielt wurde. Gemeinsam mit den Jugendlichen, den STREETWORK-Mitarbeitern und Gästen schaute ich auf ein Ereignis aus meiner Jugendzeit zurück:

Für meinen Schulweg in die nächstgrößere Kleinstadt nutzte ich gewöhnlich den Zug. Am liebsten hielt ich mich in dem Raum zwischen den Abteilen direkt an den Türen auf und hatte dort meinen sicheren Stehplatz. So auch an jenem Morgen. Langsam füllten sich die Plätze und ich musste in das angrenzende 1. Klasse-Abteil ausweichen, blieb aber direkt am Eingangsbereich stehen. Zuvor eingestiegen war ein Trio älterer Jugendlicher, von denen plötzlich einer zum anderen Ende des Abteils ging, irgendetwas an der Tür werkelte, zurückkam und mit einem Spezialschlüssel hinter sich ebenfalls an der Tür schraubte. Ehe ich die Situation erfasste, merkte ich: Ich war eingeschlossen. Die Jungs fanden die Situation sehr lustig, ich dagegen nicht wirklich, und ich überlegte schon, wie ich an der nächsten Haltestelle aus dem Abteil (über das schmale Fenster?) und aus meiner misslichen Lage herauskommen sollte. Hilfe kam unerwartet schnell: Der Schaffner öffnete die Tür, vermutete mich als „Täter", fragte irgendetwas, worauf ich aber, sehr mutlos, nichts erwidern konnte. Das Jugendlichen-Trio hatte diese Begegnung offenbar ganz anders verstanden und sahen in mir ihren „Verräter". Das war zwar überhaupt nicht der Fall, war aber nicht entscheidend; sie mussten wohl schon entschieden haben, was nun zu tun sei. Kaum in der Unterführung am nächsten Bahnhof und der gemeinsamen Endstation angekommen, wurde ich plötzlich von hinten hart angerempelt. Danach folgten ein Tritt und noch ein Schlag. Zu guter Letzt wurde ich von hinten auf die Steintreppe geworfen. Viel mehr als mein Handgelenk taten in diesem Moment zwei Fragen weh: Warum ich? Und warum hatte mir NIEMAND vom einen Ende der Unterführung bis zum anderen geholfen? Erst einige Jahre später sollte ich die HILFE erfahren, die eine entscheidende Wende bedeutete – bis dahin wurde ich in meinem jungen Leben noch einige Male hin- und her geschubst ...

Neben der Frage nach einer Antwort auf „das große unbekannte Schwarze" am Ende des Lebens beschäftigte mich in dieser Zeit mehr und mehr die Frage nach dem Sinn des Lebens überhaupt. **Ich war auf der Suche, hatte einiges ausprobiert, blieb aber innerlich leer.**

Einige Jahre nach dem Erlebnis in der Bahnhofsunterführung kam es in den 1990er Jahren zur Begegnung mit Wolfgang und Monika Theuß, dem Gründerehepaar der Lebensbrücke, denen Gott einen Blick hinter die Fassade und Maske meines bisherigen „christlichen Lebens" schenkte. Für ein Leben als Christ hatte ich mich in einem Hauskreis entschieden, war von „dem breiten auf den schmalen Weg gewechselt", auf diesem Weg aber etwas hilflos und kurze Zeit später dann recht verzweifelt unterwegs. Irgendwann fand ich mich in meinem kleinen Zimmer des „Schwesternwohnheims" während meiner Krankenpflegeausbildung auf den Knien wieder, mit der Bitte auf den Lippen, dass Gott, der einmal Licht in mein Leben gebracht hatte, es noch einmal schenken möge. Dieses „Licht" erschien mir dann in Form eines Freundesbriefes, dem ersten Brief des C. H. Lebensbrücke e. V. Darin las ich von den Arbeitszweigen der Partnerorganisation CENA in São Paulo, Brasilien, – ihren Aktivitäten im Gefängnis, vom Hingehen zu denen, die am Rande der

Gesellschaft stehen, die obdachlos wie Müll auf der Straße liegen, zu Prostituierten, zu Transvestiten. Dieser Bericht bewegte mein Herz sehr, gab mir Hoffnung für mein eigenes Leben, gaben Jesus und der Bibel einen neuen Sinn für mich und entfachten die Sehnsucht in mir, Brücken zum Leben mitzubauen. Die Worte aus Jesaja 58,7, dem Leitvers der Lebensbrücke, wurden für mich ganz groß. Auf dem Weg und in der Mitarbeit erlebte ich, wie sich nach und nach die sich anschließenden Versprechungen in den Versen 8-12 (wie z. B. „ihre Heilung wird schnell voranschreiten") erfüllten. An der Seite von Wolfgang und Monika veränderte Gott mein Leben Schritt für Schritt und sorgte für meine Seele, die einem „kaputten Pflänzchen" glich.

Dass ich während meiner (ersten) Reise nach Brasilien 1996 alles zuvor Beschriebene selbst vor Ort sehen würde, hätte ich mir in meinen kühnsten Träumen nicht vorstellen können. Diese Erlebnisse und Begegnungen sind und bleiben als unvergleichlich wertvoll in mir bewahrt und sind noch heute der Grund, weshalb meine Familie und ich uns von Herzen gemeinsam mit allen Lebensbrücklern für unsere Partnerorganisation in Brasilien einsetzen.

Und so hatte mir Gott nicht nur für „das Ende" eine Antwort geschenkt (die ich nun mit anderen auf der Endstrecke ihres Lebens teilen kann)**, sondern auch für jeden neuen Tag „mitten im Leben".** Nach kleinen Anfängen der Mitarbeit in der Lebensbrücke kamen mit den Jahren Aufgaben, Ämter, Verantwortungen und Herausforderungen dazu. Inmitten all dessen bleibt aber im Innersten als Dienstanweisung Jesu bestehen, dabei mitzuhelfen, Brücken zum Leben zu bauen und für die da zu sein, die (wie ich selbst früher) „hin und her geschubst werden". Jesus sagt: *Was ihr den Geringsten getan habt, das habt ihr mir getan* (siehe Matthäus 25,40). Von GANZEM HERZEN DANKBAR bin ich, dieses Anliegen mit meiner Frau Dorothee zu teilen, die – ähnlich wie ich – mit den Jahren in Aufgaben und Verantwortungen hineingewachsen ist und nunmehr zusammen mit einem Team den Arbeitszweig „Mutter-Kind" leitet sowie als Rechnerin die Finanzen im Verein verantwortet. Unser gemeinsamer Lebensweg fing in der Lebensbrücke an, und es ist ein Geschenk, mitzuerleben, wie auch unsere beiden Söhne sich nach ihren Möglichkeiten mit einbringen und Jesus dienen lernen.

Neben „Kartons" ist die Arbeit im C. H. Lebensbrücke e. V. zum Impulsgeber auch für einige andere Lieder geworden, die auf unseren beiden Lebensbrücke-CDs von klasse Musikern vertont und zur Unterstützung unserer verschiedenen Arbeitszweige in Deutschland und Brasilien produziert wurden.

Diese Lieder bedeuten mir auch eine unbeschreiblich wertvolle Brücke – die Brücke von meinem Herzen hin zu denen, die Gott mit besonderen, musikalischen Gaben beschenkt und ausgestattet hat. Würde ich sie in Anwesenheit des damaligen Kinderchorleiters vorsingen, würde er vermutlich immer noch vor mir stehen bleiben. Meine (Musiker-) Freunde dagegen nicht: Sie blicken tiefer, und gemeinsam mit den Gaben, die Gott ihnen geschenkt hat, entstehen Lieder, die ihren Hörern immer wieder zum Trost und Segen werden dürfen. IHM sei Lob und DANK!

Die (Lebens)Reise ist noch nicht zu Ende, und so lange sie währt, möchte ich gerne noch einigen ins Ohr flüstern oder es von meinen Freunden singen hören: *Fürchte dich nicht, denn ich habe dich erlöst; ich habe dich bei deinem Namen gerufen; du bist mein!* (Jesaja 43,1 ELB).

Stefan Kowalsky | Jg. 1971 | verheiratet, 2 Kinder | Gießen-Kleinlinden | Fachkrankenpfleger für Anästhesie und Intensiv, Praxisanleiter | www.CH-Lebensbruecke.de

Unscheinbar, unbedeutend, fast normal ...

Ich wurde in eine stabile bürgerliche Familie geboren. Meine Eltern nahmen mich und meinen jüngeren Bruder sonntäglich zum Gottesdienst in die evangelische Kirche mit, und so habe ich früh vom Gott der Bibel gehört. In der Schule gab es eine Zeit, in der ich der „Klassendepp" war, das hatte auch mit meiner sicherlich etwas komischen Haltung zu tun; ich hatte wenig Freunde aber eine tolle Beziehung zu den Cousins, die ich alle paar Monate auf Familienfeiern traf.

Ganze Sache mit Gott machen, oder nicht?

In meiner Jugendzeit kam ich dann durch die Teilnahme an einer Freizeit in Kontakt mit Gleichaltrigen, die allerdings ganz anders mit Gott umgingen, wie ich es aus meinem kirchlichen Umfeld kannte; das hat mich angesprochen. Durch die Freundschaften mit ihnen hörte ich davon, wie der Gott der Bibel uns Menschen nahe sein will, und wirklich alles dafür getan hat, um uns diese Nähe zu ermöglichen.

Ich habe damals schnell verstanden, dass es um Jesus ging, auch darum, dass ich mich irgendwie entscheiden musste. Es begann in mir zu nagen: *„Bin ich bereit, mein Leben diesem Jesus anzuvertrauen?"* Trotz meiner ernsten religiösen Haltung war ich plötzlich von Bedenken geplagt, ob mein Leben mit einer Entscheidung für Jesus nicht doch letztendlich Einschränkungen unterworfen wäre, die meiner freien Entwicklung im Weg stehen würden. Doch wie man sich denken kann, habe ich mich letztendlich für ein Leben unter der Herrschaft von Jesus entschieden; das war bei einer Art Kongress für Jugendliche, ich war 19 Jahre alt. Ich erinnere mich allerdings, dass diese Entscheidung doch noch ein innerer Kampf war.

Glauben für den Alltag

Mein Glauben war stets geerdet und hat sich an der Bewältigung des Alltags orientiert: Ich wollte meine Entscheidungen nach biblischen Prinzipien treffen, und rückblickend ist mir das auch gelungen. Vor großen Fehltritten blieb ich bewahrt, aber was meinen Charakter angeht, hat es viel Zeit gebraucht, um dem eigenen Anspruch gerecht zu werden.

Gott hat uns durch Jesus in seinem Wort wissen lassen, dass er von uns nur Glauben in der Größe eines Senfkorns erwartet, um dennoch ganz viel damit bewegen zu können, nämlich sprichwörtlich Berge! Und so ist es in meinem Leben gekommen. Ich habe gesehen, wie Menschen sehr viel Glauben aufgebracht haben, aber damit gescheitert sind, weil sie an die falsche Sache, die falsche Philosophie oder gar an die falsche Person geglaubt haben. In meinem Leben habe ich erfahren, wie groß die Belohnung für den ist, der an Jesus Christus glaubt.

Missionarsleben

Wir waren schon fünf Jahre verheiratet, als unser Leben eine besondere Wendung nahm: Wieder war es ein Wagnis, wieder ein Schritt ins Unbekannte, und wieder wurden diese Entscheidungen reich gesegnet. 1993 hörten wir von einem Bedarf an Mitarbeitern für ein Kinderdorf-Projekt in Bolivien und erklärten uns daraufhin bereit, dort mitzumachen. Jetzt ging es erst richtig los mit dem Glaubensleben, und anstatt Triumpf kam erst einmal eine Zeit, in der mein Charakter auf Mängel

hin geprüft wurde. Das Leben in Bolivien hat mich an meine Grenzen gebracht. Hätte ich innerlich in meiner Jugendzeit nicht „ja" zu Gott gesagt und ihm weiter vertraut, wäre ich kläglich gescheitert. Aber das bisschen Glauben an die Zusagen Gottes hat mich auch durch diesen Prozess hindurchgetragen.

Es war notwendig, dass mein Glaube auf seine Echtheit geprüft wurde. Die Prüfung kam durch viele kleine Ereignisse, die das Leben so mit sich bringt: Ich war Kritik ausgesetzt; habe in Momenten des Stresses ungehalten reagiert; vieles kam nicht wie geplant; oder ich merkte, wie weit mein eigener Anspruch vom tatsächlichen Verhalten im Alltag entfernt war. Oft habe ich gefühlt diese Prüfungen nicht bestanden, aber letztlich dennoch daraus gelernt. Ich wollte so sein, wie es von Jesus heißt, dass er war: ein Mann mit einem unbestechlich starken Charakter, aber liebevoll und besonnen, immer mit einem Wort der Ermutigung. Im Glauben habe ich danach gestrebt, und so durfte ich erleben, dass mein Glaube in den vergangenen Jahren als Mitarbeiter im Reich Gottes in Bolivien zur gewünschten Veränderung geführt hat.

Meine Erfahrung mit Gott

So kann ich nun von einem reichen Schatz an Erfahrungen mit Gott erzählen, an dem ich gerne jeden, der es wissen möchte, teilhaben lasse. Das Besondere dabei ist für mich, dass ich rückblickend mit so viel Zweifeln, so viel Unglauben und eigenen Ideen bei Gott angetreten bin, dass aber Gott dieses Wenige benutzt hat, um mich schauen zu lassen, wie er wirklich ist, was er kann, wie er das Leben gedacht hat und wie unendlich groß seine Liebe zu mir und zu jedem einzelnen Menschen ist. Manchmal denke ich, ich hätte auch schon früher Gott mehr vertrauen sollen, war aber noch lange mit meinen eigenen Vorstellungen so abgelenkt, dass es einfach seine Zeit brauchte, bis ich erkannte, dass Gott nur Gutes für mich hat, und dies dann auch durch Gehorsam quittierte.

Wolfgang Landes | Jg. 1963 | verheiratet mit Dorothea, zwei Kinder | Santa Cruz de la Sierra/Bolivien | ursprünglich Landwirt, seit 1995 Missionar | www.bolivien-landesweb.net

Aus einer Welt der Abhängigkeiten hinaus in die Berufung

Mit achtzehn zog ich aus meinem Elternhaus in Ravensburg aus, um in Aalen im Ostalbkreis zu studieren. Wegen Zigaretten- und Cannabiskonsum und Glücksspiel an Automaten in meiner frühen Jugend war ich sehr schlecht in Sachen Disziplin und Konzentration. **Ich hatte kein gesundes Denken, um mir vernünftige Pläne für mein Leben zu machen.**

Nach drei Semestern sah ich mich gezwungen zu exmatrikulieren und meldete mich arbeitslos. So wurde ich Hartz-IV-Empfänger. Es folgte eine Aufnahme im Jobcenter, welches mich in Bewerbungstrainings steckte. Tagein, tagaus schrieb ich Bewerbungen und saß teilweise auch meine Zeit ab.

Nach einem halben Jahr kam besagtes Jobcenter auf die tolle Idee, eine „Sportmaßnahme" zu gründen. Das bedeutete für mich, zweimal pro Woche zu Michael Stahls Selbstverteidigungstraining zu gehen. Die Motivation war verschwindend gering, da ich zwangsweise an diesen Trainingseinheiten teilnehmen musste; ansonsten hätte ich Sanktionen zu erwarten. Wenn ich keine Gewissensbisse gehabt hätte, hätte ich die Gänge zum Training einfach versäumt.

Aufgrund einer Langzeittherapie pausierte die ganze Maschinerie ein halbes Jahr – sechs Monate, in denen ich Gott kennenlernen und zum Glauben kommen sollte. In dieser Zeit betete ich zu Gott, er möge mir bei meinen Schlafstörungen helfen, weil die Sorgen, Gedankenkarusselle und mein schlechtes Gewissen so an mir zerrten, dass ich nicht friedlich einschlafen konnte. Er erhörte mein Gebet. Dies wiederum hatte zur Folge, dass ich ein bis zwei Monate später mein Leben Jesus gab. Ich erkannte, dass ich ohne ihn den Kampf gegen diese Vielzahl von Abhängigkeiten nicht siegreich bestreiten konnte.

2019 begann ich dann meine Trainerausbildung, welche ich im Juli 2020 erfolgreich absolvierte. Heute, drei Jahre später, darf ich mich sogar „Gewaltpräventionstrainer" nennen, einen Titel, den der Verband IPF noch nicht allzu lange vergibt. Ich darf einer der ersten Trainer sein, was mich tatsächlich sehr stolz macht.

Mein erstes Projekt hielt ich genau in dem Berufsfortbildungszentrum, das mich damals, 2015, in Zusammenarbeit mit dem Jobcenter in diese

Maßnahme steckte. Eine wunderbare Geschichte, wie sie nur unser Herr im Himmel schreiben kann. Aber damit nicht genug.

Es wurden fragende Stimmen laut: Simon, was ist aus deinem Projekt geworden? Ich kann heute zufrieden antworten:

Seit November 2023 arbeite ich hauptberuflich in diesem Fortbildungszentrum. **Ihnen gefiel mein Projekt so gut, dass sie mich ein paar Monate später fest anstellten.**

Für mich ist es wie ein Märchen, und ich weiß ganz gewiss, dass es der Wille von Jesus war. Er plante es von Anfang an, mich nach Aalen in den Ostalbkreis zu senden, um in diesem Zentrum Menschen neue Hoffnung zu geben, Menschen wertvolle Dinge zu lehren, Werte zu vermitteln und so im Berufsleben und im Alltag Reich Gottes zu bauen.

Heute kann ich sagen: Ich lebe in meiner Berufung. Lob, Preis, Dank und Ehre sei Jesus allein.

Simon Biller | Jg. 1994 | ledig | Aalen | Jobcoach und Seminarleiter

Wenn Gott im Studium Wunder tut

„Wieso habe ich mich überhaupt zu diesem Studium entschlossen? Und warum läuft hier nicht alles, wie es eigentlich sollte?"

Das waren Fragen, die mich während meiner Studienzeit immer wieder beschäftigten. Im Oktober 2009 hatte ich mein Lehramtsstudium in Tübingen mit den Fächern Latein und Evangelische Theologie begonnen. Dass damit auch eine Zeit mit vielen Aufs und Abs begann, war mir damals noch nicht klar. Und ich möchte hier berichten, wie Gott mich Tag für Tag durch diese herausfordernde Zeit hindurchgetragen hat, und wie ich mit meinem Gott über so manche größere oder kleinere „Mauer" springen durfte.

Ein holpriger Start?!

Gleich im ersten Semester wurde ich in einer mündlichen Theologie-Prüfung für eine meiner theologischen Überlegungen von einem Professor ausgelacht. Das saß tief und führte erst einmal dazu, dass ich am nächsten Morgen heulend am Küchentisch saß und mit dem Gedanken spielte, das Studium nach diesem ersten Semester gleich wieder aufzugeben. Meine Eltern kümmerten sich liebevoll um mich und sprachen mir neuen Mut zu. Das war unglaublich wertvoll für mich, und ich bin ihnen und Gott sehr dankbar dafür. **Mein Vater ging an diesem Morgen sogar später zur Arbeit – ich kann mich nicht erinnern, wann das jemals vorgekommen wäre.**

Bisher war ich von meinem Heimatort (Haiterbach) zu meinem Studienort (Tübingen) gependelt. Aber ein Professor empfahl mir im Anschluss an die Prüfung zum besseren Ankommen im Studium einen Umzug, und ich kam zu dem Schluss, dass dies wirklich helfen könnte. Daraufhin schaute ich mir eine Wohnung an, sollte allerdings innerhalb von fünf Tagen zu- oder absagen. Das überforderte mich jedoch – und je mehr Menschen ich diesbezüglich fragte, umso mehr Meinungen hatte ich.

Da ich am Tag danach bei einem Lobpreisabend Gitarre spielte und es dort auch ein Gebets- und Segnungsteam gab, ergriff ich die Chance für mich beten zu lassen. Wir legten die Situation gemeinsam vor Gott, bis hierher ein Vorgang, der für mich normal war. Dass dann aber während des Gebets ein übernatürlicher Friede über mich kam und mein Herz tief erfüllte, war eine ganz besondere Erfahrung für mich. Ich konnte nicht anders, als zu weinen, und wurde tief von Gottes Liebe erfüllt. Nach dem gemeinsamen Gebet hatten meine beiden Mitbeter und ich übereinstimmend den Eindruck, dass ich die Wohnung absagen sollte. Das tat ich zwei Tage später und schaute mir auch keine weitere Wohnung mehr an.

Ab diesem Tag hatte ich keine Bedenken mehr in Bezug auf das Pendeln. Im Gegenteil: **Ich investierte von da an wieder neu in meine Freundschaften in meinem Heimatort, die bis heute bestehen**, und durfte in der Folgezeit im Haiterbacher Jugendkreis als Leiter mit vielen Jugendlichen gemeinsam im Glauben unterwegs und tief verbunden sein – eine sehr bereichernde und prägende Zeit für mein Leben, die ich niemals missen möchte und für die ich unglaublich dankbar bin! Bezüglich des Studiums war es ein sehr holpriger Start. Wenn man aber bedenkt, dass *denen, die Gott lieben, alle Dinge zum Besten dienen müssen* (s. Römer 8,28), dann bin ich – vor allem im „Rückspiegel" meines Lebens – sehr beeindruckt von Gottes großartigem Wirken und Führen.

„Halbzeit-Krise"

Nach ein paar Semestern meines Studiums hatte ich verstärkt die nervenden Fragen in mir: *„Habe ich wirklich den richtigen Weg eingeschlagen? Bin ich wirklich im richtigen Studiengang? Das ist doch alles viel zu theoretisches Zeug!"* Und dann diese blöden Hausarbeiten, die sich immer mehr vor mir aufstauten ... Wie sollte ich das jemals alles schaffen?

Immer wieder legte ich Gott meine Situation hin und bat ihn schließlich bei einem Gebetstreffen im Sommer 2012 darum, mir unbedingt ein Zeichen zu geben, ob ich tatsächlich im richtigen Studiengang war oder schnell noch die Reißleine ziehen sollte. Dies war kurz vor dem Praxissemester (Herbst 2012), bei dem ich zum ersten Mal an einer Schule unterrichten durfte.

Schon die ersten eigenen Unterrichtsstunden bereiteten mir unglaublich viel Freude. Ich merkte schnell, dass dieser Beruf tatsächlich zu mir passte, auch wenn die dazugehörige Theorie während des Studiums (teilweise) meilenweit von dem entfernt zu sein schien, was man in der Praxis wirklich brauchte. Ich stellte für mich fest, dass ich einfach den

Umgang mit jungen Menschen liebte und mich an (fast) jedem Tag auf die Zeit in der Schule freute. Somit hatte ich von Gott tatsächlich ein Zeichen bekommen, dass ER mit mir auf diesem Weg war.

Ich bekam durch das Praxissemester frischen Aufwind, schrieb Hausarbeiten fertig, die ich davor lange aufgeschoben hatte, und wusste wieder, wofür ich studierte. Gott hatte mir einen neuen Blick geschenkt und ich wusste nun, wofür es sich zu kämpfen lohnt. In meiner Halbzeit-Krise hatte ich für mich persönlich diesen Jesaja-Vers durchbuchstabiert:

Es mag sein, dass selbst junge Menschen matt und müde werden und starke Männer völlig zusammenbrechen, aber diejenigen, die auf den Herrn harren, bekommen neue Kraft, dass sie auffahren mit Flügeln wie Adler … (Jesaja 40,30-31 NLB).

Allen, die gerade ebenfalls mit ihren Umständen kämpfen, möchte ich Mut machen, „auf Gott zu harren“, auf ihn zu warten, zu schauen und ihm zu vertrauen. ER wird dir helfen, die Adler-Perspektive in deinem Leben einzunehmen und neues Licht am Horizont zu entdecken!

Mein Examens-Wunder

An einem Freitag im Oktober 2014 sollte meine mündliche Lateinexamensprüfung stattfinden. Eine riesiger Stapel an lateinischer Literatur lag zur Vorbereitung auf meinem Schreibtisch. Ein Bestandteil der Prüfung waren 443 Kapitel von Ciceros philosophischen Schriften, durch die ich mich schon wochenlang kämpfte, um gut vorbereitet zu sein. Da ich nicht gerade der Beste und Schnellste im mündlichen Vorübersetzen war, war ich einerseits sehr angespannt und aufgeregt, durfte aber andererseits immer wieder erleben, wie Gott mir Ruhe, Gelassenheit und einen tiefen Frieden schenkte, dass er alles gut machen werde.

Am Sonntag vor der Prüfung fuhren meine Frau Caro (damals noch meine Freundin) und ich nach dem Gottesdienst auf einen Parkplatz am Waldrand, um gemeinsam für die kommende Woche zu beten. Dabei stellte Caro die ganze Woche und insbesondere die bevorstehende Prüfung am Freitag unter Gottes Segen. Wir legten IHM alles hin. Das war sehr wertvoll, wohltuend und befreiend für mich! **Ich hatte wieder neue Zuversicht und Hoffnung, dass Gott auch diese herausfordernde Etappe meines Lebens im Griff haben würde.**

An den darauffolgenden beiden Tagen kam mir immer wieder ein lateinisches Wort in den Kopf: *depravare*. Ein sehr seltenes Wort – ich wusste noch nicht einmal, was es heißt, und schlug es daher im Wörterbuch nach, konnte jedoch zunächst keinen Zusammenhang mit der Prüfung erkennen. Am Mittwochmorgen blätterte ich nochmal den zweisprachigen lateinisch-deutschen Text durch. Da ich das Buch gebraucht gekauft hatte, waren vom Vorgänger manche Stellen mit Bleistift unterstrichen oder eingeklammert – so auch im 30. Kapitel. Bei genauerem Hinsehen fiel mir auf, dass auch das Wort *depravare* dazugehörte. Ich überlegte, ob dies wohl etwas zu bedeuten habe. Dann war auf einmal eine Stimme in meinem Kopf: *„Dieses Kapitel wird am Freitag drankommen! Du kannst den Rest auch noch lernen, um dein Gewissen zu beruhigen, aber das hier kommt dran."*

Ich wusste nicht so recht, ob ich das glauben konnte. Zwar konnte ich mir vorstellen, dass Gott zu uns Menschen spricht und uns hilft, aber war es wirklich er, der zu mir gesprochen hatte? Doch irgendwie wusste ich innerlich, dass er es gewesen sein musste. **Abends erzählte ich Caro davon und wir waren gemeinsam gespannt, ob Gott hier ein Wunder vorbereitet hatte.**

Zwei Tage später fand mein mündliches Examen statt. Nachdem mir zu Beginn der Prüfung ein paar allgemeine Fragen gestellt worden waren, forderte mich einer der Professoren auf: *„Schlagen Sie mal Kapitel 30 auf! Hier werden Sie uns nun etwas vorübersetzen."* Ich staunte nicht schlecht, dass genau dieses Kapitel drankam!

Die Prüfung lief gut weiter, vor allem, weil im zweiten Teil der Prüfung als Textgrundlage ein Gedicht genommen wurde, von dem ein Studienkollege noch zwei Wochen zuvor gemeint hatte, er könne sich gut vorstellen, dass dieses drankommt. Mit einer unglaublichen Erleichterung lief ich aus der Prüfung und war einfach nur dankbar für Gottes Hilfe und sein Durchtragen!

Nun machte für mich auch noch eine andere Begegnung Sinn. In derselben Woche hatte ich dienstagabends noch überlegt, ob ich überhaupt in den Jugendkreis sollte, oder ob ich nicht eigentlich Besseres zu tun hätte (wie z. B. lernen). Ich entschloss mich aber, dennoch hinzugehen. Unter anderem erinnerte mich an diesem Abend einer meiner besten Freunde, dass gemäß Sprüche 21,1 *Gott auch die Gedanken von Königen und Herrschern lenken kann.* Dabei meinte er, dass Gott das sicherlich

auch bei Professoren tun kann. – Und genau das hatte ich nun auf „wunder-bare“ Weise durch Gottes Reden und durch die Prüfung selbst erlebt. Ich war so dankbar, wie Jesus mich durch diese mündliche Prüfung geführt hatte.

Allen, die in Prüfungssituationen sind, möchte ich Mut machen, darauf zu vertrauen, dass Gott alles im Griff hat: Lass dich von Gott lenken und leiten! Sicherlich wird Gott nicht jedes Mal so einen direkten Hinweis geben (ich habe auch unzählige Prüfungen ohne solch eine Erfahrung erlebt bzw. überlebt). Aber ich glaube fest daran: Wenn wir mit Gott unseren Lebensweg gehen, wird er uns immer schenken, so gut zu sein, wie es nötig ist, um an den Platz zu kommen, den er für uns geplant hat. Kann sein, dass dafür aus menschlicher Sicht auch „Umwege“ gegangen werden müssen. Aber Gott kann aus jedem Umweg einen Weg machen. Er kann auf krummen Linien gerade schreiben! Ich wünsche dir von Herzen, dass du das erleben darfst!

Timo Renz | Jg. 1989 | verheiratet, 1 Sohn | Haiterbach | Lehrer | www.dienenundloben.de, www.herrlichwertvoll.com

Die Sackgasse

Es gibt sicher krassere, abenteuerlichere oder schlimmere Geschichten, aber diese hier ist meine, und der Hauptautor bin nicht ich, sondern mein Vater im Himmel.

1971 in Flensburg als dritter von drei Jungs geboren, wuchs ich in einer Sackgasse auf dem Land auf. Die Sackgasse war auch lange Zeit Symbol für mein Leben, da es immer wieder Lebenssituationen gab, in denen es nicht weiterging und es nur half umzukehren.

Meine besten Erinnerungen sind verbunden mit der Koppel und dem Wald hinter meinem Elternhaus, mit Streifzügen mit meinen Freunden durch die weiter entfernten Wälder, „bewaffnet" mit unseren Bowiemessern. Wir bauten Fahrräder zu Choppern mit langen Gabeln um und frisierten später Mofas. Ich bin sehr dankbar, auf dem Land groß geworden zu sein und auch einen Blick für die Schönheit der Natur bekommen zu haben.

Neben all den schönen Erinnerungen gibt es auch Dunkles. Wie ich später von meiner Mutter erfuhr, war ich als dritter von drei Jungs ungewollt, und wenn ich schon käme, sollte ich wenigstens ein Mädchen sein: Verena Marie. Aber ich wurde ein Achim. Als mein Vater den Anruf vom Krankenhaus bekam, schwieg er.

Mein Vater war von Beruf Klempner und damit beschäftigt, es uns materiell gut gehen zu lassen. Wir hatten alles ausreichend und es war nicht so, dass er nichts mit uns gemacht hätte, aber was mir fehlte, war seine (emotionale) Nähe. **Ich hatte ein Loch in meiner Seele, eine Sehnsucht, die ich mit Fernsehen, Radio, dem Computer und später mit anderem zu füllen suchte.**

Mit 14 war ich das erste Mal „aus Versehen" betrunken, und mit 16 legte ich dann richtig los. Möglichst jedes Wochenende ging es in den „Bahnhofstreff", die Disko im nächsten Dorf. In betrunkenem Zustand verschwand meine Schüchternheit, meine Verklemmtheit, meine Trauer für einen Moment, und so vertrank ich mein Taschengeld. Das zog ich für die nächsten 10 Jahre durch.

Es war die Zeit des kalten Krieges und die Nachrichten über Atombomben machten mir Angst, so dass ich eines Abends auf dem Hof meiner Eltern stand und zu den Sternen aufsah. Ich fragte in den Himmel hinein, ob da oben jemand sei, der uns Menschen helfen könnte, denn ich hielt die Menschen für zu dumm, das Ganze hier gut hinzubekommen.

Nebenbei gab es die Schule, die mir ziemlich egal war; und mit Nix-Tun kam ich mit einer Durchschnitts-Drei durch. Ebenso nebenbei ging ich zum Konfirmandenunterricht – weil man das so machte und, wichtiger für mich, weil ich wusste, wieviel Geld meine beiden Brüder bei der Konfirmation bekommen hatten (nützlich, um den Führerschein zu machen). Wissentlich behielt ich nichts von dem Unterricht, aber später sollte es noch wichtig werden.

Um konfirmiert zu werden, musste ich eine bestimmte Anzahl von Gottesdienstbesuchen absolvieren. Ich verstand nichts. Nur eine Sache weckte meine Neugier, da sie so fremd war. Über dem Altarraum hing eine lebensgroße Holzfigur des gekreuzigten Jesus mit Nägeln in Armen und Beinen, der Dornenkrone und aufgemaltem Blut. Ich konnte diese Figur nicht einordnen, fragte mich aber, wer das wohl sei.

Und dann gab es die Mädchen. Ich hatte sehr stark Akne und fühlte mich wie der hässlichste Junge der Welt. Und das wiederum ließ mich nur aus der Ferne verliebt sein. Diese Sehnsucht war immer in irgendeiner Form da, doch alle Versuche sie zu stillen brachten nichts. Ich war darin gefangen. Trotzdem versuchte ich, sie mit äußeren Dingen zu befriedigen. Ich hatte z. B. einen Audi 80 Diesel. Der verbrauchte 5 Liter auf 100 Kilometer und hatte einen 70-Liter-Tank, also konnte ich mit einer Tankfüllung 1.400 Kilometer weit fahren. Ich habe diese 70 Liter jeden Monat verfahren, bin aber nicht weiter als 25 Kilometer von meinem Heimatort weggekommen. Immer im Kreis, immer in der Sackgasse ...

Schließlich lernte in durch die weiterführende Schule die „Großstadt" Flensburg kennen. Neue Leute, neue Möglichkeiten, neue Partys, alles größer. Irgendwann zog ich in eine WG in die Stadt. Mehr Partys, mehr Alkohol, mehr, mehr, mehr. Und die Sehnsucht wurde schlimmer. Zwischendurch hatte ich gemerkt, dass ich gar nicht der hässlichste Junge auf der Welt war und dass die Mädchen mir hinterhersahen, was ich schamlos ausnutzte. Aber auch hierin gab es nach allem immer nur mehr Leere.

1994, seit dem Besuch eines großen dänischen Musikfestivals, kam noch das Kiffen dazu, das sich im ersten Moment wie ein Ausweg anfühlte, denn plötzlich war da eine scheinbare neue Freiheit, vor allem in den Gefühlen und Gedanken. **Also kiffte ich ein Jahr lang täglich,**

war mit meinem Traummädchen zusammen und sonst schien alles auch gut zu laufen. Endlich!

Doch nach sechs Monaten trennte sie sich von mir und war 14 Tage später mit meinem besten „Freund" zusammen. Alles brach zusammen. Und die Drogen und wahrscheinlich eine Dosis LSD, die mir jemand ohne mein Wissen verabreichte, gaben mir den Rest. **Die nächsten Monate waren von Paranoia, Verfolgungswahn, Angst und Misstrauen geprägt – 24/7, jeden Tag – nur der Schlaf war eine kurze Erholung.** Tatsächlich kann ich bis heute die zeitlichen Zusammenhänge nicht rekonstruieren. Ich war richtig fertig. Eine Diagnose, die ich nie bekam, wäre möglicherweise „drogeninitiierter, psychotischer Schub" gewesen.

Und doch war irgendwo in mir immer die Überzeugung, dass das Leben einen Sinn haben MUSS, dass es eine grundlegende Wahrheit gibt und dass ich diese finden könnte. Das bewahrte mich wahrscheinlich vor noch mehr schlechten Entscheidungen.

Ich zog zeitweise zu meinen Eltern zurück, weil sie mich lieber aufnehmen wollten, als mich meinem Wunsch entsprechend in die „Klappse" zu bringen. Dann fing ich eine Ausbildung zum Erzieher an, zog wieder nach Flensburg in eine WG und saß die ersten sechs Monate paranoid im Unterricht herum, lernte aber, dass man(n) über seine Gefühle und seinen inneren Zustand reden kann. Das half etwas.

Dann geschahen zwei sehr viel hilfreichere Dinge, beide ohne mein Zutun oder das anderer. Zuerst kam es zu folgender Situation: Ich saß in meinem WG-Zimmer, rauchte wahrscheinlich eine Zigarette und hörte dabei Musik. Plötzlich kam mir das Gleichnis von den Talenten in den Sinn, dass ich wahrscheinlich unterbewusst aus dem Konfirmandenunterricht mitgenommen hatte:

Ein Gutsherr verreist und gibt vorher drei Arbeitern eine unterschiedliche Anzahl von Talenten aus seinem Vermögen. Einer bekommt fünf, einer zwei und einer eines, jeweils nach ihren Möglichkeiten. Nach einiger Zeit kommt der Gutsherr zurück und möchte sehen, was sie daraus gemacht haben. Der erste hat sie verdoppelt, der zweite auch, der dritte aber hat seines vergraben und holt das nun wieder hervor. Die ersten beiden werden gelobt, der dritte wird als faul getadelt und muss sein eines Talent dem ersten Arbeiter geben. Und ich WUSSTE, dass ich der dritte Arbeiter in diesem Gleichnis war, und ich WUSSTE, dass es am Ende irgendeine Art von Abrechnung geben würde. Ich hatte mein

Leben bisher vergeudet, nichts daraus gemacht, nur an mich gedacht und hatte immer die Anderen für alles Schlechte verantwortlich gemacht. Ich war wirklich erschrocken, da ich die Wahrheit darin sah, wusste aber nicht, was jetzt zu tun war.

In dem Zustand war ich einige Zeit unterwegs. Da ich immer noch voller Angst war, ging ich oft in die Natur, da mir die Natur keine Angst machte, nur Menschen und die Zivilisation schafften das. Eines Tages saß ich also wieder an meinem Lieblingsplatz in der Nähe des Ostseebads im Wald mit Blick auf die Förde und sah mir die Natur um mich herum an. Ich konnte sehen, dass alles miteinander harmonierte und aufeinander angewiesen war. Die Bäume auf das Wasser, das durch die Sonne zu Regen wurde. Die Tiere auf die Pflanzen, die Pflanzen auf die Tiere. Alles war sogar auf den Wind angewiesen. Dieses Zusammenspiel ließ mich – ebenso plötzlich, wie mir die Vergeudung meines Lebens klargeworden war – erkennen, dass die Natur nicht durch Zufall erschaffen worden war, sondern durch „jemanden". **Von einem Moment auf den anderen WUSSTE ich, dass es Gott gibt.** Und dann, wie zur Bestätigung, hatte ich, bekifft wie ich war, so etwas wie eine Erscheinung. Auf irgendeine Art und Weise war da ein Licht, und dieses Licht beinhaltete alles, wonach ich mich sehnte: Wahrheit, Reinheit, Trost, Liebe, Annahme, ... Und noch etwas Besonderes erfuhr ich bei dieser Begegnung: Ich hatte zwar noch keine persönliche Beziehung zu diesem Licht, würde diese aber finden können.

Nun hatte ich die Bestätigung dafür erhalten, dass es einen Sinn und eine Wahrheit gab, also machte ich mich auf die Suche. Meine einzigen „religiösen" Erfahrungen bisher waren die Gottesdienste in der Dorfkirche und der Konfirmandenunterricht gewesen. Da sich diese nicht mit dem nun Erlebten deckten, verwarf ich konsequenterweise diese religiöse Richtung und **suchte an anderen Stellen: in Schamanismus, Hinduismus, Buddhismus, Aura-Lesen, Astrologie, Heilsteine, Geistheilung, Grüße aus dem Jenseits, holothropes Atmen, liquides Träumen, Astralreisen, Gurus, Erleuchtungslehren, Yoga, Tai Chi, Qui Gong und, und, und.** Jedes Mal gab es anscheinend eine Annäherung an Gott und eine Stillung der Sehnsucht, doch danach war alles beim Alten und meist noch schlimmer, da wieder eine Hoffnung gestorben war. Und es kostete viel Geld.

2000 zog ich nach Berlin und ließ beim Partyleben nochmal richtig die Sau raus, da hier alles noch größer, schneller, lauter, krasser war.

Doch gab ich das schließlich auf und lernte 2004 meine Frau kennen. Trotzdem wurde ich leerer und leerer und hatte immer weniger Hoffnung, dass es mit mir besser werden würde. Ich wollte wirklich besser werden, auch für meine Frau und unsere Kinder. Ich hatte es satt, so zu sein, wie ich war. Da musste es eine bessere Version von mir geben. Ich wollte gerne ein anderer sein. Und ebenso trieb mich die ganze Zeit der Wunsch um, einfach mal als der, der ich wirklich war, in den Arm genommen zu werden. Ich hatte in vielen Armen gelegen, aber nie als ich selbst. Ich hatte gelernt, mich anzupassen und nicht zu zeigen, wie es wirklich in mir aussah, aus Angst, dafür abgelehnt zu werden.

Ich war schließlich so hoffnungslos, dass ich mir vorkam wie in einer gläsernen Sanduhr, in der mein ganzes Leben als Sand an mir vorbeirauschte und ich nichts davon festhalten konnte.

In der Zwischenzeit hatte ich, auch aufgrund dessen, dass ich immer wieder neue Süchte entwickelt hatte, mehrere Therapien gemacht, aber dabei beobachtet, dass es den Therapeuten auf die eine oder andere Art genauso ging wie mir. Und sie hatten zwar viele unterschiedliche Methoden, ihre Antworten waren aber zum großen Teil unzureichend.

Schließlich lernte ich durch meine Arbeit in einem Waldkindergarten in der Nähe der Berliner Stadtgrenze ein Ehepaar kennen, das Seelsorge machte. Da ich nichts zu verlieren hatte, machte ich auch das noch mit. Der Unterschied zu anderen Therapieformen war nicht so groß. Doch ein Unterschied war die Transparenz des Mannes, und den größeren Unterschied erfuhr ich, als er im Namen von Jesus Christus für mich betete – **in der Sanduhr meines Lebens entstand auf einmal eine kleine Insel.** In der Trostlosigkeit des fallenden Sandes erschien das Bild einer kleinen Karibikinsel inklusive Palme. Da es der erste Halt seit Jahren war, hielt ich daran fest, auch wenn ich noch nicht viel über Jesus wusste.

So kam es etwa ein Jahr später dazu, dass ich endlich aus der Sackgasse meines Lebens in die Arme meines himmlischen Vaters umkehren konnte. Im gleichen Jahr ließen meine Frau und ich uns in einem See taufen und wir heirateten kurz danach.

Seitdem füllt der Vater die Sehnsucht immer mehr aus und ich habe festgestellt, dass er dieses „Loch" mit Absicht in mir freigehalten hatte, da dieser zentrale Ort nur für ihn vorbehalten ist. Aus dieser Stillung durch seine Liebe werde ich auch befähigt, anderen zu begegnen, die dieses Loch der Sehnsucht in sich tragen, und ihnen zu zeigen, wer allein fähig ist, diese zu stillen.

Es ist noch nicht alles gut, aber es wird besser. Immer wieder einmal kehre ich aus einer Sackgasse um und stelle manchmal fest, dass ich dort teilweise seit meiner Kindheit feststeckte. Aber der Vater zeigt es mir auf und macht einen Weg ...

Achim Möller | Jg. 1971 | verheiratet, drei Kinder plus Schwiegersohn und Enkelin | Falkensee | Erzieher

Der beste Papa der Welt – tut auch heute noch Wunder

Meine Frau und ich haben schon einige Wunder erlebt, finanzielle aber auch Heilungswunder. Meine Frau wurde zum Beispiel von zwei zum Teil sehr schweren Bandscheibenvorfällen allein durch Gebet geheilt. Wir beide durften für zwei verwandte oder befreundete Ehepaare beten, die in einem Fall nicht einmal mit einer künstlichen Befruchtung ihren Kinderwunsch hatten erfüllen können, und Gott schenkte beiden Paaren jeweils ein wunderschönes Mädchen.

Gott ist unser Vater, der uns ebenso wie ein guter Vater fördert und erzieht, damit wir im Glauben und Vertrauen auf ihn fest auf dem Boden stehen können, auch wenn es mal nicht so gut läuft. **Leider ist dieses Erzogen-Werden für uns nicht immer etwas, worüber wir uns freuen, sondern das wir ganz gerne umgehen würden.**

Ich hatte schon einige Gallenkoliken, aber da meine Galle entzündet war, wollte man noch nicht operieren. Die Entzündung sollte erst einmal abklingen. Das traf sich gut mit meiner Sicht, ich wollte auch keine OP und wusste: Gott braucht nur mit den Fingern zu schnipsen und ich bin geheilt. Er hat mich ja geschaffen, da ist so eine Heilung für ihn doch gar kein Problem. Also erhoffte ich mir möglichst eine Spontanheilung durch Gebet.

Aber er tat nicht, was ich erwartet hatte, sondern die Koliken häuften sich und meine Frau brachte mich nach einer besonders schmerzhaften Kolik Sonntagnachts in die Notaufnahme. Die Ärzte entschieden: Auch wenn die Entzündung noch da ist, es wird jetzt doch operiert. So kam ich dann nach einer Nacht in der Notaufnahme morgens auf die Station. Im Zimmer war ich noch allein, denn mein Bettnachbar war zur OP weg.

Meine Frau rief mich an, um mir dann meine Sachen, die ich dort brauchte, zu bringen. Damals hatte ich immer eine kleine Taschenbibel dabei und wollte meine Frau noch bitten, dass sie mir meine Losung mitbringen möchte, doch da sprach der Herr zu mir: *„Die ist jetzt nicht dran.“* So fragte ich ihn, was denn dran sei und er antwortete: *„Psalm 62.“*

So las ich Psalm 62 (ELB): *„Nur auf Gott vertraut still meine Seele, von ihm kommt meine Rettung.“* Wie oft hatte ich ein Lied zu diesem Psalm gehört und wie sehr hatte mich dieses Lied immer wieder berührt.

Sogar die Verfasserin dieses Liedes, Sylvia Gühring, kannte ich aus der Gemeinde, wo ich zwei Jahre eine Bibelschule besucht hatte. Da meine Frau mir meinen Discman mitbrachte, konnte ich mir dieses Lied auch immer wieder anhören und diesen Psalm noch besser verinnerlichen.

Ich erkannte, wie wenig ich Gott, meinem himmlischen Vater, in Bezug auf die Ärzte vertraute und bat ihn unter Tränen um Vergebung. Jeden Tag durfte ich diesen Psalm mit unserem lieben Vater im Himmel durchgehen und ihn im Munde und auch im Herzen zergehen lassen.

Als mein Bettnachbar von der OP zurückkam, gab es die nächste Überraschung: Es handelte sich um einen jungen Mann, der bei meiner Frau früher Unterricht im christlichen Glauben gehabt hatte, und dessen Eltern treue Kirchgänger waren. Er hatte gerade sein Abitur gemacht und sein Studienplatz in Potsdam stand für ihn bereit. In der „Jungen Gemeinde“ unserer Kirche fühlte er sich geistlich unterversorgt und war auf der Suche nach Jesus. So hatten wir beide nun Zeit, uns über den Glauben zu unterhalten. Ich konnte ihm auf seinem Weg mit Jesus, aber auch praktisch helfen, indem ich ihm eine gute Gemeinde in Potsdam empfahl. Leider haben wir uns danach nie wiedergesehen. Vor ein paar Jahren sprach ich einmal mit dem Pastor dieser Gemeinde, der inzwischen Ruheständler war, und er sagte mir, dass dieser damals junge Mann dort nun zu den Mitarbeitern gehöre. Wie schön ist es, wenn Gott uns gebraucht, um anderen Menschen den Weg zu ihm zu zeigen.

Doch Gott zeigte mir auch, dass es da noch Grenzen für mich zu überwinden gab. Aber ich musste dazu bereit sein, ihm voll und ganz zu vertrauen. Nur so konnte er mich gebrauchen und mich selbst stärken, ermutigen und aufbauen. Es fiel mir wirklich schwer, diesen Weg ins Krankenhaus anzunehmen, obwohl das ja nicht meine erste OP war. Aber ich bin meinem himmlischen Papa im Nachhinein so dankbar, dass er mich genau auf diese Weise geführt hat.

Allerdings lief es bei der OP nicht so ganz nach Plan und ich hatte einen Leistenbruch als Nebenwirkung, was bei einer endoskopischen OP eben durchaus möglich ist. Nun hätte ich mit Gott hadern können, aber ich hatte Frieden darüber, und diesmal ging ich gern und so schnell als möglich in die Klinik, da der Bruch mir auch immer wieder große Schmerzen bescherte.

So kam ich in der Klinik in mein Zimmer, und dort war schon ein älterer, mir unbekannter Mann, mit dem ich mich jedoch sofort so gut verstand, dass die Schwestern dachten, wir würden uns schon sehr lange kennen.

Am nächsten Morgen holte ich meine Losung raus, die ich diesmal dabeihatte und wollte sie lesen. Da fragte er, was ich da lese, und ich erklärte ihm, was es mit diesem Büchlein auf sich hat: Dass die Losung für jeden Tag im Jahr einen ausgelosten Bibelvers aus dem Alten Testament beinhalte, als Lehrtext dazu einen passenden Bibelvers aus dem Neuen Testament und dann käme noch eine passender Liedvers.

Er sagte: *„Lies vor!“*, was ich dann tat. Danach nahm ich die Bibel, um den in der Losung angegebenen Abschnitt zu lesen, und wieder bat er mich, laut vorzulesen. Danach erzählte er mir, er sei auch konfirmiert, aber danach hatte er die Kirche aus dem Blick verloren. Er war in den letzten fünf Jahren gar nicht krank gewesen, hatte nicht einmal einen Schnupfen gehabt. Doch jetzt hatte er Darmkrebs im Endstadium; sein Darm war so voller Metastasen, dass er große Schwierigkeiten mit dem Stuhlgang hatte und er sollte einen künstlichen Darmausgang bekommen. Die Ärzte gingen davon aus, dass er auch mit OP im besten Fall noch ein halbes Jahr zu leben hatte. Er sagte mir, dass er solch eine Angst habe, wie nie zuvor in seinem Leben.

Dann fragte er mich: *„Wenn du Christ bist, kannst du dann nicht für mich beten?“* Ich freute mich, ihm die Hände auflegen zu dürfen und für ihn zu beten. So betete ich um Gottes Frieden in seinem Herzen und um vollkommene Heilung. Gleich nach dem Gebet schaute er mich überrascht an und sagte: *„Die Angst ist weg!“* Mir fiel aus der Bibel 1. Johannes 4,18 (NeÜ) ein: *„In der Liebe gibt es keine Furcht, denn Gottes vollkommene Liebe vertreibt jede Angst.“* **Diese Liebe war in seinem Herzen angekommen.**

Aber das war nur der Anfang. Wir unterhielten uns über den Glauben an Jesus, und da er aus Potsdam war, empfahl ich ihm auch Gemeinden, denen er sich anschließen konnte. So würde er seinen Weg nicht alleine gehen müssen, sondern hätte auch an seinem Wohnort Christen an seiner Seite.

Ich war mir sicher, Gott war da noch nicht fertig, er würde noch mehr tun. Am Tag seiner OP wartete ich darum mit zunehmender Spannung auf eine Auskunft, bis weit nach dem Abendbrot. Dann kam endlich eine Schwester und sagte mir, ich werde auf der Intensivstation zu Besuch erwartet. Ich ging sofort hinüber und schon als ich die Tür öffnete, rief mir mein Bettnachbar zu: *„Gott hat dein Gebet erhört. Der Krebs ist weg!"* Wow! Halleluja!!!

Er hatte 15 cm Darm verloren, weil die Ärzte einfach drauflos geschnitten hatten, doch fiel ihnen dann auf, dass es dort keine Metastasen mehr gab, und nach genauerer Untersuchung waren auch keine weiteren mehr zu finden. Die Ärzte entschuldigten sich bei ihm, zeigten ihm noch einmal seine CT-Aufnahme, in der eindeutig zu sehen war, dass alles so voller Metastasen war, dass da eben auch kein Stuhlgang mehr durchkam. Darum hatte er ja den Arzt aufgesucht. Sie wüssten nicht, wie sie dieses sich selbst und auch ihm erklären könnten. Er erklärte ihnen darauf, dass ich, sein Bettnachbar, für ihn gebetet hätte und dass es ein Wunder Gottes sei. Die Ärzte gaben zu, dass auch sie keine andere Erklärung dafür hätten.

Unser himmlischer Papa ist so groß und so wunderbar! Er hat Gutes mit uns vor, auch wenn es manchmal vielleicht völlig anders aussieht. Ich konnte wieder einmal feststellen, dass die Bibel auch heute noch genauso gültig ist, wie zu den Zeiten, als Paulus den Römern schrieb: *„Wir wissen aber, dass Gott bei denen, die ihn lieben, alles zum Guten mitwirken lässt"* (Römer 8,28 NeÜ).

Gott rüstete mich beim ersten Klinikaufenthalt für den zweiten zu, und bei beiden Aufenthalten durfte ich daran mitwirken, dass meine Bettnachbarn Gott und Jesus besser kennenlernen konnten.

Danke, Papa, für deine große Geduld mit mir und dass du mir wieder einmal gezeigt hast, dass du unsere engen Grenzen gegen deine unendliche Gnade und Freiheit eintauschen willst. Wir wissen sicher, Gott, der beste Papa der Welt, tut auch heute noch Wunder.

Reinhard Schmidt | Jg. 1966 | verheiratet, 4 Kinder, 3 Enkel | Rathenow | Tischler

Die Herausgeber

Rainer Zilly

Grafik-Designer | Menschen-Ermutiger | Illustrations-Artist | Cartoon-Zeichner | Sympathiefiguren-Entwickler | Worte-Schieber | Ideen-Spinner

Für Firmen | Institutionen | Vereine | Tourismus | Städte | Kommunen ...

Kreativ-Agentur Zilly | Hans-Thoma-Str. 54 | 75196 Remchingen | 07232 372020 | rainer@kreativ-agentur-zilly.de | **www.kreativ-agentur-zilly.de**

Michael Stahl

Redner | Motivationstrainer | Gewaltpräventionsberater | Buchautor | Trainer für Selbstverteidigung

Vorträge | Selbstverteidigungskurse | Integrationsprojekte | Vorlesungen ...

In Schulen | Heimen | Gefängnissen | Gemeinden | Kindergärten | Firmen ...

Ausgezeichnet mit dem „WERTE AWARD“ und dem Titel „SOZIAL ENGAGIERT“ 2015-2023 sowie für den Einsatz beim Papstbesuch 2006 | VIP-Bodyguard: Fürstin Gloria von Turn & Taxis, Muhammad Ali, ... | seit 1993 mehr als 300.000 Kinder & Jugendliche unterrichtet | TV-Experte für Glaube, Werte & Sicherheit: „Welt der Wunder", RTL Explosiv, RTL Punkt 12, Taff u.v.m.

PROTACTICS® | Bahnhofstr. 12 a | 73441 Bopfingen | 0152 29 909 464 | Management Hilda Kaufmann | info@protactics-mse.de | **www.protactics-stahl.de**

Hallo du!

Die letzte Geschichte ist gelesen. *Wie ist es dir ergangen? Hast du die Handschrift Gottes gespürt?* Jeder Mann hat Gott auf ganz individuelle Art erlebt – Gott ist kreativ.

Hast du Gott schon in deinem Leben bemerkt? Vielleicht wie er an deiner Herzenstür anklopft – durch eine unserer Geschichten, durch eigene Erlebnisse, durch Menschen, durch die Bibel ...

Möchtest du den nächsten Schritt gehen? Gott wartet auf dich, weil er dich so unsagbar liebt.

> *„Denn Gott hat der Welt seine Liebe dadurch gezeigt, dass er seinen einzigen Sohn für sie hergab, damit jeder, der an ihn glaubt, das ewige Leben hat und nicht verloren geht“* (Johannes 3,16 NGÜ).

Jesus, Gottes Sohn, hat meine und deine Fehler durch seinen Tod am Kreuz bezahlt, er hat die Strafe aller auf sich genommen. Er hat den Tod besiegt, ist von den Toten auferstanden und über 500 Augenzeugen erschienen. Durch ihn wurde der Weg zu Gott frei.

Jesus vergibt dir gerne – jeden Fehler, jede Schuld, auch deinen Stolz, dass du Gott Vater bisher bewusst oder unbewusst abgelehnt hast. Vertraue dich Jesus an, er kennt dich besser als du dich selbst und weiß am besten, was gut für dich ist. Er hat einen klasse Plan für dein Leben. Öffne ihm dein Herz, rede mit ihm. Vielleicht ist das formulierte Gebet für dich hilfreich:

Mein Gott und Vater,

danke, dass du mich liebst und gute Gedanken für mein Leben hast.
Es tut mir leid, dass ich dich ignoriert habe
und Dinge getan habe, die dir nicht gefallen.
Bitte vergib mir.
Danke, Jesus, dass du für meine Schuld am Kreuz gestorben bist.
Heile, befreie und verändere mich so, wie du es schon immer geplant hast.
Jesus Christus, bitte übernimm du die Leitung in meinem Leben.
Führe du mich durch deinen Heiligen Geist.

Ich will dir vertrauen. Amen (So sei es).

Bei Gott kommt es nicht auf Formulierungen an, er wünscht sich eine ehrliche Herzenshaltung.

Jetzt hast du eine wichtige Entscheidung getroffen, die alles verändert: *„Wenn jemand zu (Jesus) Christus gehört, ist er eine neue Schöpfung. Das Alte ist vergangen; etwas ganz Neues hat begonnen!“* (2. Korinther 5,17 NGÜ).

Du darfst gespannt sein, denn das Leben mit Gott ist ein wirkliches Abenteuer. Jesus freut sich riesig auf die Gemeinschaft mit dir. Du bist jetzt nie mehr allein.

So vieles will dich ablenken, doch bleib dran an Jesus, rede mit ihm, lies in der Bibel, am besten in den Evangelien. Bitte Gott, dass er dich mit anderen in Verbindung bringt, die auch Jesus nachfolgen. Eine christliche Gemeinde und/oder ein Hauskreis können hilfreich sein, denn gemeinsam auf dem Glaubensweg zu sein, erleichtert dir weitere Glaubensschritte. Rede von dem, was du im Glauben erlebst.

Es ist ein Vorrecht, Gott nahezukommen und ihn an deiner Seite zu haben. Er meint es gut mit dir.

Wenn du Hilfe brauchst, ein Statement zum Buch schreiben möchtest oder Fragen hast, dann schick uns eine Mail:

Rainer: rainer@kreativ-agentur-zilly.de oder
Michael: info@protactics-mse.de

Sei überreich beschenkt, Gott segne dich!

Dein Rainer Zilly

Schatzkarte der Emotionen

Ein neues Werkzeug für Coaching und Beratung. Die „Schatzkarte der Emotionen“ beinhaltet mehr als 120 Ausdrücke und bildhafte Darstellungen zu unserem Gemütszustand. Endlich finden Kinder sowie Erwachsene Worte und Bilder zu unbeschreiblichen Gefühlen.
Die Schatzkarte ist vielfach in Gruppen, Familien und bei Beratungen aller Art einzusetzen. Sie hilft, Dinge auf den Punkt zu bringen, Ziele zu bestimmen und Wege zu definieren.

Din A4, z. B. als Handout für Teilnehmer
Din A0 (Papier oder LKW-Plane), ideal zum Gesprächseinstieg für Diskussionen und Austausch, für Gruppen, Firmen, Vereine...

Infos und Bestellung:
www.kreativ-agentur-zilly.de > Shop

MÄNNERPOWER

Bücher und Hörbücher von Michael Stahl und Rainer Zilly

Michael Stahl | **Vom Abseits ins Leben**

Eine Zeitreise mit Toren, Titeln, Tiefpunkten und wahrem Glück; 192 Seiten, Paperback

In schwierigen Verhältnissen aufgewachsen, geriet Michael schon früh ins Abseits der Welt. Das Kicken mit seinen Freunden war für ihn zwar eine willkommene Pause vom Schmerz seines Lebens, doch fand er auch dort nie den Frieden und die Liebe, wonach er sich sehnte. Durch den Glauben an Jesus Christus schloss er Frieden mit Gott, seinem Leben und mit seinem Vater.
Begleite Michael auf seiner Zeitreise, während er mitten aus seinem Herzen über Tore, Titel und Tiefpunkte berichtet, und erlebe mit, wie Jesus Christus ihn vom Abseits ins wahre Leben führte.

Claudia Bolanz und Rainer Zilly (Hrsg.)

MutMachPerlen

BeHERZte Erlebnisse von Frauen in Zerbruch und Schönheit; **Mit einem Vorwort von Michael Stahl**; 216 S., Pb.

In diesem Buch berichten 64 bekannte und weniger bekannte Frauen offen und ehrlich über herausfordernde Situationen in ihrem Leben, die sie an ihre Grenzen gebracht haben, und in denen ihnen Gott begegnet ist. Sie schreiben über ihre Schwächen und Fehler, ihre Verluste, Nöte, Krankheiten und noch vieles mehr, aber auch darüber, wie Gott ihnen hindurch und herausgeholfen hat – durch „kleine" und durch „große" Wunder.
Mit dabei sind u.a. Florence Joy Enns, Sefora Nelson, Heike Malisic, Yasmin Da Costa und Ana Feineis.

Michael Stahl | **Es gibt (k)ein Zuspät**

Von der Notwendigkeit, unsere Zeit mit Liebe zu füllen; 160 S., Pb.

Was machen wir mit unserer Zeit? Zu spät – Es gibt so vieles, das wir nicht rückgängig machen oder nachholen können. Was macht das mit uns, und was machen wir damit? Wie können wir trotzdem Frieden finden? Noch nicht zu spät – Wie viel Zeit habe ich noch, um etwas zu erledigen, das mir wichtig ist? Kann ich Versöhnung und Vergebung erlangen, bevor ich die Chance dafür verpasst habe? Rechtzeitig – meine Beziehung zu Gott und den Menschen in Ordnung bringen, Heilung im Herzen erlangen, das ist möglich.
Durch viele berührende Lebenszeugnisse ermutigt uns Michael, rechtzeitig die Chancen zu ergreifen, die wirklich wichtigen Dinge zu tun. Aber er zeigt auch auf, dass es selbst nach einem Zuspät noch Hoffnung gibt, im eigenen Herzen zur Ruhe zu kommen.

Michael Stahl / Rainer Zilly | **MännerMutMacher**

Hoffnungsvolle, emotionale Erlebnisse von Männern mit Ecken und Kanten; 216 Seiten, Paperback

Hier berichten bekannte und weniger bekannte Männer offen und ehrlich über herausfordernde Situationen in ihrem Leben, die sie an ihre Grenzen gebracht haben und in denen ihnen Gott begegnet ist.
Es sind Geschichten, die unser Herz ansprechen und zugleich ermutigen, die uns zeigen, wie Gott durch jeden von uns Geschichte schreibt, egal, wie unterschiedlich wir auch sind. Echte MännerMutMacher-Geschichten eben!

Michael Stahl | **Himmlisches Herzflüstern**

Wenn Gott leise zu und durch uns spricht; 152 Seiten, Paperback

Es ist oft ein Flüstern, das ein Herz tief berührt und zum Guten bewegt – wie ein sanftes Streicheln der Seele. So ist auch Gottes Liebe. Er sandte seinen Sohn nicht mit Blitz und Donner in unsere Welt, sondern in der Zartheit eines Babys. Durch ihn flüstert er uns seine grenzenlose Liebe zu: *„Ich liebe dich! Liebst du mich auch?"* In vielen Begegnungen haben Michael Stahl und einige seiner Freude dieses aus dem Grunde des Herzens kommende Flüstern vernommen. Menschen erhielten dadurch neue Hoffnung oder wurden frei, Ehen wurden geheilt, Beziehungen wiederhergestellt.
Ein Buch, das Mut macht, selbst das Flüstern Gottes zu hören.

Michael Stahl / Klaus Hettmer

Geheimsache Männerherz

Stahlhart, zerbrechlich & butterweich, 208 Seiten, Paperback

Wie tickt ein Männerherz? Wer hat es erschaffen? Welche Sehnsüchte sind darin verborgen? Welche Verletzungen und Geheimnisse lagern dort seit langer Zeit?
Die Hauptautoren Michael Stahl und Klaus Hettmer wurden fast gleichzeitig von gesundheitlichen Niederschlägen getroffen. Michael Stahl erlitt wenige Monate vor der Arbeit an diesem Buch einen Herzinfarkt; Klaus Hettmer musste sich einige Wochen danach einer sehr schweren Herzoperation unterziehen. Zusammen mit weiteren bekannten Autoren berichten sie über ihre Erfahrungen, um andere Männerherzen zu berühren.

Michael Stahl | **Wahrhaft frei**

Vom Ausbruch und Durchbruch in ein neues Leben, 192 S., Pb.

In diesem Buch geht es um Wahrheit und Freiheit – und um viele Arten von Gefängnissen und Gefangensein. Mehr als 30 Personen berichten, wie sie da hineingeraten sind und was ihnen geholfen hat, wieder herauszukommen und wirklich frei zu werden.

Du lernst Menschen kennen, die viele Jahre ihres Lebens hinter Gittern verbracht haben, aber auch solche, deren Seele in Süchten, Pornografie oder Magersucht etc. gefangen war, oder die in einem eingeschränkten Körper leben müssen. Sie alle sind, unabhängig von ihren Umständen, zur wahren Freiheit durchgebrochen und wollen dir Mut machen, selbst frei zu werden.

Michael Stahl | **ERlebt**

25 wunderbare Geschichten aus meinem Leben; 160 Seiten, Pb.

Michael Stahl ist ein Träger der Gegenwart Gottes. Wohin er auch kommt – ob in Schulen, Familien, Gemeinden, Kinderheime oder ganz alltägliche Situationen –, verändert sich die Atmosphäre zum Guten. In diesem Buch erzählt er 25 dieser Erlebnisse, in denen er für Einzelne und ganze Gruppen zum Vermittler von Liebe, Annahme und Vergebung wurde.

Begleite Michael Stahl und sein Team zu den Menschen, die ohne Hoffnung waren, zu den Sprachlosen, die nun singen. Höre jenen zu, die einst ohne Hoffnung und Trost waren. Setze dich mit ihm an das Bett von Sterbenden, die in letzter Sekunde das Leben fanden. Erlebe, dass ER (Gott) lebt und dich liebt!

Michael Stahl | **Maja Loretta – Post aus den Wolken**

Es ist nicht wichtig, wie lange du lebst, sondern wie du lebst; 80 S., gebunden, vollfarbig

„Post aus den Wolken", so lautete die Überschrift des Abschiedsbriefes von Maja Loretta, die mit sechzehn Jahren an Krebs verstarb. Diesen Brief hatte sie für ihre eigene Trauerfeier verfasst. Maja wollte die Welt verändern.

Wer ihr begegnete, wer in ihre Augen sah, wer ihre unbeschreibliche Freude und Dankbarkeit erlebte, dessen Leben wurde schon in wenigen Augenblicken ein Stück zum Guten verändert.

Trotz schweren Leidens und vieler Operationen war sie erfüllt von der Liebe Gottes. Wenn Sie von Jesus Christus sprach und davon, dass sie bald nach Hause gehen würde, spürten die Zuhörer, dass dieses Mädchen von einer Liebe getragen wurde, die nicht von dieser Welt war. Michael Stahl und einige ihrer Freunde haben ihre Geschichte aufgeschrieben.

Michael Stahl / Rainer Zilly | **MutMacherKiste**

Aufstehen – Lieben – Kämpfen – Siegen; 114 Seiten, Wire-O-Bindung, vollfarbig

Michael Stahl – der MutMacher in Person – hat seine wichtigsten Erfahrungen der letzten Jahre zusammengetragen: viele faszinierende Geschichten über Wunder und Vergebung, die tief berühren.
Der Grafiker Rainer Zilly hat daraus ein kurzweiliges, ästhetisches und praktisches MitMach-Buch gestaltet – eine Fundgrube für alle, die neuen Mut brauchen, anderen Mut machen wollen oder gerne einfach interessante Geschichten und Berichte lesen.

Michael Stahl | **53 Männer**

Abenteuer zwischen Gazastreifen und See Genezareth, 144 S., Pb.

Was für eine liebevolle und verrückte Bande! Das könnte man über die 53 ganz unterschiedlichen Männer, die sich zu einer Israelreise zusammentun, spontan denken. Eine Woche wie die Ölsardinen zusammengepfercht und doch kein böses Wort, sondern Lachen, Ernsthaftigkeit, tiefe Gespräche und Männertränen – ohne Scham!
Begleite diese illustre Schar auf den staubigen Wegen Israels, auf denen einst Jesus Christus unterwegs war. Erfahre mit ihnen die besondere Atmosphäre im Garten Gethsemane, schippere mit ihnen ein Stück über den See Genezareth und wirf mit ihnen einen Blick auf den Gazastreifen.

Michael Stahl | **Vater-Sehnsucht**

120 Seiten, Paperback

Immer mehr Kinder wachsen in dieser Welt ohne Vater auf. Was wird aus diesen Kindern? Der Vater ist der erste Held im Leben eines Kindes. Dieser mächtigste Mensch der Welt kann Wunden schlagen und sie auch heilen. Michael Stahl, lässt uns an der Entstehung und dem Heilungsprozess seiner eigenen Vaterwunden teilhaben. Und er berichtet, was er erlebt, wenn er in Schulen, Heime, Gefängnisse oder Firmen geht und dort Menschen hilft, sich miteinander zu versöhnen.
Das Buch ist eine Schatzgrube für alle auf der Suche nach Wurzeln, Identität und Wahrheit.
Das Buch ist auch als Hörbuch sowie in Englisch und Russisch erhältlich.